西村天囚研究3

竹田健二編

西村天囚研究

――新資料の発見・整理と展望――

汲古書院

まえがき

竹田健二

本書は、近代日本において特異な位置を占める漢学者・西村天囚の研究に資する最新の情報を提供することを主な目的として、近年発見された天囚関係の新資料の目録、資料の一部の画像、及び新資料発見直後に発表した論考を収録したものである。この新資料を用いた研究は現在なお進行中であり、その成果は本書に続いて逐次刊行する予定である。

天囚は慶応元年（一八六五）に種子島の西之表に生まれた。名は時彦《ときつね》、字は子駿《ししゅん》。天囚は号で、晩年の別号に碩園《せきえん》。郷里の儒者・前田豊山《まえだほうざん》より伝統的な漢学の入門期教育を受けた後、明治十三年（一八八〇）に上京、亡父と親交のあった重野安繹《しげのやすつぐ》の家に住んで漢学の専門的な教育を受けるとともに、島田篁村《しまだこうそん》の塾・双桂精舎《そうけいせいしゃ》にも学んだ。明治十五年（一八八二）に東京大学文学部に古典講習科が設立され、翌年四月に乙部（後に漢書課と改称）が増設されると、天囚はその一期生として入学して給費生となり、当時の最高水準の漢学の教育を受けた。古典講習科の同期生には瀧川亀太郎・市村瓚次郎・林泰輔・岡田正之らがいる。

明治十九年（一八八六）に給費制度が廃止されたため、翌明治二十年（一八八七）に天囚は古典講習科を退学、『屑《くず》屋《や》の籠《かご》』・『活髑髏《かつどくろ》』・『居酒屋の娘』などを執筆して小説家として活躍した。その後新聞界に活躍の場を移すと、明治二十三年（一八九〇）に大阪朝日新聞に入社し、同社を代表する記者として活躍した。

明治三十三年（一九〇〇）に清国に渡って以降、天囚は日本における宋学の展開についての研究に取り組み、その成果を大阪朝日新聞紙上に連載した。例えば、明治四十二年（一九〇九）一月一日から二月二十六日にかけて、天囚は「宋学の首倡」を大阪朝日新聞に連載し、同年九月に増補修訂を加えた『日本宋学史』（杉本梁江堂）を刊行した。この書は天囚の代表的著作として高く評価されている。

また、詳しくは後述するように、天囚は江戸時代に大坂にあった漢学の学校・懐徳堂の顕彰運動の推進に尽力した。明治四十四年（一九一一）十月に懐徳堂記念会が挙行した懐徳堂記念祭を、同会の委員長として成功に導いた後、大正二年（一九一三）に設立された財団法人懐徳堂記念会においては理事となり、大正五年（一九一六）に建設された重建懐徳堂の講師として講義を担当した。

天囚は大正五年（一九一六）から京都帝国大学の講師を務めたが、大正十年（一九二一）に宮内省御用掛に任ぜられて上京、大正十三年（一九二四）に病を得て急逝した。

このように、幼少時から伝統的な漢学の教育を受けた天囚は、近代的教育制度の整備が進みつつある中で、主に民間において活躍した。古典講習科の同期生など天囚と概ね同世代の漢学者や、天囚に続く世代の漢学者は、多くが帝国大学や高等学校、高等師範学校等の教員などとして漢学の研究・教育に従事したが、天囚はそうではなかった。このために従来天囚は、専ら明治期の小説家や新聞記者としての活躍が注目され、その漢学者としての業績は十分に評価されてこなかった。しかし、晩年京都帝国大学の講師や宮内省御用掛として活躍したことから見ても、天囚の漢学の実力は同時代の人々によって高く評価されていたと理解すべきであろう。冒頭で天囚を近代日本において特異な位置を占める漢学者であると述べたのは、こうした意味においてである。

天囚を漢学者として評価することは、近代日本漢学の実態の解明に大きく寄与すると考えられる。在野の漢学者としての天囚の活動を代表するのが、先に触れた懐徳堂顕彰運動における活躍である。

懐徳堂とは、享保九年（一七二四）、大坂の大商人である五同志を中心に、その師・三宅石庵《みやけせきあん》を学主に迎えて創建された漢学の学校である。享保十一年（一七二六）に幕府の官許を得て大坂学問所となった懐徳堂は、第四代の学主・中井竹山《なかいちくざん》と、その弟の中井履軒《りけん》の時代に最盛期を迎え、百四十年余りもの間大坂の文教を担った。幕末、懐徳堂の経営は行き詰まり、明治二年（一八六九）に閉鎖され、竹山以降代々その学主を務めた中井家の人々は懐徳堂を退去した。懐徳堂の最後の学主であり、竹山の外孫であった並河寒泉《なびかわかんせん》は明治十二年（一八七九）に、また最後の預人の中井桐園《とうえん》は明治十四年（一八八一）に没した。

天囚の懐徳堂顕彰運動と関わりを持つこととなるのは、桐園の子である中井木菟麻呂《つぐまろ》である。懐徳堂内で生まれた木菟麻呂は、桐園・寒泉から伝統的漢学の教育を受けたが、明治十一年（一八七八）に正教の洗礼を受けた。その後、正教会のニコライ主教（後に大主教）に見出され、正教関係の祈禱書や聖書等の翻訳にあたるために、明治十五年（一八八二）に懐徳堂関係の遺書・遺物の多くを携えて、家族とともに東京に移住した。

この結果、明治時代の後半になると、大阪においては懐徳堂に関する資料を入手することが困難となった。明治三十四年（一九〇一）、日本で最初の市史として知られる『大阪市史』の編纂にあたるために来阪した幸田成友《こうだしげとも》は、大阪では懐徳堂に関する資料をほとんど得ることができなかったと述べている。そのため幸田は、明治三十五年（一九〇二）に上京し、木莵麻呂から中井家所蔵の懐徳堂関係資料の提供を受けている。

明治四十年代に入り、俄に懐徳堂顕彰のための動きが勃興する。その直接のきっかけは木莵麻呂の行動である。中井家の祖先である甃庵《しゅうあん》・竹山・蕉園《しょうえん》の三人を祭る式典を大阪において行うことを希望した木莵麻呂は、明治四十一年（一九〇八）六月に重野安繹を訪問し、協力を求めた。賛同した重野が挙げた、協力者たるべき人物の中に、天囚が含まれていた。

同年八月、木莵麻呂は大阪に赴き、幸田を介して天囚と初めて面談した。木莵麻呂が協力を求めると、天囚も賛同して協力を約した。同年十二月、天囚は大阪府知事・高崎親章《たかさきちかあき》に助力を求める働きかけを行ったが、賛同は得られず、計画は一旦頓挫した。

天囚は、木莵麻呂の希望する中井家の祖先のみを祭る式典ではなく、懐徳堂の初代学主である三宅石庵や助教の五《ご》井蘭洲《いらんしゅう》、懐徳堂を創設した五同志など、懐徳堂関係者を広く祭る「懐徳祭」へと構想を転換し、明治四十三年（一九一〇）一月、大阪人文会第二次例会において講演を行った際に、この新たな構想を会員に提案して協力を呼びかけた。人文会の会員一同は賛成し、翌年懐徳堂記念祭として実現することとなる祭典の準備を開始した。天囚自身も同年二月七日から、大阪朝日新聞紙上において「懐徳堂研究其一」と題する二十回の連載を行い、この連載は、完結した時点で『懐徳堂考』上巻と改題された。その後、翌明治四十四年（一九一一）五月二十四日から七月九日まで、天囚は大阪朝日新聞に『懐徳堂考』下巻を連載した。天囚の執筆した『懐徳堂考』は、今日でもなお懐徳堂研究の基礎的文献となっている。

懐徳堂記念祭は、当初は大阪人文会を中心として計画が進められたが、後に別に懐徳堂記念会（以下、記念会）を組織して挙行することとなり、明治四十三年（一九一〇）九月に記念会が創設された。その発起人には、大阪府知事や大阪市長、住友・鴻池両家の当主、大阪朝日新聞社長・大阪毎日新聞社長など、行政・財界・言論界の主立った人物が名を連ねた。記念会の会頭には住友吉左衛門が就任し、天囚は委員長として記念会の活動全般を統括した。大阪人文会の会員や行政の関係者を中心として組織を整えた記念会は、精力的に会員を募集して会費や寄附金を集め、明治四十四年（一九一一）十月、中之島公会堂において懐徳堂記念祭を盛大に挙行、合わせて記念出版や講演会・展覧会も開催した。展覧会には、木菟麻呂の提供した中井家所蔵の遺書・遺品が多数出品された。

記念祭の挙行後、記念会の活動を永続的なものとするために財団法人化することとなり、大正二年（一九一三）に財団法人懐徳堂記念会が設立された。理事長には永田《ながた》仁助《にすけ》が就任し、天囚も理事の一人となった。同会はその後紆余曲折を経ながらも今日に至るまで活動を継続している（現在は一般財団法人懐徳堂記念会）。大正五年（一九一六）、記念会は講堂を建設、重建懐徳堂と呼ばれたこの講堂においては、広く一般市民向けに数多くの講義や講演が行われた。定期的な講義を開講するために広島高等師範学校の教授であった松山直蔵《まつやまなおぞう》が初代教授として招聘され、また理事の天囚も講師として講義を担当した。

以上のように、懐徳堂顕彰運動を推進した大阪人文会・懐徳堂記念会・財団法人懐徳堂記念会において、天囚は中心的な役割を担い続けた。そうした天囚の活動は、もとより大阪の歴史や文化を広く顕彰して、いわば大阪を盛り上げようとの一面も持ちつつも、天囚自身の近世漢学に対する真摯な研究の延長線上に位置する営みであったと見てよい。そのことは、天囚が執筆した『懐徳堂考』からもよく窺える。

天囚に関連する資料としては、碩園記念文庫がよく知られている。碩園記念文庫は、大正十三年（一九二四）に天囚が亡くなった後、天囚とゆかりのある人々によって立ち上げられた故西村博士記念会が、西村家から天囚の旧蔵書を購入し、碩園記念文庫と名付けて記念会に寄贈したものである。記念会の蔵書は昭和二十四年（一九四九）に大阪大学に寄贈されたことから、現在碩園記念文庫は大阪大学附属総合図書館の懐徳堂文庫に収蔵されている。

この碩園記念文庫は、天囚の旧蔵書のすべてと言われることがあるが、平成二十九年（二〇一七）六月、天囚の故郷である種子島（鹿児島県西之表市）の西村家の方から、天囚関係資料が西村家に多数現存するとの情報が得られた。このため、直ちにその調査を行うこととなった。その詳しい経緯については、本書第一部第一章の湯浅邦弘氏の論考を参照されたい。

特筆すべき点は、碩園記念文庫に入らなかった天囚の著述類が西村家に多数現存しており、碩園記念文庫は天囚の旧蔵書のすべてではないことが判明した点である。調査を行った我々は、西村家に現存する資料を「西村家所蔵西村天囚関係資料」と名付け、本稿執筆時点までに以下の合計十三回の調査を行った。調査は西村家に現存するものに加えて、昭和五十八年（一九八三）に西村家から種子島開発総合センター（通称鉄砲館）、及び鹿児島県歴史資料センター黎明館（現・鹿児島県歴史・美術センター黎明館）に寄託・寄贈された資料についても含めて行った。

第一回　平成二十九年（二〇一七）八月
第二回　平成三十年（二〇一八）一月
第三回　平成三十年（二〇一八）八月
第四回　令和元年（二〇一九）八月
第五回　令和二年（二〇二〇）三月
第六回　令和二年（二〇二〇）九月
第七回　令和二年（二〇二〇）十一月

第八回　令和三年（二〇二一）六月
第九回　令和三年（二〇二一）十一月
第十回　令和四年（二〇二二）三月
第十一回　令和四年（二〇二二）八月
第十二回　令和五年（二〇二三）七月
第十三回　令和六年（二〇二四）二月

調査の中心となったのは、湯浅邦弘（大阪大学文学研究科教授。現・名誉教授）・池田光子（松江工業高等専門学校講師。現・准教授）・竹田健二（島根大学学術研究院教授）の三名であり、その他に佐伯薫氏（一般財団法人懐徳堂記念会）、西村家の御当主である西村貞則氏と久美夫人、長女の矢田睦美氏も加わった。新型コロナウィルス感染症流行による影響のため、すべてのメンバーが揃って調査を行うことはほとんどできず、特に第五回から第九回までは竹田が単独で行わざるを得なかった。このため、特に目録の完成までにかなり時間を要したことは甚だ遺憾であるが、資料の概要についての情報も記載した資料目録を完成することができた点は、広く学界に向けて貴重な研究情報を発信するとの意味において、一つの大きな成果と考える。

本書は、全体として三部から構成されている。第一部は、主に調査を担った湯浅・佐伯・池田・竹田の四名が、西村天囚関係新資料が発見されてから執筆した論考・報告である。第二部は、西村家に所蔵されていた西村天囚関係資料の目録、及び西村家から鹿児島県歴史資料センター黎明館（現・鹿児島県歴史・美術センター黎明館）と種子島開発総合センター（通称・鉄砲館）とに寄贈された関係資料の目録、第三部は新資料の中でも特に注目される資料の画像とその解説である。それぞれの初出は、以下の通りである。なお、本書に収録するにあたっては、必要な修正・加筆を施したところもあるが、人名の所属・職名は当時のままとして修正していない。

一、論考・報告

・湯浅邦弘・竹田健二・佐伯薫「西村天囚関係資料調査報告――種子島西村家訪問記――」（懐徳堂記念会『懐徳』第八六号、二〇一八年）
・湯浅邦弘「平成三十年度（二〇一八）種子島西村天囚関係資料調査について」（懐徳堂記念会『懐徳』第八七号、二〇一九年）
・湯浅邦弘「西村天囚の知のネットワーク――種子島西村家所蔵資料を中心として――」（同上）
・池田光子「種子島西村家所蔵西村天囚関係資料の整理状況と特徴とについて」（同上）
・竹田健二「西村家所蔵西村天囚関係資料三点に見る西村天囚と重建懐徳堂」（同上）
・竹田健二「西村天囚の懐徳堂研究とその草稿――種子島西村家所蔵西村天囚関係資料調査より――」（懐徳堂研究センター『懐徳堂研究』第一〇号、二〇一九年）
・竹田健二「「碩園先生著述目録」と現存資料について」（懐徳堂研究センター『懐徳堂研究』第一二号、二〇二一年）
・池田光子「瀧川資言と西村天囚――西村家資料を用いた一考察」（大阪大学中国学会『中国研究集刊』第六九号、二〇二三年）

二、目録

・竹田健二・湯浅邦弘・池田光子「西村家所蔵西村天囚関係資料暫定目録（遺著・書画類等）」（懐徳堂研究センター『懐徳堂研究』第一二号、二〇二一年）

・竹田健二「西村家所蔵西村天囚関係資料暫定目録（遺著・書画類等）補訂（拓本類）」（懐徳堂研究センター『懐徳堂研究』第一三号、二〇二二年）

・竹田健二・湯浅邦弘・池田光子「旧西村家所蔵西村天囚関係資料目録——鉄砲館・黎明館に現存する資料について——」（懐徳堂研究センター『懐徳堂研究』第一四号、二〇二三年）

三、画像

・『懐徳堂考之一』（翻刻の部分は、竹田健二「翻刻　西村天囚著『懐徳堂考之一』（その一）」（『島根大学教育学部紀要』第五五巻、二〇二一年）・同「翻刻　西村天囚著『懐徳堂考之一』（その二）」（『島根大学教育学部紀要』第五六巻、二〇二二年））

・湯浅邦弘『西村天囚『論語集釈』』（全三三〇頁、二〇二一年）

・湯浅邦弘『西村天囚旧蔵印』（全五一頁、二〇二二年）

各章の論述については大きな重複がないように努めたが、章ごとの独立性についても考慮し、若干の記述の重複があることをお断りしておきたい。また、読者の便宜を図り、原文の旧漢字を現行字体に改め、難読の漢字にルビを付けた箇所がある。その他、原文の取り扱いについて必要がある場合は該当の章において言及する。

本書の刊行により、今後どのような天囚研究の展開が期待されるであろうか。以下、現時点での展望を述べておきたい。

第一に、冒頭に述べた通り、天囚は近代日本において特異な位置を占める漢学者であるが、新資料を活用した研究により、天囚の学問の全容を解明することができると期待される。

例えば、本書第三部に画像を収録した天囚の著作である『論語集釈』は、天囚の没後懐徳堂堂友会が発行した『懐徳』第二号碩園先生追悼録に収録されている「碩園先生著述目録」において、天囚の「撰著」として記載されているのだが、その所在については不明であった。調査の結果、『論語集釈』は昭和五十八年（一九八三）に西村家から鉄砲館に寄贈され、現在は鉄砲館に所蔵されていることが判明した。

また、同じく「碩園先生著述目録」に天囚の「撰著」として記載されている『尚書異読』・『尚書文義』も、その所在はやはり不明であったが、西村家に現存していることが確認された。『尚書異読』・『尚書文義』は、天囚が晩年取り組んだ尚書研究の成果と考えられる未刊の著書である。武内義雄は『懐徳』第二号碩園先生追悼録に寄稿した「先生の遺訓」において、天囚が亡くなる半年前の大正十三年（一九二四）の正月に天囚の自宅を訪問した際、天囚から「此頃は尚書の研究に辛苦して居る、行く行くは尚書に關する著述を三種するつもりだ」と聞き、かつ「其略完全したもの二種」を示されたと述べている。西村家で発見された『尚書異読』・『尚書文義』は、天囚が執筆したこの「二種」の尚書研究の著作に該当するものと考えられる。

従来、天囚が『楚辞』について研究していたことはよく知られているが、それは天囚の『楚辞』コレクションが碩園記念文庫として懐徳堂文庫に現存することが大きく与っているといってよい。天囚の『論語』や『尚書』の研究については、「碩園先生著述目録」に著作の記載がありながらも所在が不明であったため、その内容を知る術がなかった。そうした所在不明であった新資料が発見されたことは、天囚の漢学の全容の解明に大いに寄与すると考えられる。

もとより、新たに発見された資料は天囚の著作物に限らない。これも本書第三部に示す通り、西村家からは、天囚の所蔵していた多数の印章が発見された。また、書幅も多数発見されている。今日、印章や書幅は芸術や娯楽に関わるものとしてあまり重視されることがないが、天囚のいわば文人としての側面を窺うことができるものとして注目される。これらをも含めて検討することにより、近代における漢学者として天囚を総合的に理解することができると期待される。

第二に、天囚と同時代の漢学者との交流・研鑽についての解明である。新資料の中には、天囚が特に東京大学文学部古典講習科の同期生と、或いは天囚を中心とする文会（漢作文をする会）であった景社の同人をはじめとする関西の文人と盛んに交流し、その交流を通して相互に研鑽を積んでいたことが窺えるものが多数含まれている。それらについて検討が進むことにより、かかる交流・研鑽を通して成立・展開していったであろう近代的な人文学の実情を解明できるものと期待される。第一部第八章の池田論考は、そうした研究の一つと位置付けることができよう。

第三に、天囚と清末民国初期の中国人との交流についての解明である。先に触れたように、西村家からは天囚の所蔵していた多数の書幅が発見されたが、その他に天囚が渡清した際の日記も発見されている。こうした新資料を通して、天囚が中国の要人らとどのように関わっていたのかを具体的に明らかにすることが可能となったと考えられる。

湯浅邦弘『世界は縮まれり――西村天囚『欧米遊覧記』を読む――』（ＫＡＤＯＫＡＷＡ、二〇二二年）は、天囚が明治四十三年（一九一〇）に世界一周した際、西洋近代文明をどのように捉えたのかを解明したが、その世界旅行は、北半球の欧米諸国を巡るものであり、インドや中国などアジア諸国には立ち寄っておらず、ここからは直接天囚のアジア観を窺うことはできない。しかし、天囚は、世界一周に参加するまでに三度渡清しており、特に明治三十年（一八九七）に渡清した際は、湖広総督の張之洞らとも会見し、日中外交にも関与している。新資料からは、広く世界を視野に入れた漢学者であった天囚の対アジア観や日中外交史に果たした役割を明らかにすることができる可能性がある。

第四に、従来天囚研究において基礎的資料とされてきたものに関する再検討が進展することである。財団法人懐徳堂記念会が出版した『碩園先生遺集』（一九三六年）は、これまで天囚研究において最も基礎的な資料とされてきたが、実は『碩園先生遺集』に収録されている天囚の遺文が、必ずしも天囚の最終稿ではないことがある。例えば、天囚の故郷・種子島に建つ鉄砲伝来紀功碑や豊山前田先生紀徳碑は、いずれも天囚の撰文によるものであるが、石碑に刻まれている文と『碩園先生遺集』所収の文との間には、字句の異同が認められる。こうした現象は、天囚が没してから十二年後にようやく出版された『碩園先生遺集』の編纂過程において、何らかの問題があったことを強く示唆する。新資料と既存の資料とを総合的に検討することにより、『碩園先生遺集』編纂の経緯等についての解明が進むと同時に、天囚研究に取り組む上で真に信頼するに足る基礎的資料を改めて確認できるものと期待される。

また、従来天囚の伝記として最も信頼されてきた後醍院良正『西村天囚伝』（朝日新聞社社史編修室、一九六七年）についても、『西村天囚伝』には記載されていない新事実が、新資料から明らかとなる可能性がある。加えて、天囚の著述目録としては、前述の「碩園先生著述目録」、及び昭和女子大学近代文学研究室編『近代文学研究叢書』第二十三巻（昭和女子大学、一九六五年）所収の「著作年表」、並びに山本秀雄編『種子島・屋久島関係文献資料目録』（鹿児島県西之表市、一九六八年）があるが、新資料の活用によってその不備を補い、より詳細な天囚の著述目録を作成することができると考えられる。

第五に、天囚の懐徳堂研究についての解明が進むことが期待される。前述の通り、天囚は懐徳堂の顕彰運動の推進に尽力したが、天囚が懐徳堂に対して、具体的にどのように研究を行ったのかについては、なお不明な点が少なくなかった。しかし、西村家から発見された新資料の一つで、本書第三部第一章にその一部を示した『懐徳堂考之一』は、天囚が明治四十三年（一九一〇）一月に大阪人文会第二次例会で講演を行うまでに書いていたという、約五十枚の漢文の原稿を含むものであり、翌月大阪朝日新聞紙上に連載された「懐徳堂研究其一」（『懐徳堂考』上巻）の草稿にあたるものと考えられる。また、西村家から鉄砲館に寄贈された資料の中からは、天囚が『懐徳堂考』下巻を執筆するにあたって、自ら収集した中井竹山や履軒に関する資料群から、注目した箇所を抄出・要約したものと考えられる新資料『懐徳堂資料』が発見された。これらを活用することにより、『懐徳堂考』上・下巻として結実する天囚の懐徳堂研究が、具体的にどのように進められていったのかということが、詳細に解明されると考えられる。

本書は、以上述べたような今後の天囚研究に資するべく、その基盤となるものとして刊行するものである。冒頭にも述べたように、新資料を用いた研究は既に進行中であり、その成果については、本書に続いて逐次刊行する予定である。こうした新資料の研究を通して天囚の再評価が行われることは、近代日本における漢学の実態解明に大きく寄与するものとなるであろう。新資料の調査にあたったメンバーは、そのことを確信している。

【附記】

本書は、以下の採択研究及び共同事業の成果を含むものである。

・令和三年度（二〇二一）～令和六年度（二〇二四）科学研究費補助金基盤研究（B）「日本近代人文学の再構築と漢学の伝統――西村天囚関係新資料の調査研究を中心として――」（JP21H00465、研究代表者：竹田健二）
・令和三年度（二〇二一）～令和五年度（二〇二三）大阪大学文学研究科と鹿児島県西之表市との共同研究「西村天囚関係資料の研究」
・令和元年度（二〇一九）公益財団法人三菱財団人文科学研究助成「「天声人語」の名づけ親西村天囚の見た近代日本」（研究代表者：湯浅邦弘）
・平成三十年度（二〇一八）・三十一年度（二〇一九）国立大学法人島根大学「萌芽研究部門」研究プロジェクト「西村天囚関係新資料の研究」（研究代表者：竹田健二）
・平成三十年度（二〇一八）一般財団法人懐徳堂記念会の調査事業「西村天囚関係資料の調査」

目　次

第二部　西村家・鉄砲館・黎明館所蔵西村天囚関係資料目録

第三部　画　像

西村天囚研究

——新資料の発見・整理と展望——

西村天囚研究　第三巻

第一部　論考・報告

第一章　西村天囚関係資料調査報告
——種子島西村家訪問記——

湯浅邦弘・竹田健二・佐伯薫

一、調査に至る経緯

平成二十九年（二〇一七）八月二十五日〜二十八日の日程で、種子島の西村家（鹿児島県西之表市）を訪問し、西村天囚関係資料の調査を実施した。参加者は、湯浅邦弘（大阪大学教授、懐徳堂記念会理事）、竹田健二（島根大学教授、大阪大学招聘教授）、佐伯薫（懐徳堂記念会事務局員）の三名である。

話は一年前にさかのぼる。平成二十八年は、大正五年（一九一六）に再建された懐徳堂（重建懐徳堂）の開学百周年にあたり、懐徳堂記念会と大阪大学では、懐徳堂展や記念講演会などを開催することとなった。同年十月二十二日〜十二月二十二日の二ヶ月間、大阪大学総合学術博物館（待兼山修学館）を会場に、懐徳堂展「大阪の誇り——懐徳堂の美と学問——」が開催され、これに合わせて同年十月、『増補改訂版懐徳堂事典』（湯浅邦弘編著、大阪大学出版会）と図録『懐徳堂の至宝』（大阪大学総合学術博物館叢書、湯浅邦弘著、大阪大学出版会）が刊行された。

この余韻が残る平成二十九年六月、西村貞則様・久美様ご夫妻、ならびにその令嬢の矢田睦美様の来訪を受けた。

西村氏は、天囚から数えて四代目にあたる後裔で、現在、種子島在住。大阪大学には初めての訪問であった。

当日、湯浅と懐徳堂記念会の佐伯が対応し、大阪大学文学研究科玄関に設置してある重建懐徳堂復元模型をご覧いただいた後、阪大図書館の懐徳堂文庫にご案内した。懐徳堂文庫全五万点の中には、西村天囚旧蔵書が「碩園《せきえん》記念文庫」として収められている（碩園は天囚の別号）。

その中から、天囚の自筆書き入れのある資料を中心にご覧いただいた。西村氏は、天囚の旧蔵書が貴重書として丁重に保管されていることに大いに感激され、また、先祖直筆の資料をご覧になって感無量の様子であった。そして、種子島にはまだ天囚関係資料が多数あり、今後の保存等をどのようにしていいか検討しているとのことであった。

西村氏の阪大訪問は、重建懐徳堂開学百年後のことであり、天囚の導いてくれた運命的な出会いのように感じられた。西村氏からは種子島訪問の要請があり、またこちらも資料調査の必要性を強く感じて、このたびの訪問となった。

二、西村家資料の概要

まず、調査対象となった資料の概要を紹介したい。西村家所蔵天囚関係資料の内、主なものは次の通りである。

①「讀騷廬《どくそうろ》」扁額
②草稿・講義録・著書等
③書画類
④印章・文具類

図２　兪樾の署名

図１　大阪松ヶ枝町の天囚書斎、左上に「讀騷廬」扁額

⑤　アルバム・写真類

⑥　書簡・文書類

①は、かつて大阪市北区松ヶ枝町在住時（明治三十五年〜大正十年）の天囚の書斎に掲げられていた扁額で、天囚を紹介する際よく使われる写真（大正十年（一九二一）秋撮影）（図１）でも確認できる。「讀騷廬」とは、『楚辞《そじ》』を読む書斎という意味。「騷」は、『楚辞』に収められた屈原の長編叙事詩「離《り》騷《そう》」を指す。『楚辞』善本の収集と研究に努めた天囚にふさわしい書である。

ただ、この実物が西村家に今も保管されていることは今回初めて確認された。また、伝わっている写真では不鮮明で分からないが、この書の末尾（左端）に「乙酉秋日曲園居士　兪樾書」（図２）とあった。この書を揮毫したのが、清の考証学者として著名な兪樾《ゆえつ》（号は曲園）であることが分かる。古い写真でしか見ることのできなかった「讀騷廬」の扁額が実在していたことは大変な驚きであった。

但し、資料の経年劣化は深刻で、周囲の紙には断裂が多く確認された（図３）。緊急修復を要する文化財である。また今後、種子島で常設展示するのであれば、その精巧なレプリカを制作するのが望ましいと感じられた。

次に、②③は計九つの衣装ケースの中に収められていた。今回は時間の関

図３　扁額の経年劣化

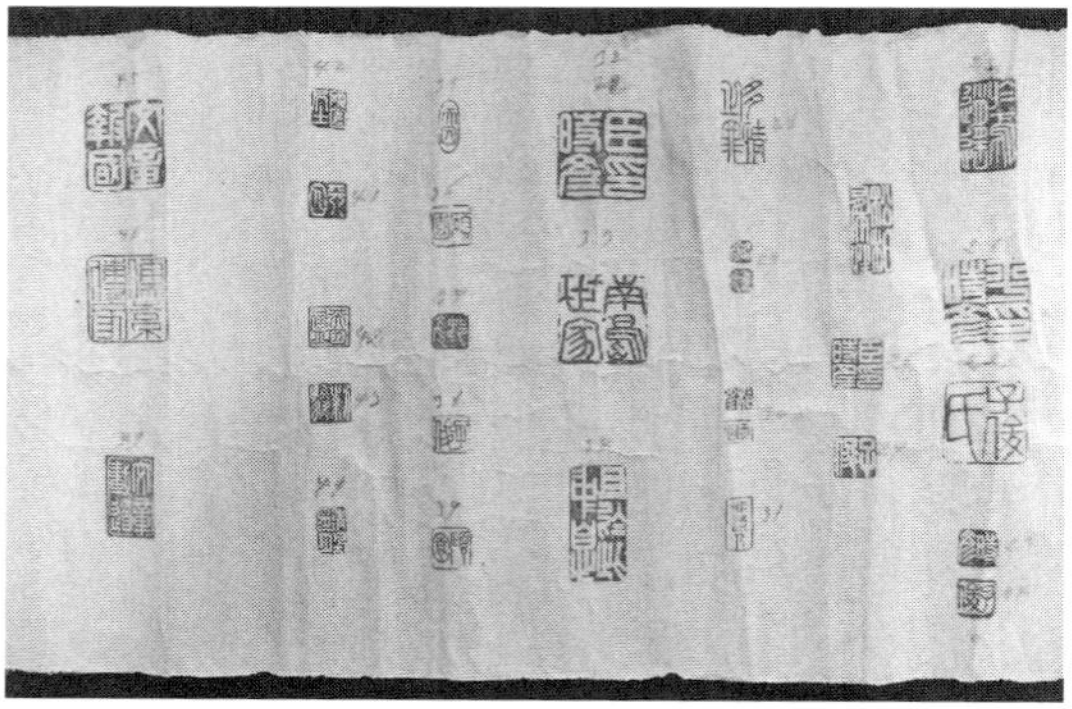
図４　西村天囚印の印譜

係で、この内の一つのみの調査にとどまったが、その中には、懐徳堂あるいは京都帝国大学での講義のために準備したと思われる講義録や様々な草稿・記録類が含まれていた。

④の内、印章は、二つの箱に無造作に収められていた。一部には、紙のキャップが作成され、破損を防いでいるが、緊急の調査と資料箱作成の必要性を感じさせる資料群であった。幸い、巻紙に鈐印（図４）されていて、その数は全六十三顆。中には側款により、その来歴が分かるものもある。

篆刻は、「天囚居士」「碩園」「時彦」「子俊」などの号や名を刻んだもののほか、「懐古」印や「碩園収蔵楚辞百種」印などが注目される。

「楚辞百種」とは、晩年、天囚が収集に努めた『楚辞』の善本コレクションであり、懐徳堂記念会を経由して、現在、大阪大学懐徳堂文庫所蔵となっている。中国でも珍しい貴重書を含むため、中国の清華大学教授劉文典（一八八九～一九五八）一行が重建懐徳堂を訪問し、この「楚辞百種」を中心とする碩園記念文庫の調査研究を行ったことがある。

また、この巻紙（印譜）を最後まで開いていくと、末尾に「東京市外下大崎二三四　西村時彦」の印が押されていた。とすれば、この印譜が作成されたのは、大正十年（一九二一）、天囚が宮内省御用掛に任ぜられ、同年十月三日、大阪から東京五反田下大崎の島津邸役宅に引っ越した後であることが判明する。すなわち天囚晩年の印譜である。

但し、後述の種子島開発総合センターに出品されている十一顆の印章との関係や、この印譜と現存する印章との関係については、今後の調査を必要とする。

江戸時代の懐徳堂の印章については、印譜『懐徳堂印存』（懐徳堂記念会）があり、印章の実物約二百顆も、懐徳堂文庫に収蔵されている。この点は、湯浅邦弘『墨の道　印の宇宙――懐徳堂の美と学問――』（大阪大学出版会、二〇〇八年）に詳しい。また、第四代学主を務めた中井竹山の印九十二顆と、その弟の履軒の印六十八顆については、全点のデジタル画像撮影が行われ、現在、「ＷＥＢ懐徳堂（http://kaitokudo.jp/）」で公開している。将来、ここに西村天囚印を加えることができると期待される。

⑤のアルバム・写真類は、今回の調査の中でもとりわけ注目された資料である。懐徳堂記念会や大阪大学には、重建懐徳堂期の写真類がほとんど残されていない。ところが、西村家には、明治大正時代の貴重な写真がアルバム九冊に貼られていた。

⑥の書簡・文書類は、今回の訪問では充分調査できなかったが、西村家より、そのマイクロフィルムを寄託していただけることとなった。新発見の事実も期待できる資料である。今後、西村家の了解を得られたものについては、デジタルアーカイブ化を推進しつつ調査研究を実施し、重建懐徳堂期の歴史の解明に結びつけていきたい。

（湯浅邦弘）

三、「故西村博士記念会会務報告書」

現在、大阪大学附属図書館懐徳堂文庫に収蔵されている碩園記念文庫が、もともと西村天囚の蔵書であり、大正十三年（一九二四）七月二十九日に天囚が東京で亡くなった後、財団法人懐徳堂記念会（以下、懐徳堂記念会）に寄贈されたものであることはよく知られている。しかし、天囚の旧蔵書が懐徳堂記念会に所蔵されるに至った経緯については、従来よく分かっていなかった。

すなわち、後醍院良正『西村天囚伝』下巻（朝日新聞社社史編集室、一九六七年）には、天囚の没後、天囚の母・浅子と妻・幸子とは、東京から大阪に引っ越すこととなり、「家財処理の際、天囚の蔵書全部は、最もゆかりの深かった懐徳堂に保管されることが適切との意見に従い、懐徳堂側では、今後の遺族の生活を考慮し、適当な価格（注—筆者の聞くところでは四万円）で買い受けることになった。」とある。これによれば、天囚の遺書は懐徳堂記念会に寄贈されたのではなく、懐徳堂記念会が購入したものということになるが、この記述を裏付ける資料はこれまで確認できなかった。

また、懐徳堂記念会が大正十五年（一九二六）十月に出版した『懐徳堂要覧』の「新懐徳堂沿革」には、大正十四年（一九二五）「九月七日、故西村博士記念會より、同博士舊藏書全部を碩園記念文庫の名を附して保存すべく、本會に寄贈せらる」と記述されている。これによれば、天囚の蔵書は懐徳堂記念会が購入したものではなく、また遺族から懐徳堂記念会に直接寄贈されたものでもなく、「故西村博士記念会」から懐徳堂記念会に寄贈されたものということになる。しかし、「故西村博士記念会」とは如何なる団体だったのかについては、これまで詳しいことは分かっていなかった。

今回の西村家所蔵資料の調査により、「故西村博士記念会会務報告書」と題された小冊子の存在が明らかとなった（図５）。本資料は、懐徳堂文庫や大阪府立中之島図書館には収蔵されておらず、筆者はこの資料の存在をまったく知らなかった。判型は概ねＡ五判と同じサイズで、表紙・裏表紙を除き本文は全二十二頁、内容は①「故西村博士記念会会務報告」②「会務概要」③「収支決算」④「寄附者芳名並寄附金」の四つの部分に分かれている。

「故西村博士記念会会務報告書」（以下、「会務報告書」）は、「故西村博士記念会」が解散するにあたって発行したところの活動報告書と考えられるもので、これによって天囚の旧蔵書が懐徳堂記念会に所蔵されるに至った詳しい経緯が判明した。

すなわち、「会務報告書」の記述によれば、大正十三年（一九二四）十一月六日、天囚と親交のあった関係者が重建懐徳堂に集まり、天囚を記念し、かつその遺族の生活の安定を図ることを目的として「故西村博士記念会」を結成し、三万円を目標額として寄附金を募り、集まった寄附金によって天囚のすべての遺書を遺族から購入し、更にその購入した天囚の遺書を「碩園記念文庫」として懐徳堂記念会に寄贈する、との計画が立案された。この計画は、翌大正十四年（一九二五）一月十日に発起人百二十七名の承諾するところとなり、実行委員が定められて実行に移された。実行委員は、以下の十六名である。

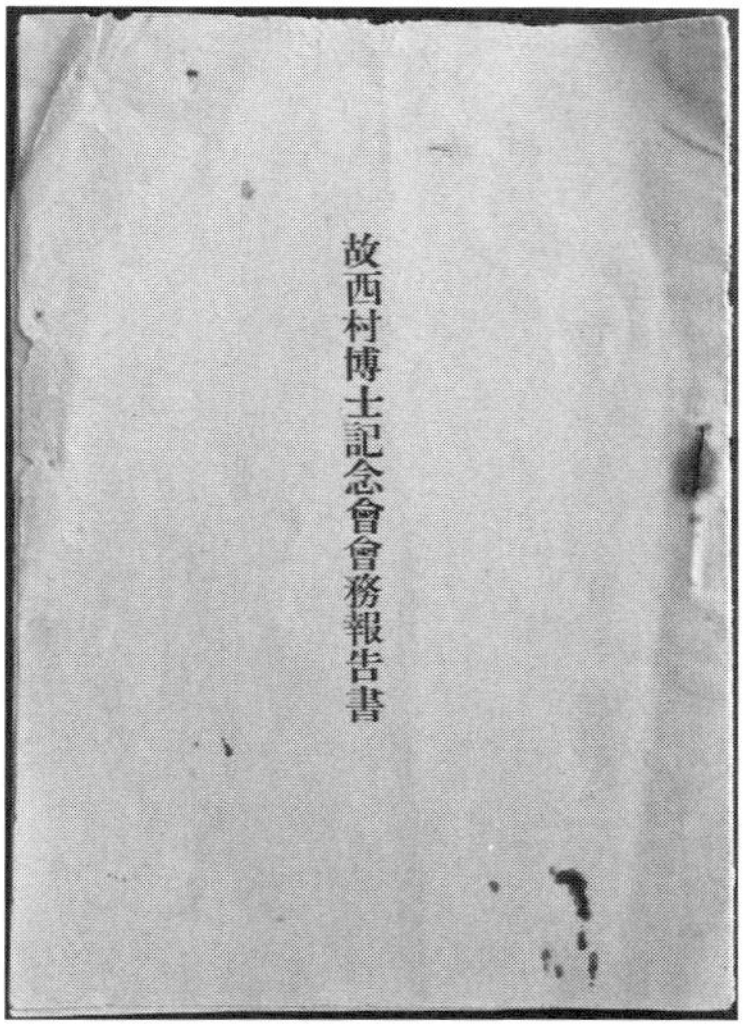

図５　故西村博士記念会会務報告書

磯野惟秋　　今井貫一　　原田棟一郎　　大久保利武
岡野養之助　小倉正恒　　狩野直喜　　高原　操
土屋元作　　内藤虎次郎　永田仁助　　植田政蔵
上野精一　　松山直蔵　　後醍院正六　愛甲兼達

同年二月二十三日、「故西村博士記念会発起人総代」である大久保利武・永田仁助（ともに実行委員）の名で「醵金依頼状」が発送された。そして、同年六月末までに合計四百四十五口、金額にして三万四千十一円にも及ぶ寄附金が集まった。「故西村博士記念会」は、そこから必要経費を除いた三万三千八百六十二円七十銭を、天囚の未亡人・幸子に遺書購入代金として支払い、そして購入した天囚の遺書を「碩園記念文庫」として懐徳堂記念会に寄贈したのである。

当時の三万三千八百六十二円七十銭が、現在のお金にしてどの程度の価値があったのかについては把握が難しい。企業物価指数から見るならば、現在のおよそ一千七百万円余りに相当することになる（日本銀行ホームページ「教えて！にちぎん」参照）。しかし、この数字はかなり低いように思われ、おそらくはもっと価値が高かったと推測される。

ここで注目されるのは、第一に、天囚の遺書は「故西村博士記念会」によって遺族から三万三千八百六十二円七十銭で購入され、その上で懐徳堂記念会に寄贈された、との新事実が明らかとなった点である。第二に、「碩園記念文庫」の名は、懐徳堂記念会が寄贈を受けた後にその名称を検討して命名した訳ではなく、「故西村博士記念会」が寄贈にあたってそのように命名することを望んでいたことが明らかとなった点である。

もっとも、「故西村博士記念会」なる団体と懐徳堂記念会とは、かなり密着した関係にあったと見てよい。このことは、遺書の寄贈を受けた懐徳堂記念会の理事長・永田仁助が、寄贈した側の「故西村博士記念会」の実行委員の一人であり、しかも発起人総代二人のうちの一人であったことから明らかと考えられる。すなわち、「会務報告書」の②「会務概要」に収録されている「懐徳堂記念会へ遺書寄贈書」（大正十四年九月七日付）は、宛名が「懐徳堂記念会理事長永田仁助」となっているのだが、差出人として「故西村博士記念会発起人総代／永田仁助／大久保利武」と記されている。また、同じく②「会務概要」には、懐徳堂記念会理事長としての永田が、「故西村博士記念会発起人総代」（肩書きのみで記名なし）に宛てた「受領書」が収録されている。

懐徳堂記念会の初代理事長であった永田仁助が、「故西村博士記念会」の実行委員の一人で、「発起人総代」の一人でもあったということは、「故西村博士記念会」の行った事業が、懐徳堂記念会関係者によって構想されたものであることを示していると考えられる。あくまでも臆測だが、当時懐徳堂記念会には天囚の遺書を遺族から一括して購入するだけの資金はなく、また財団法人懐徳堂記念会寄附行為（定款にあたるもの）との関係などから、懐徳堂記念会が非会員をも対象とする募金活動を直接行うことには問題があると見なされたことから、「故西村博士記念会」なる任意団体を別に立ち上げて、この「故西村博士記念会」が寄付金を集めて遺書を遺族から購入し、購入した遺書を懐徳堂記念会へ寄贈することになったのではないか、と推測される。

ちなみに、④「寄附者芳名並寄附金」によれば、最も高額の寄附は、男爵藤田平太郎・藤田徳次郎・藤田彦三郎の三兄弟が連名で一口五千円、男爵住友吉左衛門（元・懐徳堂記念会会頭）も同額を一口寄付している。続いて大阪朝日新聞社が三千円、鴻池善右衛門と大阪朝日新聞社有志とがそれぞれ一千五百円（大阪朝日新聞社有志については内訳（金額と氏名）も記載されている）、上野精一・富子正夫（上野理一の娘婿）・平瀬三雄（同）が連名で千二百円、大阪毎日新聞社・永田仁助・村山龍平・久原房之助がそれぞれ千円である。こうした千円以上の高額寄附十二口（四百四十五口の約二・七％）だけで、集まった寄付金全体の約七十％にあたる二万三千六百円に及ぶ。もっとも、寄附金の金額は以下五百円から一円までとかなり幅がある。寄付の総数は合計四百四十五口にものぼっており、少額の寄付者が多数存在した点は注目される。

「会務報告書」によって明らかとなった「故西村博士記念会」の活動は、懐徳堂顕彰運動の中心であった西村天囚が、大阪の人々から如何に深く敬愛されていたかということを、そして明治の末から始まった懐徳堂顕彰運動が定着し、大阪の各界関係者が重建懐徳堂の活動を如何に強く支えていたかということを、実によく表わしているといえよう。


（竹田健二）

四、西村家所蔵天囚関係写真類について

本節では、今回の資料調査で発見した写真類（アルバム九冊、台紙付き写真一枚、写真一枚）の全体像を紹介する。

重建懐徳堂及び懐徳堂記念会（現：一般財団法人懐徳堂記念会）と西村天囚とは、密接な関係にある。しかし、管見の限りにおいて、一般財団法人懐徳堂記念会（以下、記念会と略称）は、天囚の写真を所蔵していない。『懐徳』や『懐徳堂記念会の九十年』など、記念会が刊行した書籍・雑誌等の中には、天囚の写真を掲載しているものが少なからずあるが、それらの元の写真が、どこに所蔵されているのか、不明な状態であった。また、今回発見した写真類には、天囚の写真以外にも、重建懐徳堂に関する写真も含まれていた。これらの写真も、天囚の写真と同様、記念会が刊行した書籍・雑誌等に掲載されていることが確認できたが、どこが所蔵している写真を用いたものであるのか、不明な状態であった。そのため、今回の調査によって写真類が発見されたことは、とても重要なことであると確信している。

今後の調査で、更に写真類が発見される可能性は高いが、今回のものを分類すると、大きく次のA・B二つに分けられる。

A．天囚自身に関する写真類

B．西村家関係（除天囚）の写真類

A「天囚自身に関する写真類」には、主に、大阪朝日新聞社勤務時の写真（世界一周旅行・日清戦争従軍時等）や、京都帝国大学で講師を務めていた頃の写真が含まれている。仕事関係のほか、家族・友人との写真や書斎の一場面を撮影したもの、天囚が狩猟に参加している様子などが収められている。また、天囚の松ヶ枝の旧自宅や、天囚のお墓の写真も含まれている。

B「西村家関係（除天囚）の写真類」は、西村家にゆかりのある人物写真が多く収められている。天囚の子どもや孫、友人たちと思われる写真もある。これらの中には、現段階では、個人名の特定が困難なものもある。しかし、今回の調査で西村家の家系図も発見できたため、今後、西村家のご教示も得ながら特定できる可能性が高い。

以上が、写真類の全体像である。前述のとおり、現在までに記念会が刊行した書籍・雑誌等にも、天囚や重建懐徳堂に関する写真が掲載されたことはある。今回の調査で発見した写真類の内、それに該当するものは、筆者が気づいた範囲において十一点ある。これらの写真は全て、Aに分類されるが、便宜上、「重建懐徳堂に関する写真」と「天囚に関する写真」とに分けて以下に列挙してみよう。

なお、通し番号の下に「　」で挙げているのが、該当書籍・雑誌等に記載されている写真のタイトルである。その下には、写真が掲載されている書籍・雑誌等の名称を記した。

重建懐徳堂に関する写真

1.「堂友會發會式當日撮影」　『懐徳』第一号

2.「孔子没後二四〇〇年を記念して挙行された式典」　『懐徳堂記念会の九十年』

天囚に関する写真

3.「碩園西村先生の肖像」　『懐徳』第二号「碩園先生追悼録」

4.「碩園先生の家庭」　『懐徳』第二号「碩園先生追悼録」

5.「碩園先生追悼祭典」　『懐徳』第二号「碩園先生追悼録」

6.「碩園先生告別式」　『懐徳』第二号「碩園先生追悼録」
『懐徳堂記念会百年誌』

7.「碩園先生壙志（岡田正之君撰）」　『懐徳』第二号「碩園先生追悼録」

8.「碩園先生阿倍野墓地」　『懐徳』第二号「碩園先生追悼録」

9.「松ヶ枝の舊邸」　『懐徳』第二号「碩園先生追悼録」

10.「松ヶ枝の舊邸前の老松」　『懐徳』第二号「碩園先生追悼録」

11.「書斎の西村天囚」　『懐徳堂——浪華の学問所』『懐徳堂記念会の九十年』『懐徳堂の歴史を読む』
『懐徳堂記念会百年誌』

1〜11の内、特筆すべきは、11.「書斎の西村天囚」である。この写真は天囚を紹介するときに、もっとも良く使われている写真である。しかし、先述のとおり、この写真も所蔵元不明であった。その写真が、今回の調査で発見されたことは、記念会に属する者として、感極まる思いであった。なお、この写真には天囚の書斎名を記した「讀騒廬」の扁額が写っているが、この扁額自体も今回の調査で発見された（第二節参照）。

以上を踏まえて、今回確認できた写真類の概要を以下に記す。

凡　例

一、整理番号、形態、タイトル、寸法（縦×横。㎝）、A・Bの種別、解説、の順に掲げる。

二、整理番号①～⑪は、本報告のために便宜上付したものである。

三、形態は、アルバム（冊子）、台紙に貼ってある写真、単独の写真、の三つに区別し、アルバムには便宜上、通し番号を付した。

四、タイトルはアルバムの表記に従う。アルバムの表表紙には、左上にタイトルを記した小さな紙が貼られている。九冊の内、四冊はこの紙が良好な状態で残っているが、残りの五冊は、この紙が剝落もしくは虫損があるため、明確に読み取ることができない。本報告では、タイトルを記した紙に記された情報を重視し、アルバムのタイトルとして採用している。判読が困難なものについては、□の記号で示す。なお、⑩⑪はアルバムではなく、タイトルの表示がないため、代わりに内容を端的に表示した。

五、A・Bの種別は、明確に分けがたいものもあるが、主にAとBのどちらに属するかを記した。

六、解説は、写真の説明文を尊重する。一部の写真の近くには、簡単な説明が書き込まれている。例えば、写真が撮影された年月日や人物名、状況等である。その他、筆者が重要だと感じたことについても、説明を加えている。

①アルバム1。「不明」。（二十七・五×三十七・〇）。主にA。写真類の内、最も虫損が激しく下半分が欠けている。「霧島夏期大学講演場」と題された写真（鹿児島県立図書館霧島出張所における天囚の講演）のほか、大阪朝日新聞社に勤めていた頃の写真（集合写真、世界一周旅行等）が確認できる（図6）（図7）。このアルバムの中に11．「書斎の西村天囚」が含まれている。

②アルバム2。「不明」。（二十四・五×三十三・〇）。前半は主にA、後半はB。天囚の死後、整理されたアルバムであると推測される。前半は天囚の葬儀と告別式の写真である。このアルバムの中に5．「碩園先生追悼祭典」、6．「碩園先生告別式」、7．「碩園先生壙志（岡田正之君撰）」、8．「碩園先生阿倍野墓地」、9．「松ヶ枝の舊邸」、10．「松ヶ枝の舊邸前の老松」が含まれている。このほかにも、「八月十日夜懐徳堂関係者通夜」「八月十一日告別式参拝者」と書き込みされたものが数点ある（図8～図11）。

③アルバム3。「□□人」。（二十七・五×三十七・五）。主にA。一部Bが混合。前半は、大礼服を着用した天囚の肖像写真が三点確認できる。これは、3．「碩園西村先生の肖像」の別アングルである（図12）。続いて、大阪朝日新聞社勤務時の写真（世界一周旅行・日清戦争従軍時等）や、京都帝国大学で講師を務めていた頃の写真が含まれている（図13～図14）。アルバム1と重複している写真が複数ある。このほかにも、天囚が狩猟に出る際、自宅で撮影した写真もある（図15）。このアルバムの中に1．「堂友會発發會式當日撮影」、4．「碩園先生の家庭」、が含まれている。重建懐徳堂に関する写真としては、「懐徳堂のお祭」と書き込みされたものが二枚ある。これは2．「孔子没後二四〇〇年を記念して挙行された式典」の別アングルである（図16）。

④アルバム4。「家族」。（十八・〇×三十八・〇）。主にB。一部Aが混合。説明書きが充実している。前述のとおり、

図６　アルバム１「大阪朝日世界一周幹部」

図７　霧島夏季大学講演場

図９　八月十日夜懐徳堂関係者通夜

図８　亡西村時彦遺骨梅田駅到着

図10　八月十一日告別式参拝者

図 11　八月十一日懐徳堂理事長永田仁助氏弔辞朗読

西村家には家系図が残されており、アルバムの人物と照らし合わせれば、今後の研究がより充実したものとなるだろう。Aに関する写真も数点確認できる。例えば、「松ヶ枝町全景」と書き込みされたものがある（図17）。この写真は、10.「松ヶ枝の舊邸前の老松」より以前に撮影されたものと推測される。天囚とこの松の木については、深い関係がある。後醍院良正『西村天囚伝（下巻）』（朝日新聞社社史編集室、一九六七年）によれば、「天囚の家の前には、通りを隔てて樹齢数百年を数えるといわれる老松があった。丁度向い側の家の板塀の中間を突き破るようにして太い幹を道にのぞかせ、たけは一丈にも足らぬほどであったが、南北に蜒々として枝を張り、その長さは約十間にもおよび、臥竜の如き観を呈していた。この松ゆえに松ヶ枝町の名もできたわけである。しかし、なに分にも老松のため年毎に枝が枯れて短くなり、大正九年、遂に枯死するに至った。そのため同町

図12　大正十一年写　五十八歳

の青年団たちが、この名松を後世に伝えるため、当時青年団長をしていた天囚に謀り、その碑文を依頼し、大正十年に「霊松碑」が立つに至った」とある。碑は、大正十年以降に建てられたので、「松ヶ枝町全景」の松の木は、それ以前の枯死する前の姿を写したものである可能性が高い。このほかにも、「時彦祭典」と書き込みされたものがある。これは5.「碩園先生追悼祭典」の別アングルである。また、「大阪阿倍野父墓地（幸子・松栄）」と書き込みされたものが確認できる。これは8.「碩園先生阿倍野墓地」の前で撮影された家族写真である。

⑤アルバム5。「□婦人」。（二十七・五×三十七・五）。B。「□婦人」というタイトルが付けられているが、男性を写した写真も多く含まれている。アルバム4同様、説明書きが充実している。

⑥アルバム6。「男子」。（三十三・五×二十四・五）。B。タイトルのとおり、男子の写真で構成される。人物名の書き込みが充実している。この中には、天囚の師である儒者・前田豊山の肖像写真や、彼の町葬風景の写真が確認できる（図18～図19）。

⑦アルバム7。「不明」。（十八・〇×二十八・〇）。B。幼児の写真で構成される。人物名の書き込みが充実している。この中には、『西村天囚伝』の著者である、後醍院良正の幼少期の写真が数点確認できる。

⑧アルバム8。「婚禮」。（二十七・五×三十七・五）。B。タイトルのとおり、婚礼写真（新郎新婦の写真や、参列者一同の

図 13　世界一周記念撮影

図 14　京都帝國大學

図 15　於自宅出猟之際

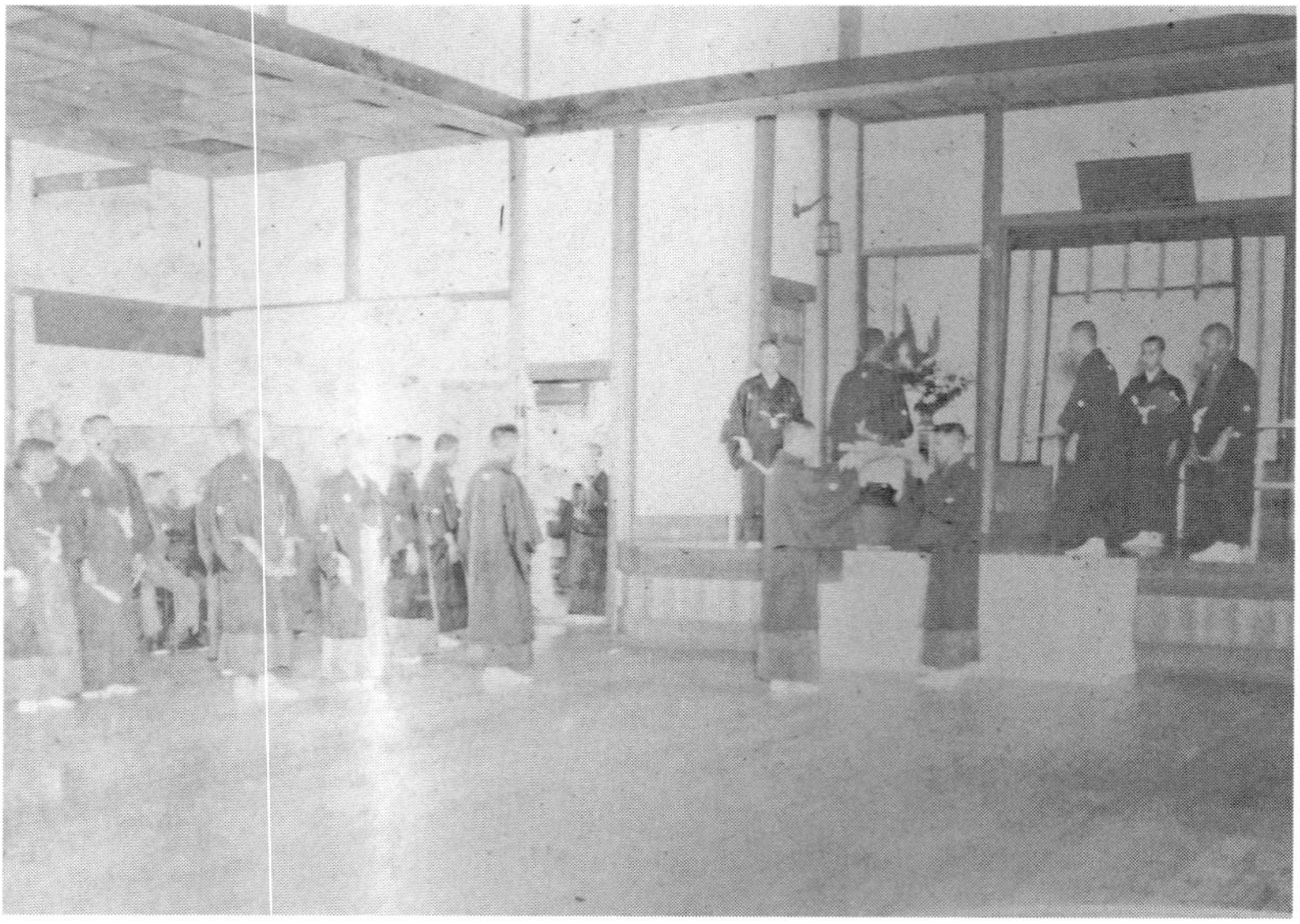

図 16　懐徳堂のお祭

図17　松ヶ枝町全景

集合写真等）で構成される。

⑨アルバム9。「子供」。（十六・〇×二十三・〇）。B。書き込みから、天囚の孫（「時紹」「時子」「時昌」「時雍」）の幼少期の写真が含まれた家族写真であることが分かる。経年劣化により写真が変色し、個人の特定が困難なものが多い。

⑩台紙付き写真。重建懐徳堂関係者の集合写真（図20）。厚紙（三十二・五×三十九・三）に、写真一点（二十・八×二十七・三）が貼られている。A。写真上部の虫損が激しく、元来の大きさは縦二十一㎝くらいかと推測される。厚紙裏面に、人物名を印字した紙が貼付されている。これにより、天囚のほか、林森太郎、松山直蔵、武内義雄、今井貫一、吉田鋭雄といった重建懐徳堂にかかわる著名な人物たちが確認できる。

⑪写真。天囚の肖像写真（図21）。（二十五・五×十七・四）。A。

3．「碩園西村先生の肖像」と同様のもの。「壬戌紀元節時彦年五十八」の書き込みがある。天囚は大正十三年（一九二四）に六十歳で亡くなっているため、この写真は亡くなる二年前に撮影されたものである。着用している大礼服は、現在、種子島開発総合センターに展示されている。

図 18　晩年の前田豊山を囲んだ集合写真

図 19　豊山先生町葬

図20　台紙付き写真「重建懐徳堂関係者の集合写真」

図21　天囚の肖像写真

[参考文献]

・『懐徳』第一号（懐徳堂堂友会、一九三八年）
・『懐徳』第二号（懐徳堂堂友会、一九三九年）
・懐徳堂友の会・懐徳堂記念会編『懐徳堂――浪華の学問所』（大阪大学出版会、一九九四年）
・『懐徳堂記念会の九十年』（懐徳堂記念会、一九九九年）

・湯浅邦弘・竹田健二編『懐徳堂アーカイブ　懐徳堂の歴史を読む』（大阪大学出版会、二〇〇五年）
・懐徳堂記念会百年誌編集委員会編『懐徳堂記念会百年誌』（懐徳堂記念会、二〇一〇年）

（佐伯薫）

五、種子島開発総合センター

西村家での資料調査に先立ち、八月二十五日に、種子島開発総合センター（西之表市西之表）を訪問した。ここは西之表市教育委員会の管轄で、種子島に関わる歴史的資料を多数常設展示している。種子島が鉄砲伝来の地であることから、火縄銃を含む多数の鉄砲も展示しており、通称を「鉄砲館」という。

ここに、天囚とその師の前田豊山《まえだほうざん》（一八三二～一九一三）を顕彰するコーナーがあった（図22）。天囚に関しては、当時着用していた紋付羽織、大礼服のほか、勲四等瑞宝章、印章十一顆、硯、朱肉つぼ、著書『屑屋の籠』『南島偉功伝』などが展示されていた。「出品者西村時昌氏」と説明パネルに附記されているので、これらの資料が天囚の孫にあたる時昌氏の時代に同センターに寄託されたものであることが分かる。

館内を説明していただいたのは、同センターの沖田純一郎参事と柳田さゆり係長であった。両氏によれば、種子島でも、天囚のことを知る人は少なくなってきており、顕彰活動が大きな課題になっているとのことであった。

筆者にとって特に印象深かったのは、紋付羽織である。天囚と言えば、大礼服姿の写真（大正十一年撮影）（図23）が有名であり、それを実見できたことには感激したが、紋付羽織（図24）はそれ以上に感慨深かった。これは、天囚没後、その形見として平山武緝《ひらやまたけつぐ》氏が持っていたものを、後に平山氏が同センターに寄贈したとされる。武緝氏とは、

図22　種子島開発総合センターの前田豊山・西村天囚展示

図24　天囚が着用していた紋付羽織

図23　大礼服姿の西村天囚

天囚の母浅子の兄寛蔵の孫で、天囚の遠戚にあたる。天囚の書生を務めていた人でもある。展示の説明文によれば、この羽織は天囚が大正五年（一九一六）九月から同十年八月までの五年間、京都帝国大学文学部の講師として出講した際、必ず着用したものであるという。

天囚は、紋付羽織に袴という古来の正装で威儀を正し、講義に臨んだのである。近年、大学教員でも粗雑な服装で登壇する者が多くなってきているが、天囚の考えは違っていた。学問・教育に対する真摯な姿勢を物語るものであろう。「文質彬彬《ぶんしつひんぴん》、然《しか》る後《のち》に君子《くんし》なり」（外面の美と内面の質朴さが、ほどよく調和してこそ、君子なのである）（『論語』雍也篇）という孔子の言葉が思い起こされる。天囚の講義には、京都帝国大学の荒木寅三郎総長も学生と机を並べて聴き入ったという。西村家には、この荒木総長が天囚に宛てた書簡（書籍寄贈の礼状）も残されている。

なお、羽織に染め抜かれた家紋は、「亀甲に向かい蝶」であった。西村家で拝見した家系図によると、西村氏の祖先は武門の平氏から出ている。平信基の孫の信真の六男信時が西村姓を賜い、この地の宰領となったとのことである。由緒ある家柄であり、天囚は、「平時彦」と署名することもあった。この紋付羽織を着て講義した天囚の矜持がうかがわれる。

六、天囚墓

天囚は大正十年（一九二一）十月、宮内省御用掛を拝命して東京に転居する。それ以前に天囚は、将来大阪に戻って余生を過ごそうと考え、大阪市立南祭場（阿倍野《あべの》）に墓地を購入していた。大正十三年（一九二四）七月、天囚は急逝し、遺骨が大阪に戻ってくると、その阿倍野墓地に葬られた。墓石には内藤湖南による墓碑銘が刻まれた。

ただ、それから長い年月が過ぎ、大阪に縁故も少なくなったことから、平成二十二年（二〇一〇）、西村家のご判断で種子島に引き上げることにしたという。現在は、西村家のすぐそばの墓所に「西村家之墓」（図25）として、代々の先祖とともに合祀されている。中央の墓標の右側には、別に「銘碑」として、上部に「亀甲に向かい蝶」の家紋、そして、「宮内省御用掛従四位勲四等　文学博士　天囚西村時彦　大正十三年七月三十日　行年六十歳」とあり、また、母の「西村浅子」、妻の「西村幸子」の名が添えられている。

今回の種子島訪問は天囚の導きに違いない。そう思ってこの地に赴いた我々は、この墓前で深く頭を下げた。

図25　種子島の西村家の墓

七、史跡

このほか、種子島には、天囚関係の史跡・施設があるので、我々が実見したものを関連して紹介しておきたい。まず、種子島開発総合センターには、建物の前庭に「ふるさと歴史散歩」という看板が立っており、西村天囚が次のように紹介されている。

西村天囚はこの地に生まれ、前田豊山の教えを受けて育

図 26　「西村天囚先生誕生之地」石碑

ちました。

上京し、東京大学に入学、大阪朝日新聞記者となり、世界を股にかけ活躍しました。漢文学・宋学の第一人者として、京都帝国大学講師を務め、その後宮内省御用掛となりました。

大正十二年（一九二三）関東大震災の直後に出された「国民精神作興詔書」の起草、種子島家の歴史を記した「南島偉功伝」の執筆など、数多くの功績を残しています。

朝日新聞のコラム、「天声人語」は、天囚が名付けたものです。

また、その横に、「西村天囚先生誕生之地」の石碑（図26）、および「西村天囚先生略年譜」の石碑が見られる。実は、この「西村天囚先生誕生之地」の石碑は、昭和十六年（一九四一）、天囚生家の屋敷跡に、熊毛郡教育会によって建てられたものである。創設当時は台座も備え、高さは計五m五十cmにも及ぶものであった（図27）。

その後、昭和五十八年（一九八三）、この地に種子島開発総合センターが建設されたことにより、台座を取り払って移設されたという。種子島開発総合センターのご教示によれば、移設されたのは、その前年の昭和五十七年で、前庭の奥の目立たない場所にあったが、平成二十二年（二〇一〇）頃に、センター入り口近くの前庭に移転したとのこと

図 27　昭和 16 年除幕式の「西村天囚先生誕生之地」石碑（台座付き）

図 29　弓を射る天囚（中央）、種子島守時（左）、西村時三（右）

図 28　遠矢碑

図30　門倉岬の「鉄砲伝来紀功碑」

である。また、台座は、安定しなかったことから、やむなくその一部が今も地中に埋められているという。

ともかく、天囚は、種子島を代表する偉人なのである。

一方、島の中部・南部にも、天囚関係の史跡がある。種子島は現在、北部の西之表市、中部の中種子町、南部の南種子町に行政区分されている。八月二十七日、西村氏の案内で、我々は西之表を離れ、中種子・南種子に向かった。

まず中種子町にある歴史民俗資料館を訪れた。ここには、中種子地区を中心とする古来の民俗関係資料が多数あった。その中に、前田豊山の書簡一通と西村天囚の詩一篇がガラスケース内に展示されていた。天囚の詩は、帰省途中の車中、弁当包みに書いたものであるという。ここでも天囚は顕彰されている。

次に、南種子に向かった。現在の本村公民館の敷地内に、古い石碑が建っている（図28）。碑文は「遠矢落四町三段（反）三間一尺五寸」とあった。これは、宝永三年（一七〇六）正月、西村時員《ときかず》の強弓を顕彰して建立されたものである。室町時代に、的はじめの射芸が種子島に伝来して以降、弓道が盛んになった。この碑文によれば、約五百二十m余りを射たことになる。時員は延宝七年（一六七九）生まれ。天囚の先祖に当たる。なお、天囚自身も弓道を得意とし、西村家に伝わる写真では、種子島守時、西村時三と並んで弓を射る天囚の姿が確認される（図29）。種子島守時は鹿児島藩家老種子島久尚の次男、種子島氏第二十七代島主、明治三十三年男爵。西村時三は、天囚養子の時教の実父である。

ここからさらに南下し、種子島南端の門倉岬《かどくらみさき》に向かった。

天文十二年（一五四三）八月二十五日、明国船がこの地（西之村）に漂着した。当時の西之村の宰領西村織部丞《おりべのじょう》時《とき》貫《つら》は天囚の十三代前の祖先である。この時貫の対応によりポルトガル人の携えていた火縄銃二挺が種子島にもたらされた。

そこで、門倉岬には、この史実を顕彰する「鉄砲伝来紀功碑」が立てられている（図30）。二m四十cmを超える大きな石碑の裏面には、端正な漢文が刻まれていた。大正十一年（一九二二）、西村天囚の撰文である。書き出しは次の通り（原文は句読点なし）。「火器古稱鐵砲者今所謂小銃也。其傳来我國在三百八十餘年前、實我種子島氏始」。

現代語訳すると、「火器、古くは鉄砲と称するのは、今で言うところの小銃である。それが我が国に伝来したのは三百八十年余り前、実は我が種子島氏のときに始まる」という意味になろう。全体は、八三六字からなる漢文である。日本史上の大事件「鉄砲伝来」が、天囚とつながるのである。

八、西之表市役所

訪問最終日の八月二十八日、西村氏の仲介で、西之表市役所を訪問し、市長との面会が実現した。ご多忙の中、面会して下さったのは、八板俊輔市長、大平和男教育委員会教育長、社会教育課の松下成悟課長、種子島開発総合センターの沖田参事である。会談は三十分ほどであったが、きわめて充実した内容となった。

八板市長からは、来年度が西之表市の市制施行六十年にあたることから、天囚の資料展と講演会を種子島で開催したいとの意向をお伝えいただき、可能であれば、将来、種子島開発総合センターとは別に、天囚記念館を建設し、それが懐徳堂分館になればとおっしゃっていただいた。

また、大平教育長からは、天囚のような文化人を生み出した母体としての種子島の顕彰に努めたいとの発言があった。確かに、種子島と言えば、鉄砲伝来と宇宙センターが有名であるものの、世界遺産に指定された隣の屋久島に比べてやや影が薄い。しかし、屋久島は急峻な山岳地形で文化の母体とはなりにくかったのに対し、種子島は、平地となだらかな丘陵に恵まれた文化の地であった。前田豊山や西村天囚はもっと顕彰されても良いだろう。

最後に、具体的な取り組みとして、西之表市または種子島開発総合センターのホームページと懐徳堂記念会のホームページに相互リンクを張ること、種子島と大阪で協力して、天囚関係資料の調査研究、資料修復に取り組むことなどが話し合われた。

こうして全日程は無事終了し、充実した調査を終えることができた。台風銀座と呼ばれる種子島には珍しく、四日間とも快晴に恵まれた。紺碧の海と抜けるような夏空を目にして、これも天囚の配慮であろうと感じられた。

人生は出会いである。百年の歴史を凝縮したような出会いであった。西村家の方々をはじめ、資料調査にご高配を賜った関係各位に厚く御礼申し上げたい。

（湯浅邦弘）

【附記】

・本稿執筆に際して、西村家の各位および種子島開発総合センターより懇切なご教示をいただき、また、写真の掲載についてご許可をいただいた。ここに厚く御礼申し上げたい。

・本稿に先立って、湯浅邦弘「種子島に残る西村天囚の記憶」（『東方』第四四二号、二〇一七年十二月）を資料調査の速報として発表した。内容の一部が重複することをお断りしたい。
・アルバムは当初「九冊」を確認したが、その後さらに三冊が発見され、結局全十二冊を西村家から拝借してデジタルデータ化した。
・またそれとは別に大型台紙に貼られていた一枚の写真（本稿第四節参照）について、竹田健二「西村家所蔵資料中の一枚の集合写真について」（『懐徳堂研究』第九号、二〇一八年）が別途詳細な考察を加えている。
・本稿で取り上げた西村家所蔵「讀騷廬」扁額については、その後、西之表市において修復とレプリカ作成が行われ、令和四年（二〇二二）三月二十三日、西之表市役所においてそのお披露目式が挙行された。

第二章　平成三十年度（二〇一八）種子島西村天囚関係資料調査について

湯　浅　邦　弘

平成三十年八月二十七日～三十一日、種子島（鹿児島県西之表市）の西村家所蔵西村天囚関係資料の調査を実施した。参加者は、湯浅邦弘（大阪大学教授、懐徳堂記念会理事）、竹田健二（島根大学教授、大阪大学招聘教授）、池田光子（松江工業高等専門学校助教、元懐徳堂記念会研究員）の三名である。

ちょうど一年前にも、天囚の郷里種子島を訪問し、資料調査を実施したが、その際には実質的な調査日が一日しか取れなかったこと、大量の資料が西村家に保管されていて全体の把握が困難であったことなどから、特色ある資料のみを取り上げつつ基礎的な報告を行うにとどまった（湯浅邦弘・竹田健二・佐伯薫「西村天囚関係資料調査報告――種子島西村家訪問記――」、『懐徳』第八十六号、二〇一八年。以下、「前報告書」と略記）。

資料はいずれも貴重なものであったが、後日その中から、アルバム九冊、印章約百顆、書簡類のマイクロフィルム四巻を大阪大学にお送りいただき、湯浅が受託して調査を進めることになった。

およそ百年前の懐徳堂関係資料が多数発見されたことは注目を浴び、新聞にも取り上げられた。平成二十九年十一月二十六日付け読売新聞夕刊に、「西村天囚資料２０００点」「明治～大正期論客の漢学者」「阪大の源流　懐徳堂の復

図１　「讀騷廬」扁額（兪樾揮毫）

興解明カギ」として、また、同年十二月十二日付け朝日新聞夕刊に、「「懐徳堂」再建 西村天囚の思いは」「阪大源流の学問所」「記者で漢学者 種子島に資料２０００点」などの見出しで紹介された。

また、天囚関係資料の発見は、種子島でも話題となったようだ。ちょうど西之表市が平成三十年度に市制施行六十周年を迎えるのにあわせて、天囚の顕彰活動が企画された。一方、大阪でも、朝日新聞社・大阪大学大学院文学研究科・一般財団法人懐徳堂記念会が共催して、西村天囚を顕彰するシンポジウム「天声人語の名づけ親西村天囚が見た近代日本」を十二月に開催することとなり、その打ち合わせが開始された。

こうした様々な動きに後押しされるかのようにして、二回目の調査を実施したのである。今回は、期間を五日間取り、悉皆調査を目的として臨んだ。

八月二十七日（月）、伊丹からの直行便で種子島空港に到着し、西村貞則氏の出迎えを受けた。貞則氏は、現在の西村家の御当主で、天囚から数えて四代目に当たる後裔である。西村氏の車で西之表市に入り、ホテルにチェックインした後、西村家に赴きご挨拶をした。居間の欄間には、前回調査でも確認した「読騒廬」の扁額（図１）が掲げられていた。

続いて、西村家のお墓参りをさせていただいた。もともと大阪の阿倍野墓地にあった天囚の墓が平成二十二年に種子島に引き上げられた経緯については、前報告書に記載した通りである。

夕方には、近接する種子島開発総合センター（通称「鉄砲館」）（図２）を訪問した。実は、西村家で多数の資料を広げることが困難であると予想されたため、事前に西之表市に相談し、鉄

図２　鉄砲館

砲館の部屋を拝借できることになっていたのである。二階の大会議室に入ると、すでに西村家から移送された大量の資料が配置されていた（図３）。広いスペースで、文書類を広げるテーブルも置かれ、書画類（軸物）を懸ける壁面もあり、調査には申し分ないことを確認した。

翌二十八日（火）朝から調査を開始した。我々三名に加え、西村貞則・久美様ご夫妻、令嬢の矢田睦美さんにもご協力いただいた。

基本的な調査方法は以下の通りである。

・関係資料が保管されていた衣装ケース十二箱を一つずつ開け、中の資料を一点ずつ確認する。但し、各箱には資料が雑然と収められていて、分類や配列は特に考慮されていなかった。そのため、一つずつ資料を取り出し、まず天囚関係資料かどうかという基礎的なところから判断していく必要に迫られた（図４）。

・湯浅と池田が、その選別を行いつつ、資料名が分かるものはその名称を、分からないものは仮名称を付け、資料の概要

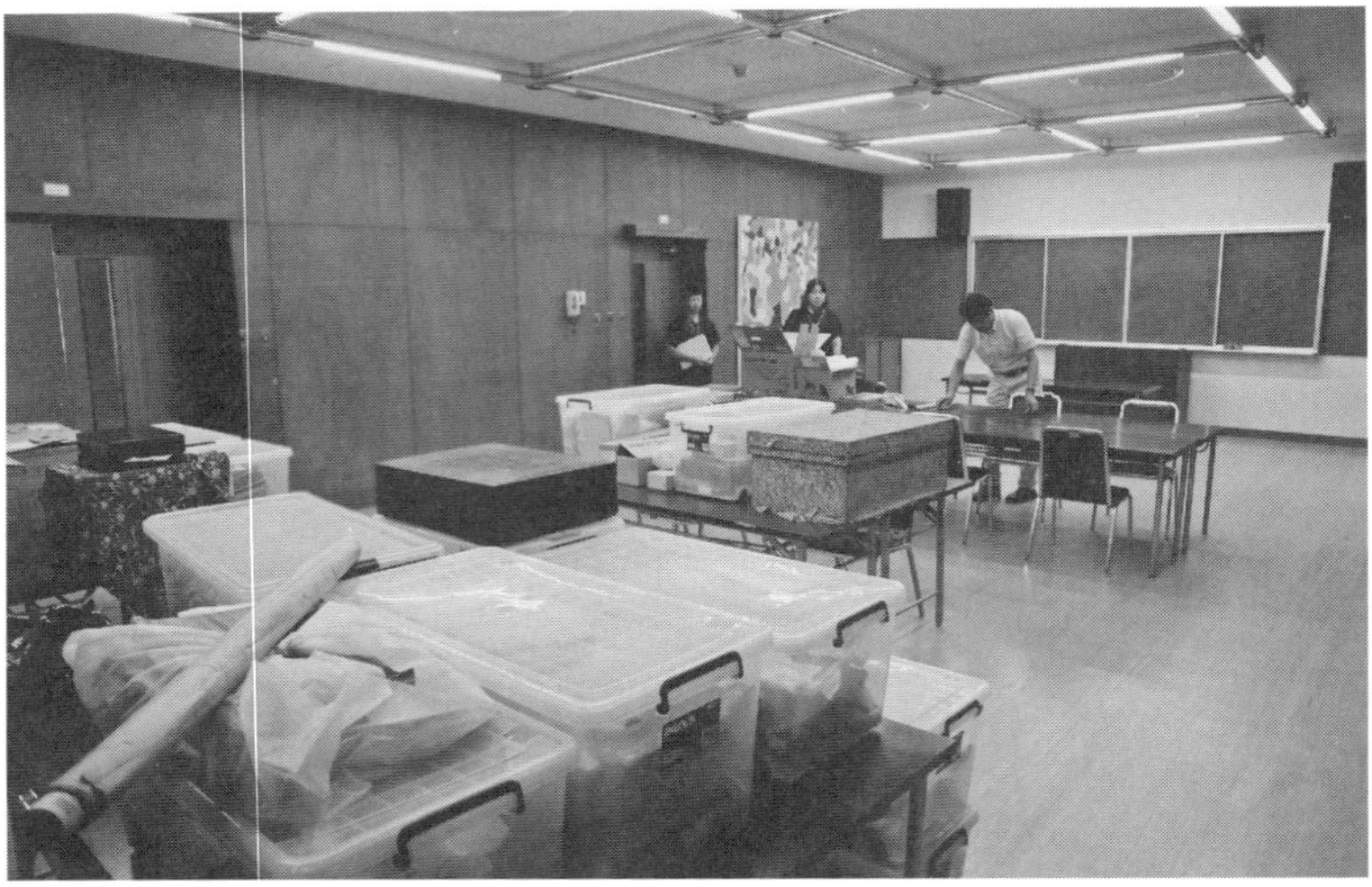

図３　大会議室に移送された資料

図４　資料調査の様子

（簡潔な書誌情報）とともに小型のメモ用紙に鉛筆で記す。

・資料の実物とメモとを竹田が確認しつつ通し番号を付け、その番号を記した短冊を当該資料に添えるとともに、ノートに記録していく。また必要に応じて、中性紙の保存袋に資料と短冊を入れる。

・極めて重要と思われた資料については、その場でデジカメで撮影、またはスキャンする。そのスキャナーとは、竹田が事前に了解を得て鉄砲館に搬入していたもので、資料を広げたまま上から高速スキャンできるものである（富士通 ScanSnap SV600）。

・ノートに記録したリストを、竹田が持参したノートパソコンに入力し、エクセルファイルにまとめる。

こうした作業を朝九時から夕方五時まで連日行った。その結果、衣装ケースに入っていた西村家所蔵の西村天囚関係資料の概要は、以下のようにまとめることができた。

・文献・文書類……天囚の著書・蔵書、冊子、原稿、文書、新聞切り抜き・スクラップなど。

・写真……前回の調査で確認したアルバム九冊以外の写真。

・書画・拓本類……天囚揮毫の書、関係者の書画（天囚が受贈・収集したと思われるもの）、および拓本など。

・書簡類……関係者・家族などが天囚に宛てた書簡類。差出人の中で特筆すべき興味深い人物については、前報告書ですでに紹介した。今回は、時間の関係で、一点ずつ内容を確認することはできなかった。

資料点数は、あくまで概算であるが、文献・文書類・写真が約二百、書画・拓本類が約三百、書簡類が約千五百で、計約二千点ほどになると考えられる。但し、「一式」としてリストに記載したものもあり、それらを細分していくと、その数は当然増加することになる。多数の印章やアルバムに貼られていた写真も一点ずつ計数すれば、二千点を超えることは確実であろう。またそもそも、天囚の蔵書の内、当時通行していた日本国内刊行の書籍で資料的価値がそれほど高くないものは除外したので、それらも加えると点数はさらに増える。

このように資料点数が多かったことに加え、高温多湿の種子島で必ずしも保存状態が良くなかったこともあり、以下のような課題が残った。

・今回特に詳細な調査を行えなかった書画・拓本類について、一点ずつ写真撮影もしながらデータ化すること。
・虫損・水濡れなどにより状態のよくない資料を補修すること。
・書簡の中身を一点ずつ確認すること。現在すでにマイクロフィルムに収録されているものについては電子化し、まだ撮影されていないものについては撮影の上、電子データ化する。
・今後の資料保管について検討すること。

ともあれ、種子島に残っていた天囚関係資料の概要を把握できたのは、大きな収穫であった。また、今後の研究に資する大きな発見もあった。

なお、期間中に西之表市の八板俊輔市長、大平和男教育長が鉄砲館を来訪され、我々の作業を視察された。また、八月二十九日午後に南日本新聞社の取材を受けた。(1) 資料調査に没頭していた我々は、それらの方々に充分対応できなかったかもしれない。それほど、資料が我々を惹きつけていたということである。

平成最後の夏、鉄砲館で実施した資料調査は、我々懐徳堂関係者にとっては、誠に貴重な機会となった。文字にしてみれば、それほどではないかもしれないが、百年越しの資料が発するオーラは、我々を圧倒した。こうした貴重な機会が得られたのも、西村家の方々が天囚没後その関係資料を大切に保管されてきたからに他ならない。その功績は絶大なものがある。

天囚は待っているだろう。平成の次の時代にも、引き続き調査が実施され、多くの人々に資料の全容が開示されることを。そして、日本近代史や日中外交史に残した偉大な足跡が解明されることを。

注

（1）資料調査の模様は、平成三十年九月十二日付け南日本新聞で、「西村天囚２０００資料残る」「明治大正の記者・「天声人語」命名」「阪大教授調査」などの見出しで紹介された。

【附記】

今回の資料調査にあたり、格別のご高配を賜りました、西村家ならびに西之表市のご関係各位に厚く御礼申し上げます。また、原稿執筆に際して、西村家の各位および種子島開発総合センターより懇切なご教示をいただき、また、写真の掲載についてご許可をいただきました。ここに厚く御礼申し上げます。

第三章　西村天囚の知のネットワーク
――種子島西村家所蔵資料を中心として――

湯浅邦弘

はじめに

平成三十年（二〇一八）八月、種子島において西村天囚関係資料を調査した。ちょうど一年前にも調査を実施し、その基礎的な報告を、湯浅邦弘・竹田健二・佐伯薫「西村天囚関係資料調査報告――種子島西村家訪問記――」（『懐徳』第八十六号、二〇一八年。以下、「前報告書」と略記）として公開した。だが、資料があまりに膨大であったため、西村家ですべての資料を閲覧することはできなかった。特に書画類はそれを展開する大きなスペースが必要となることから、前回調査ではほとんど実見しないままに終わった。

そこで今回は、悉皆調査を目的とし、事前に西村家および西之表市と協議を重ねた。その結果、西村家にほど近い、種子島開発総合センター（鉄砲館）の大会議室を拝借し、そこに全資料を移送して調査することが可能となったのである。

書画類も、大型のテーブルの上で展開でき、また軸装されているものについては壁面に掲げて拝見することができた。書画類を整理してみたところ、天囚自身の書、その師の前田豊山の書をはじめ、概要は以下の通りとなった。

・西村天囚書　二十二点
・前田豊山書　六点
・その他（天囚と関わりのある特別貴重なもの）　十一点
・その他　約百点
・拓本類　一式（多数）

中には、保存状態が悪く、判読に苦しむものもあり、また我々の読解力の限界から、現時点では内容がほとんど分からないものもあったが、一方で、我々を驚嘆させる貴重な資料も含まれていた。それらは、天囚の知のネットワークが広い範囲に及んでいたことを示していた。以下では、こうした書画類および草稿類などを中心に、天囚と当時の清国の学者や政治家たちとの交流がうかがわれる資料、および大阪での文化的活動が分かる資料とに大別し、それぞれの概要について検討してみたい。

一、天囚と中国

まず、張之洞《ちょうしどう》が西村天囚に贈った書一幅（図1）が確認された。「録司馬公迂書　西邨尊兄有道雅正弟張之洞」とある。右上の関防印（陰刻）は「壺公」（張之洞の号の一つ）、落款は、「即此是学」（陽刻）、「南皮張之洞字孝達印」（陰刻）。

張之洞（一八三七～一九〇九）は、清末の有名な学者・政治家で、西洋近代の科学技術を導入して清の国力増強を図った洋務運動の推進派として知られる。この張之洞と天囚はどのような接点を持つのだろうか。また、この書はいつ書かれたものなのだろうか。

後醍院良正『西村天囚伝』（朝日新聞社社史編修室、一九六七年）によれば、天囚は、大阪朝日新聞入社後、明治二十七年（一八九四）、朝鮮半島に東学党が蜂起し、日清の国交が悪化したのを受けて、弟の時輔《ときすけ》とともに特派員として京城（ソウル）に赴いた。天囚は要人と会談して日本の真意を力説したが、その甲斐なく、同年八月、日清両国は宣戦布告した。いわゆる日清戦争である。

一旦帰国した天囚は、明治二十九年（一八九六）秋には東京朝日の主筆となり、翌明治三十年（一八九七）十月、日清親善使節の特命を帯びて渡清した。

当時、清国では、日清戦争での敗北を受けて排日の気運が高まっていた。この状況を視察し憂慮した福島安正陸軍中佐は、日清の融和については、その主導者である湖広総督張之洞を説得する以外にないと陸軍参謀次長川上操六中将に報告した。

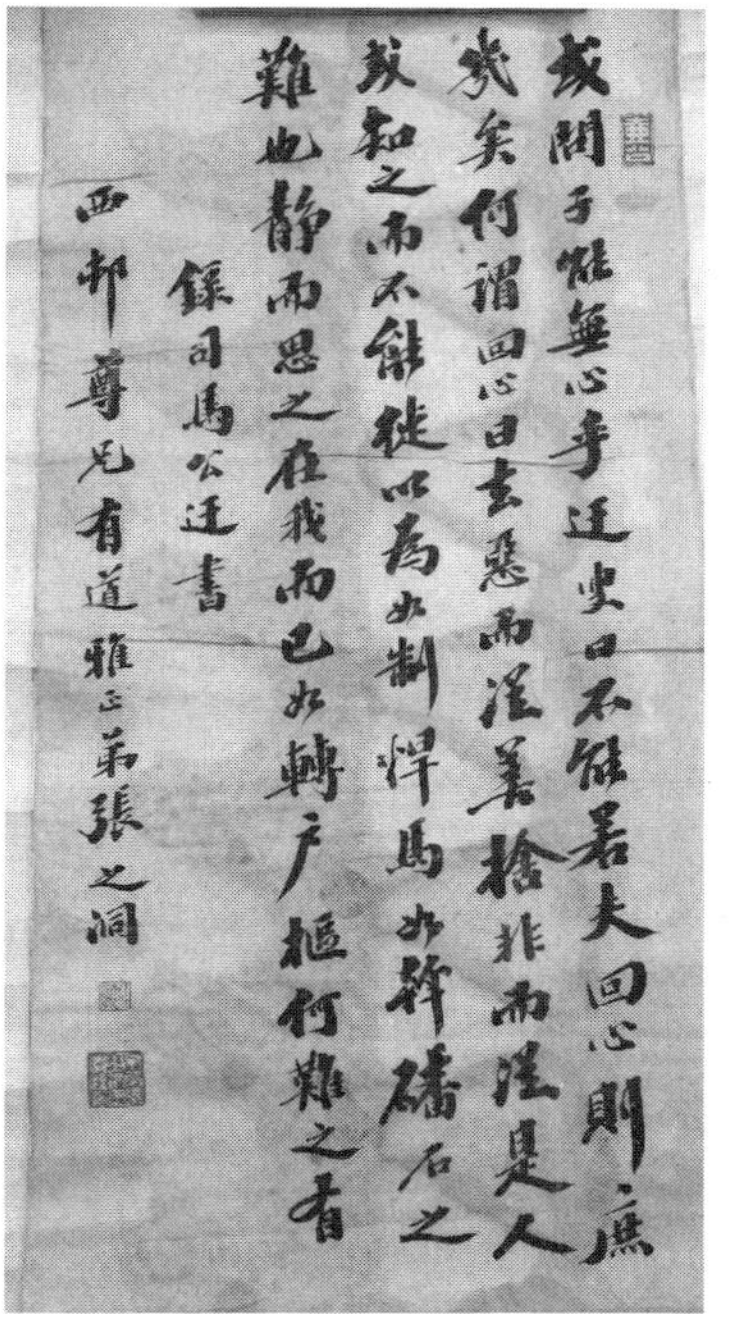

図１　張之洞書

福島中佐は、明治二十五年（一八九二）、単騎でベルリンを出発、シベリア横断を敢行した軍人として知られる。その時、朝日新聞社は天囚を派遣して、その独占取材に成功した。当時二十七歳の天囚は、神戸からウラジオストクに渡って待機、福島中佐を大歓迎しつつ取材し、それを「単騎遠征録」として朝日に送稿した。その名文は好評を博し、連載は百二十回に及んだ。

こうした機縁から、陸軍参謀の宇都宮太郎大尉に加え、天囚が親善使節の一員として抜擢されたのである。二人は、同年末から翌年にかけて張之洞ら要人と会談し、天囚は、北東アジアの平和が日清の提携にかかっていることを漢文の筆談によって力説した。この説得は功を奏し、清国側は視察団六名、留学生八名を日本に派遣することになったのである。

天囚と張之洞との関わりはさらに続く。明治四十年（一九〇七）八月、恩師重野安繹《しげのやすつぐ》（一八二七～一九一〇）がウィーンの万国学士院会議に帝国学士院を代表して出席した後、シベリア経由で帰国する際、天囚は奉天で重野を出迎えるため再び渡清した。北京・漢口・武昌を案内したとされるが、その折、重野と張之洞との会談を斡旋したのである。かねてより顔見知りの天囚も同席し、世界の文化発展に貢献しようとの意見で一致したという。長崎に帰着したのは同年九月であった。

とすると、種子島の西村家で発見された張之洞の書は、明治三十年か三十一年、またはこの明治四十年の作である可能性が考えられる。では、いずれかの年に特定できるであろうか。

天囚の旅行記『江漢遡廻録』によれば、天囚が湖広総督部堂ではじめて張之洞に会見したのは、明治三十年の大晦日であった。面会して即時に書を贈ったとしなければ明治三十年ということはあり得ない。初対面の民間人にその場で親しく書を贈るということは考えにくい。

一方、天囚の「与張制軍論時書」（『碩園先生文集』巻一）によれば、その会見の翌年に、司馬光（号は迂叟）「迂書」中の語（『温公文正公文集』所収）を張之洞が自ら揮毫して贈ってくれたと天囚自身が振り返っているので(1)、この書は明治三十一年の作ということになろう。こうした親交関係が成立していたからこそ、その後の視察団・留学生の派遣に至ったのであろうし、また、天囚の仲介のもとに重野安繹と張之洞との会談も実現したのであろう。

いずれにしても、これまで張之洞と天囚とが会談し、張之洞が天囚に書を贈ったことは知られていたのであるが、その書の現物が百二十年余の歳月を経て西村家から出現したことに我々は大驚した。

なお、この司馬光の文に直接結びつけるのはやや強引かもしれないが、天囚と宋学とは、密接な関係を持っている。天囚は、明治四十一年（一九〇八）十月、京都史学研究会で、宋学の伝来について講演し、翌明治四十二年一月から「宋学の首倡」として五十五回の長期新聞連載を発表した後、九月に『日本宋学史』として出版した。これがすなわち天囚の主著で、文学博士号を授与される大きな要因となった研究書である。

さて、張之洞との会談の結果、日本に視察団・留学生が派遣されるに至ったことについては前述の通りであるが、天囚は、張之洞以外にも、こうした清国の学者や学生と交流したことが推察される。

それを裏付けるのが、今回の調査で発見された蔣黼《しょうほ》の書（図2）である。蔣黼（一八六六～一九一一）は清末の学者で、一九〇九年、ペリオが敦煌で入手したいわゆる敦煌莫高窟蔵経洞写本をもとに、『沙洲文録』『敦煌石室遺書』などを編纂した敦煌学の先駆者。蘇州呉県の人。日本への留学経験を『浮海日記』（後に『東游日記』と改題）にまとめている。

西村家所蔵の書には、「光緒癸卯五月呉縣蔣黼書」とあるので、一九〇三年（清の光緒二十九年、明治三十六年）五月の作。書中に「相見大阪城」とあるが、この年の三月から七月、大阪で第五回内国勧業博覧会が開催されている。当時の日本は、近代化を目指して欧米の先進諸国に倣い、こうした博覧会を開催していた。蔣黼の来日時期は、この博覧会の期間に重なり、内藤湖南などと親交したことが知られているが、この書により西村天囚との交流も確認される。

書中に「与天囚先生別五年矣」とあることから、明治三十年から三十一年にかけて天囚が渡清した際に会合し、それから五年後の思いを綴ったものであろう。

さらに興味深いのは、三名の中国人が天囚に贈ったと思われる聯（漢文を対にして書いたもの）が発見されたことである。当初、六枚の書幅がばらばらになった状態で出てきたのであるが、これを組み合わせてみたところ、三つの聯であることが判明した（図3・図4・図5）。「西村時彦仁兄大人雅正」「中華蔡衛生拝書」、「西村時彦詩翁雅属」「華教弟楊子荃書」、「西村時彦先生法家正之」「華教弟楊寿山書」の三つである。この内、一番目の書には「遍遊中外地」とあるので、彼らが中国人留学生で、来日の際、天囚と交流したのではないかと推測される。

また、中国との関係で注目されるのは、西村家所蔵資料の中に、兪樾書「楓橋夜泊」詩の拓本があったことである。兪樾は、清末の著名な考証学者。西村家に、兪樾書の「讀騷廬」扁額が掲げられていたことについてはすでに前報告書に記した。この拓本も、どのような経緯で入手したのか、その来歴は未詳であるが、天囚と兪樾との関係を示唆する貴重な資料であろう。

今ひとつ、中国に関わる資料が含まれていた。王守仁書「送日東正使了庵和尚帰国序」である。明の正徳八年（一五一三）、帰国する了庵桂悟和尚に対して、交流のあった王陽明（名は守仁、陽明は号）が記したとされる書で、現在、原本が東京の五島美術館大東急記念文庫に収められている。(2) 西村家所蔵の書も筆跡はほぼ同じなので、いずれかの時点で複製が作成されたものと推測される。虫損を一度補修した形跡があるものの、保存状態は比較的良い。複製であったとしても、百年以上前のものとなるので貴重な資料である。明の大儒王陽明の著名な書を天囚が収蔵していたことは、天囚と中国との関係を考える上で重要である。

この資料を天囚がどのように入手したのか、その来歴は未詳であるが、こうした貴重資料や大量の漢籍の獲得に、

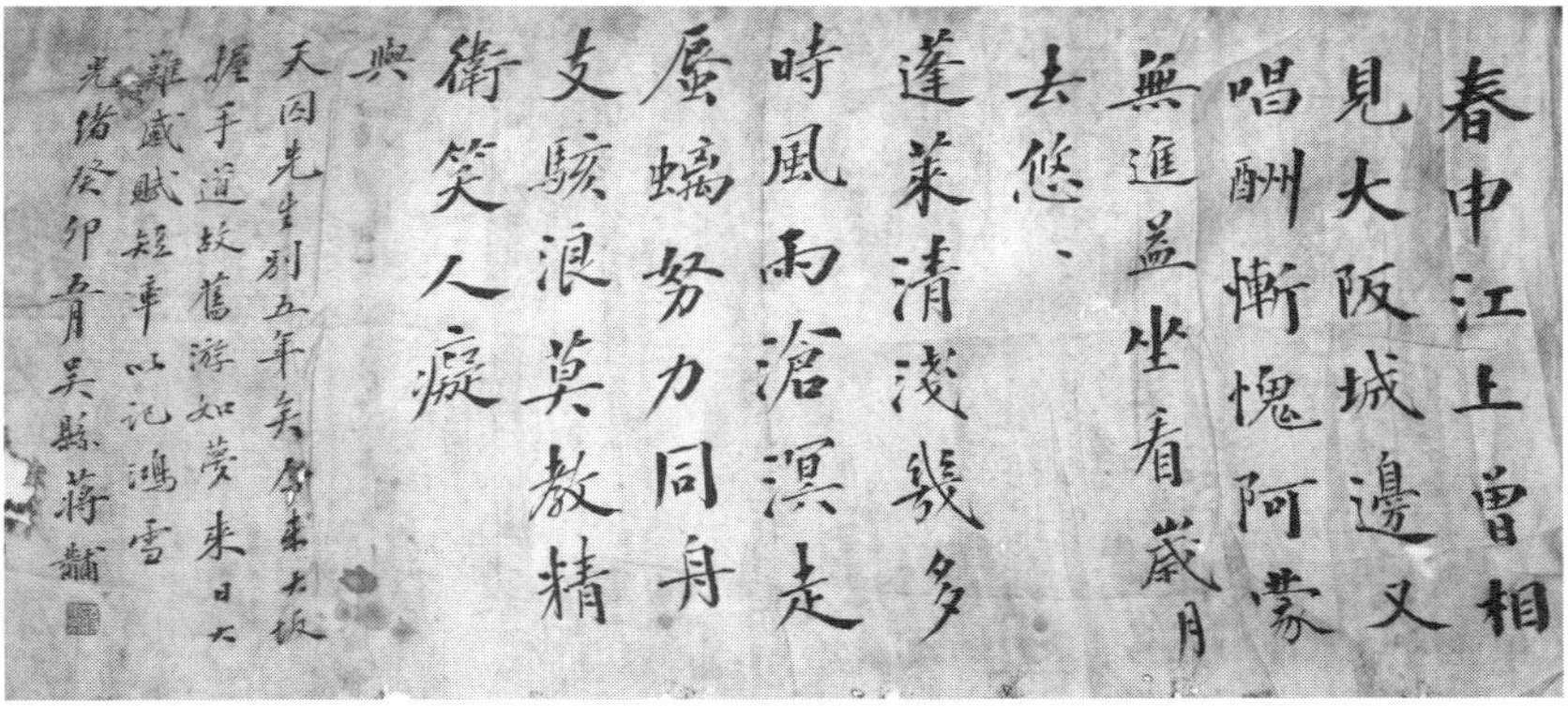

図２　蔣黼書

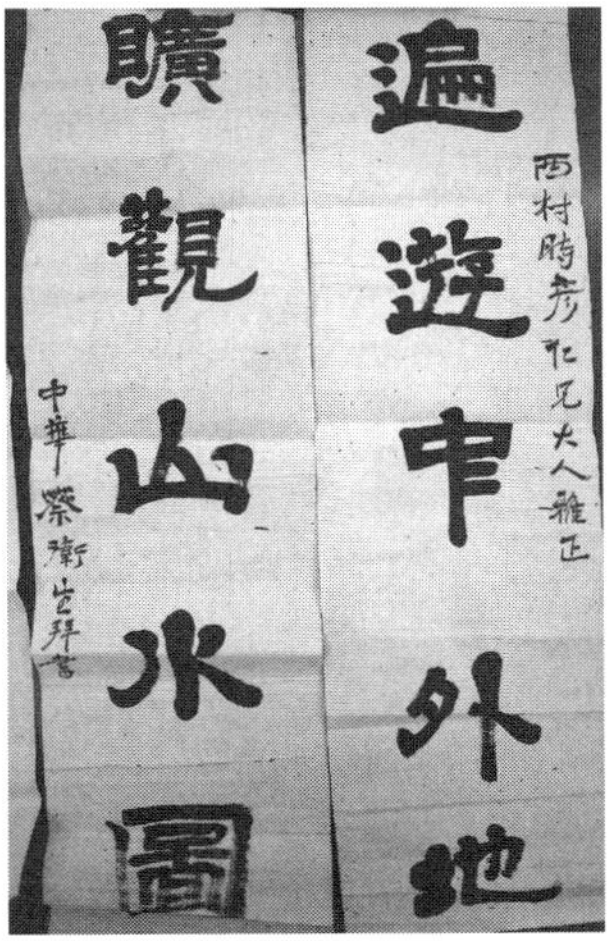

図３　聯１

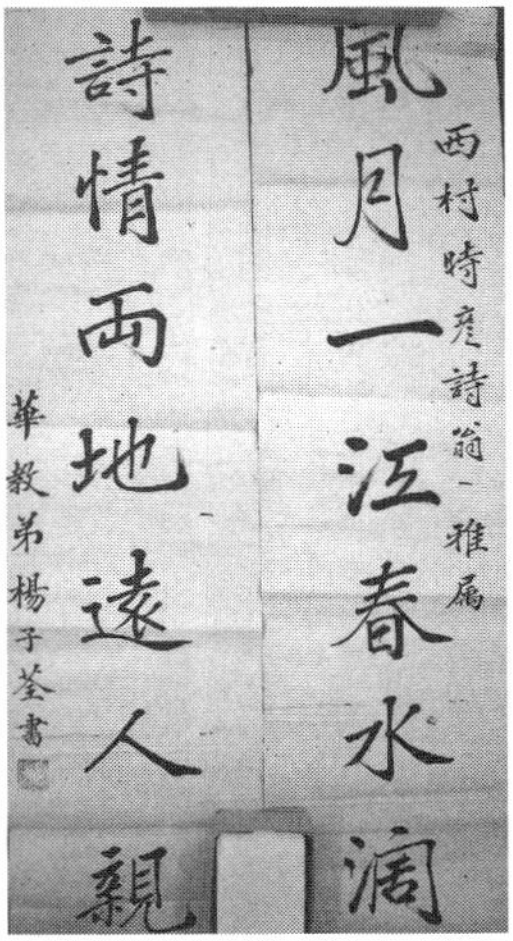

図４　聯２

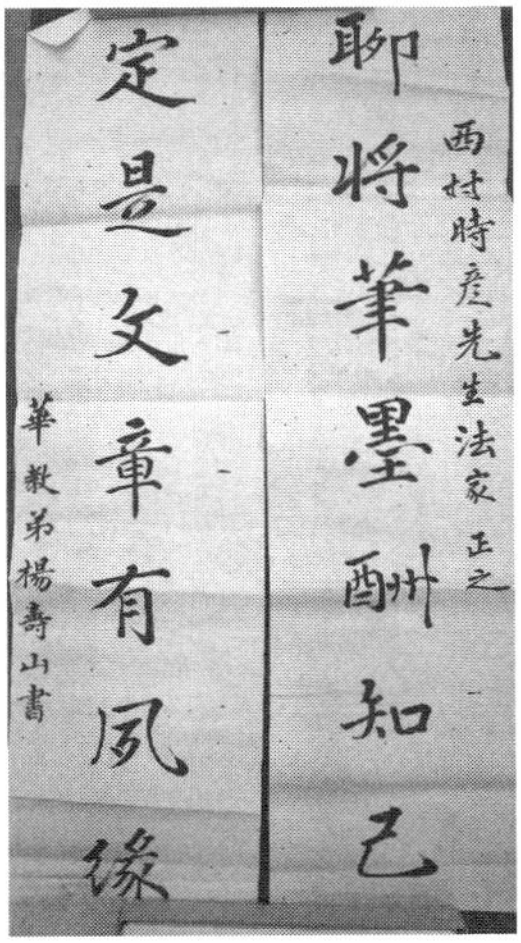

図５　聯３

図６　古典聚目

大阪の古書肆松雲堂が関わっていた可能性も指摘される。今回の調査で、この松雲堂鹿田静七から天囚に宛てられた目録「古典聚目」が発見された（図６）。「大正九年十二月発行自北京将来旧書」とあり、表紙に「西村様」の付箋が貼られていた。目録の中を見てみると、「古唐本目録」のいくつかの書名に朱で印が付けられている。天囚が松雲堂に発注、あるいは注文しようとしたものと推測される。

二、大阪文人との交流

こうした中国との関係も重要であるが、もちろん天囚は日本国内の文人たちと広範なネットワークを形成していた。その点については、すでに前報告書で紹介した通りで、西村家に残る膨大な書簡類から容易に推察できるのである。ただ、これ以外にも今回の調査で、主として大阪の文人たちとの具体的な交流の様子を示す資料が発見された。まずは、中井天生（木菟麻呂）の「送鶴操」書である（図７）。木菟麻呂は、江戸時代の懐徳堂で歴代教授を務めた中井氏の子孫で、明治二年（一八六九）の懐徳堂閉校後、その資料を大切に保管し、後に懐徳堂記念会に寄贈した重要人物である。懐徳堂記念会の創設、重建懐徳堂の開学という明治・大正時代の懐徳堂復興運動のもう一人の立役者であった。

天囚は、大正十年（一九二一）、宮内省御用掛に任ぜられ、十月三日、大阪から東京五反田下大崎の島津邸役宅に引っ越した。この書には、「大正十年秋九月」とあるので、天囚の東京赴任に際して贈ったものであることが分かる。

次に注目されるのは、景社同人との交流を示す資料である。景社とは、天囚が設けた漢詩文鍛錬を目的とする文会で、明治四十四年（一九一一）二月、天囚の「景社同約」（『碩園先生文集』巻三）によれば、結社の精神は、『論語』の「以文会友」によるという。また、会の名前の由来は、同人がみな大阪市北区の「菅廟」（天満宮）付近に住んでいたことから、天神様を景して（仰ぎ慕って）その「賽日」（祭日）の毎月二十五日の夜に会合することにちなむという。同人は、自作の漢詩文を持ち寄り、互いに添削しあったり、即興の詩を作ったりしていた。また、大正五年（一九一六）二月の「景社題名記」（『碩園先生文集』巻三）によれば、その時点（発足五・六年目）で、同人は十一名であったという。

これに関連して、今回の調査で、種子島西村家資料の中に「景社題名第三」と称する寄せ書きが発見された（図8）。狩野直喜の代表署名の後、長尾甲（雨山）、西邨時彦、内藤虎（湖南）、本田成之、武内義雄、青木正児、岡崎文

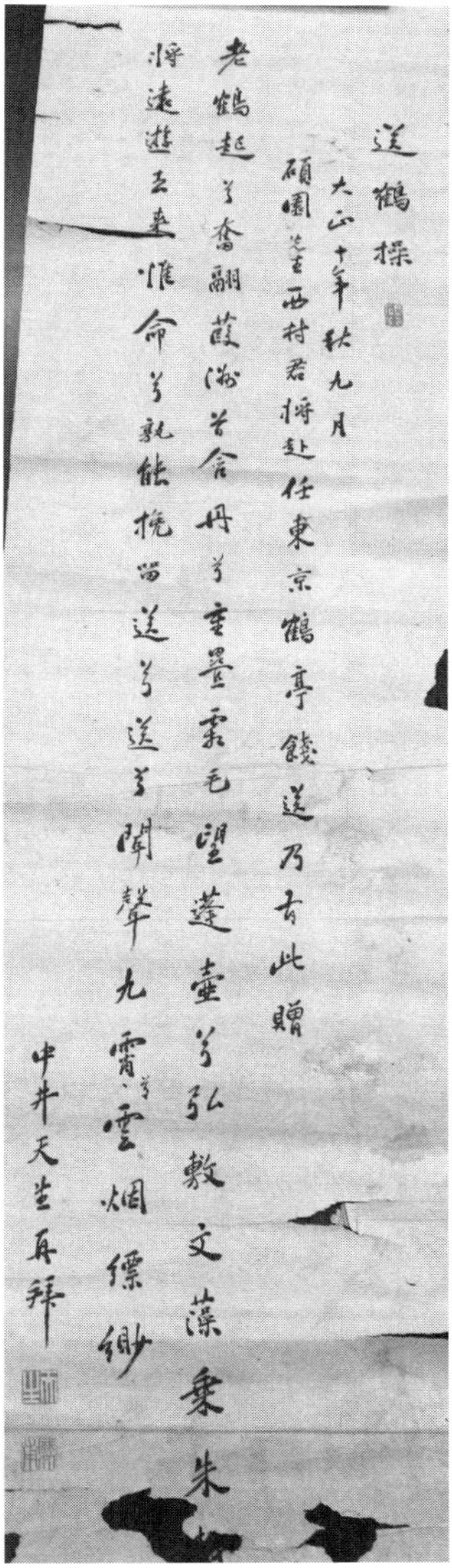

図７　中井天生「送鶴操」書

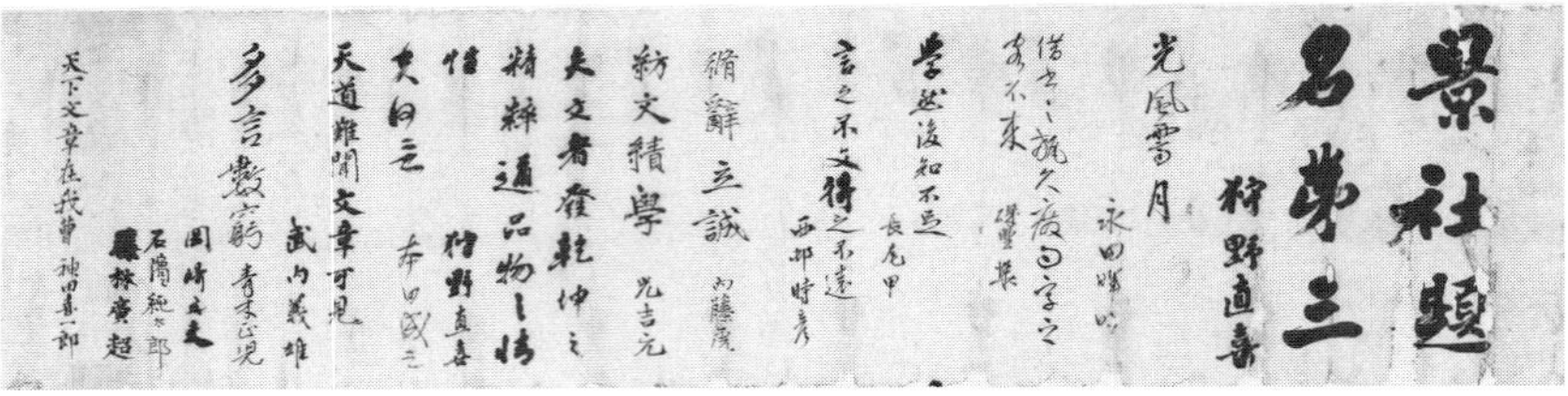

図８　景社題名第三

夫、石濱純太郎、神田喜一郎などの署名が見える。署名人は計十四人なので、「景社題名記」の時点よりは後のものであろう。「第三」と称するゆえんである。

彼らは、いずれも関西の中国学を担う碩学であり、景社がいかに優れた人材の集まりであったかが分かる。特に、この資料では、各人が自署しているため、その筆跡が確認できる点に資料的価値が認められるであろう。このほか、版心に「景社文稿」と印刷した原稿用紙に天囚が自筆した草稿類も多数発見された。天囚はこの用紙を使って精力的に執筆活動をしていたのである。

天囚のこうした文化的活動は、懐徳堂の再興すなわち重建懐徳堂の開学として結実するのであるが、それは突如実現したものではなく、関西文人たちとの交流がその基盤として存在していたことを、この資料は示唆しているのである。

次に、「延徳本大学頌贈名簿」（図９）を取り上げてみよう。この資料は、横長の大型メモ帳に他の草稿とともに綴じられていたものである。『延徳本大学』とは、室町時代後期の臨済宗の僧で薩南学派の祖とされる桂庵玄樹が延徳四年（一四九二）に重刊した朱子の『大学章句』である。桂庵玄樹は、それを遡る文明十三年（一四八一）、薩摩の島津忠昌・勝久に仕えた国老伊地知重貞とともに『大学章句』を刊行して宋学の普及に努めたが、その十二年後に重刊したのが延徳本である。

この『延徳本大学』は、文明本が散逸したこともあり、日本における宋学の開始を象徴する重要な資料となった。天囚は、重貞の末裔から延徳本を譲り受け、大正十二年（一九二三）、百部を影印（図10）して同志に頒布しようとした。しかし、折からの関東大震災により刊行は中止となった。そこで天囚は、翌大正十三年、再び百部を影印したが、その完成を待たず、同年七月に病没した。

西村家資料の中から発見されたこの名簿は、その影印本『延徳本大学』の寄贈先を示した貴重な資料であった。全体は、「東京」「大阪」「鹿児島」「仙台」「各地方」「学校図書館」「支那」に大別され、各々寄贈先名が列挙されている。

例えば、東京では「二十七部」として、島津公爵、松方公爵、島津公、平田内大臣、牧野宮相、入江侍従長、市村瓚次郎、安井小太郎、塩谷温、宇野哲人などの名が見える。また京都では「十部」として、狩野直喜、内藤炳卿（湖南）、荒木寅三郎（天囚出講時の京大総長）、鈴木豹軒（虎雄）、神田喜一郎、長尾雨山など。

大阪では、永田仁助（懐徳堂記念会初代理事長、浪速銀行頭取）、松山直蔵（重建懐徳堂初代教授）、財津愛象（重建懐徳堂教授）、稲束（重建懐徳堂講師の稲束猛）、吉田鋭雄（重建懐徳堂最後の教授）、住友吉左衛門、愛甲兼達（十五銀行頭取）、小倉正恒（懐徳堂記念会第二代理事長、住友本社総理事、大蔵大臣）、上野精一（朝日新聞創始者、懐徳堂記念会発起人の一人）、村山龍平（朝日新聞社主）、石濱純太郎、藤澤章次郎（黄坡）、今井貫一（懐徳堂記念会初代理事の一人、大阪府立図書館初代館長）など十四部。

鹿児島は、種子島男爵（種子島守時）、山田準、平山武靖など八部。仙台は、瀧川亀太郎、武内義雄の二部。各地方では、安川敬一郎（元福岡藩士、安川財閥の創始者）、岡山源六（天囚の弟子、重建懐徳堂講師）など五部。

学校図書館は、図書寮（現在の宮内庁書陵部）、帝国図書館（国立国会図書館の前身）、東大図書館、東洋文化学院、国学院大学、大阪府立図書館、懐徳堂、天満宮文庫、京大図書館、東北大図書館、九大図書館、北大図書館、神宮皇学館、尚古集成館など十九部。支那は、羅振玉、董康、王国維など五部となっている。

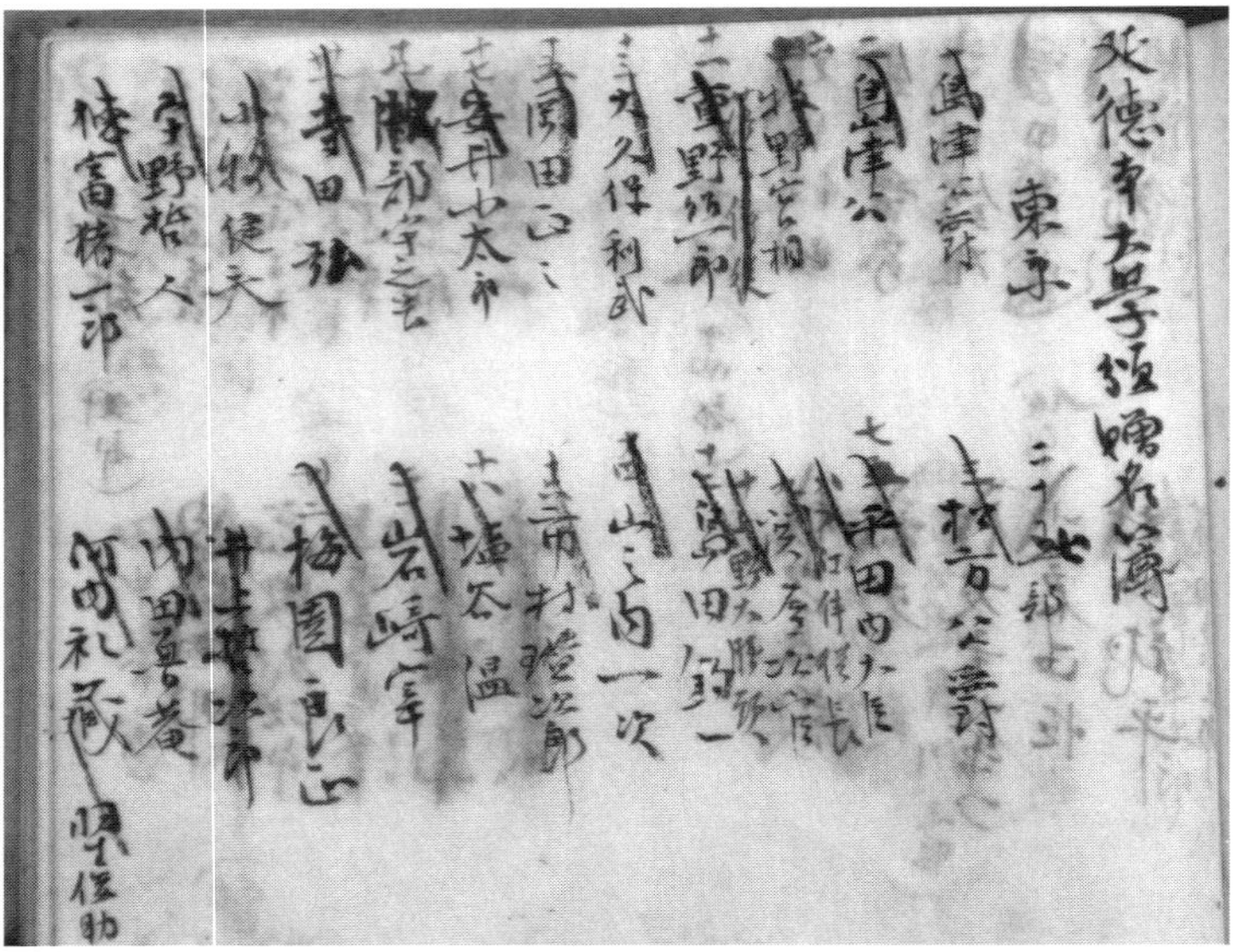

図 9　延徳本大学頌贈名簿

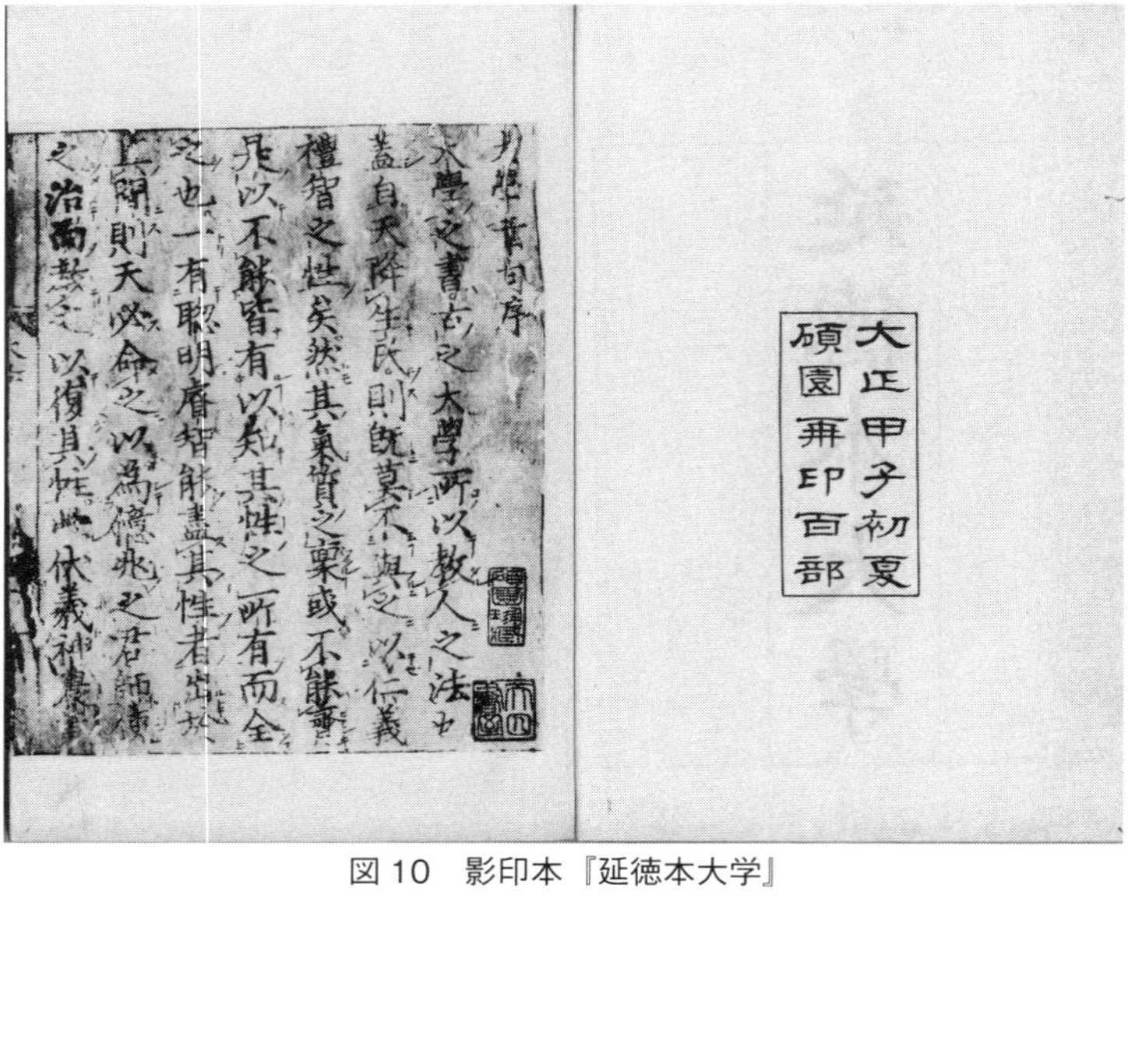

図 10　影印本『延徳本大学』

中には、儀礼的に贈らざるを得なかった宛先があるかもしれないが、この寄贈リストは、天囚最晩年の知のネットワークを端的に示す貴重な資料である。

当然のこととは言え、大阪の部で懐徳堂関係者や朝日新聞関係者の名が見えるのは興味深い。朝日新聞社については、上野精一と村山龍平の名があがっている。西村家資料の中には、版心に「村山合名大阪朝日新聞会社」と印刷された原稿用紙に、天囚が記した草稿類が多数発見された。

その中の一つに、「自明治三十八年五月十五日至同二十一日一週間朝毎東電比較概説」（図11）という原稿があった。これは、当時の朝日新聞とライバル紙の毎日新聞とを天囚が比較したものであろう。第一版から第四版までを個別に比較し、東京電報に基づくそれぞれの特徴や優劣を指摘している。総括として、「其結果に於ては大なる相違無しと雖も、毎日新聞は多く第一版に於て戦報の輯集に努むるが如く、当日の出来事に就きては多く第二三版に記載するが如し」、「毎日は凡く種類を集めんとする如く、朝日は一事に精細なるの感あり」、「要之（之を要するに）今少しく概括的事実の報道に勉むれば無論毎日を凌駕するは容易なるべきが如し」[3]などと記している。現在でも、特ダネを他紙に取られる（抜かれる）ことには各紙が神経を尖らせていると思われるが、明治時代からライバル紙との比較がなされており、天囚がその緻密な分析を行っていたことは大いに注目される。なお、ここに言う「戦報」とは日露戦争の戦況報道のことである。

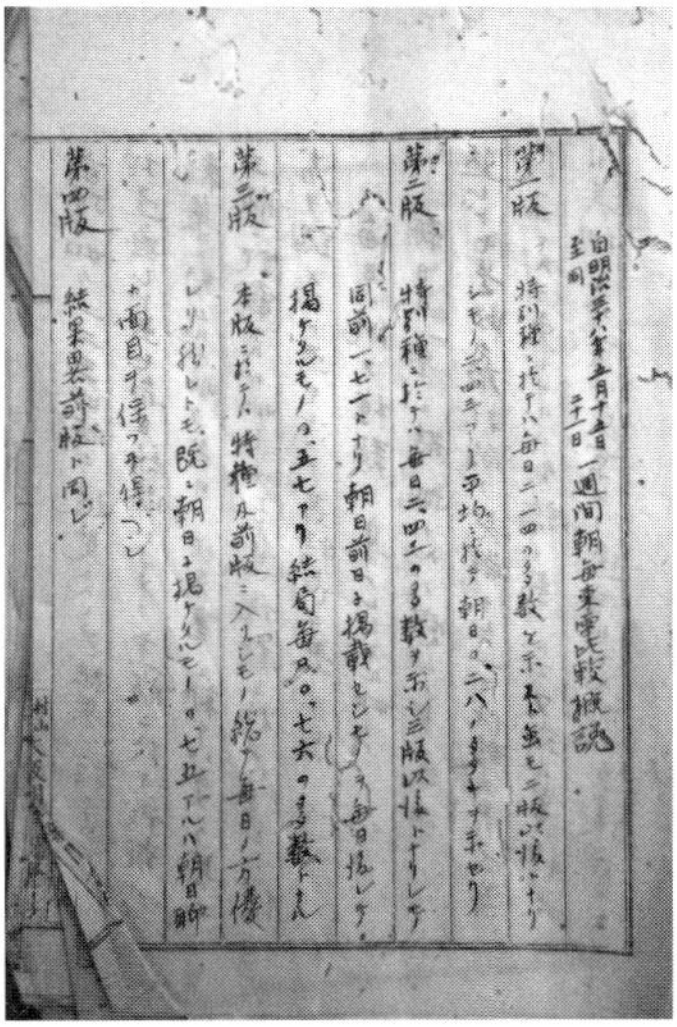
図11　朝毎東電比較概説

さらに、天囚が朝日紙上に掲載した記事の切り抜きも多数

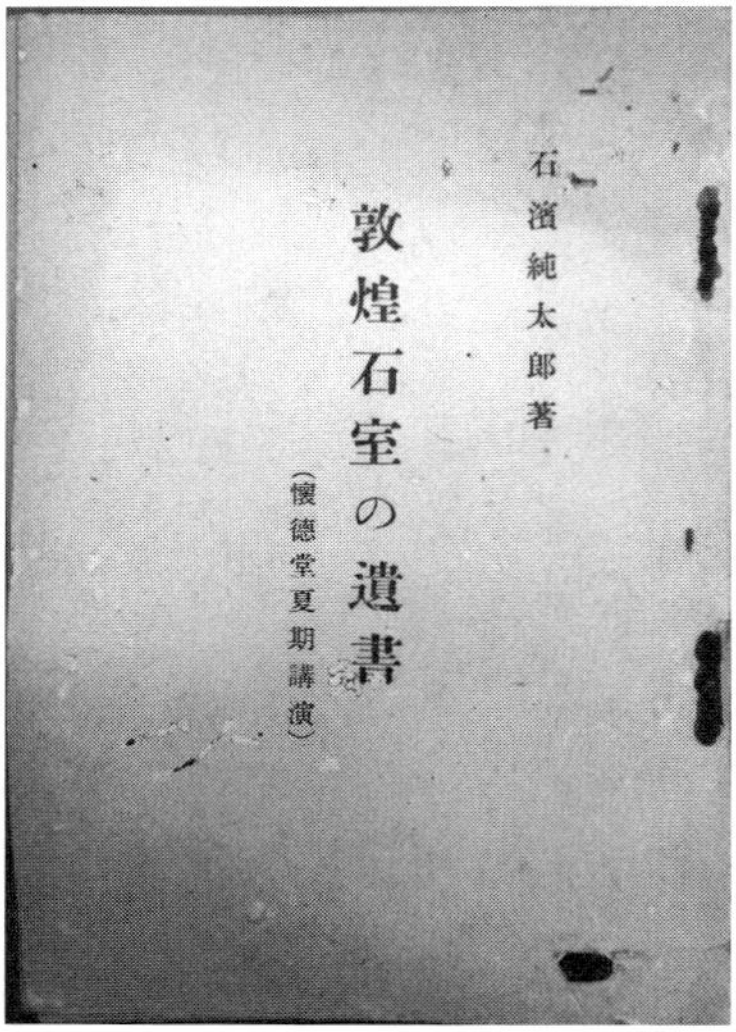

図12　石濱純太郎講演録

残されていた。紙が貴重だったからであろうか、不要になった他の本を台紙として、そこに丁寧に切り抜きが貼り付けられ、中には朱筆で修正が加えられているものもある。その内のいくつかは後に単行本となったものもあり、天囚は、時間に追われて日々新聞原稿を書き散らすのではなく、入念に手を入れて他日の刊行に備えていたのである。

朝日新聞関係以外で注目されるのは、「延徳本大学頌贈名簿」の中にも見える大阪文人たちとの関係であるが、特に、石濱純太郎（一八八八～一九六八）に関する資料が他にも見いだされたので、最後にあわせて検討してみよう。

石濱純太郎は、前記の「景社題名記」にその名があったことからも分かるとおり、天囚の誘いで景社同人となり、内藤湖南・武内義雄などと親交を持った文人である。大正十一年（一九二二）に大阪外国語学校（現在の大阪大学外国語学部）蒙古語部に入学、翌年には、泊園書院の漢学の講師として出講している。関西大学専門部講師となったのが大正十五年である。その蔵書約四万冊は、大阪外国語大学を経て、現在、大阪大学所蔵「石濱文庫」となっている。

今回の調査で、その石濱の講演録（冊子、非売品）（図12）が西村家所蔵資料の一つとして発見された。石濱純太郎著「敦煌石室の遺書」（懐徳堂夏期講演）である。これは、大正十四年（一九二五）、重建懐徳堂での夏期講演において八月五日から八日まで毎夕七時から八時半まで四回にわたって開講された講演の記録である。同年十一月十日付けの自序が記されているが、注目すべきは、その扉に「この懐徳堂講演を刊行して昨夏長逝せられたる故碩園西村先生へのわたくしの記念と致したいと存じます」「石濱純太郎謹んで識す」と特記されている点である。景社での交流を通じて、石濱が天囚に恩を感じ、深く敬愛していたことがうかがわれる。この冊子が刊行されたのは、天囚の死の翌年なので、石濱が天囚の遺族に贈ったものではなかろうか。

もう一つ、石濱純太郎に関する資料がある。天囚も使用していた「景社文稿」の原稿用紙に石濱が自筆で書いた「奉日下勺水先生書」[4]と「愛牡丹説」である（図13・図14）。いずれも、文末に「石濱純太郎拝草（稾）」「伏乞大斧」とあり、天囚に添削を求めたものであることが分かる。天囚（一八六五～一九二四）は石濱より二十歳ほど年上で、かつ、景社の大恩人である。また、天囚は、漢文の筆力に優れ、朝日新聞に数々の名文を記していたジャーナリストでもあった。後に天囚が宮内省御用掛を拝命して詔勅などの起草にあたったのも、この漢文力があったからに他ならない。そうした天囚を石濱が慕い、謙虚に文章の添削を求めていたことは極めて興味深い。

おわりに

平成二十九年と三十年、ともに八月下旬に種子島において実施した西村天囚関係資料の調査は、西村家の方々のご協力と西之表市の関係各位のご高配により順調に進んだ。しかし、その総点数は二千点を超えると思われ、今後さらに詳細な調査研究が必要である。研究が進めば、重建懐徳堂期における天囚の活動はもとより、広く近代日本における漢文学の状況、さらには日本と中国との外交関係などについて、これまで知られることのなかった新事実も明らかになるだろう。

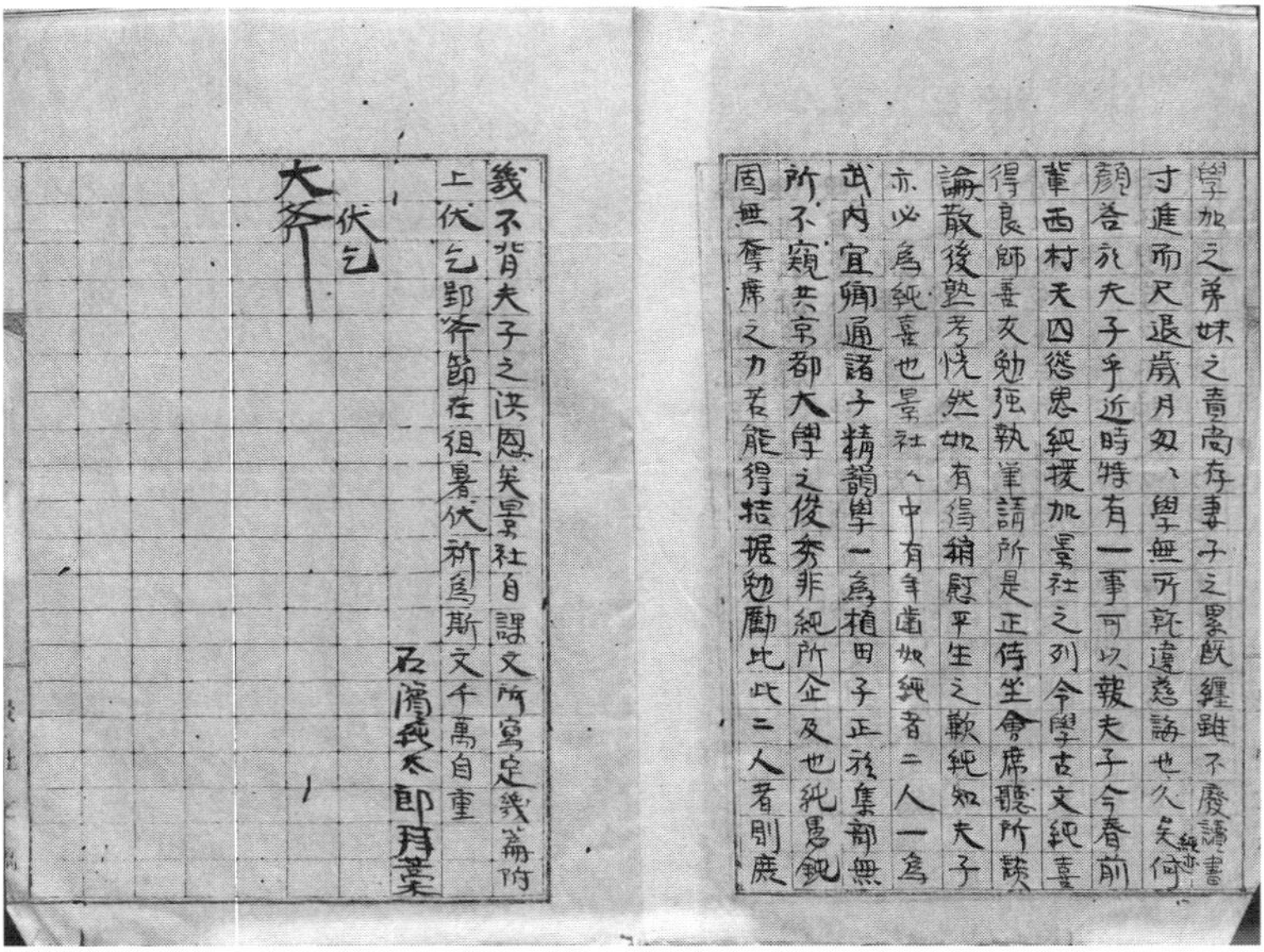
學加之弟妹之責尚存妻子之累既纒雖不廢讀書
寸進而尺退歳月匆々學無所就違慈誨也久矣何
顔答於夫子乎近時特有一事可以報夫子今春前
輩西村天囚懐恩純援加景社之列令學古文純喜
得良師善友勉强執筆請所是正侍坐會席聽所談
論敬後塾考恍然加有得稍慰平生之歎純知夫子
亦必為純喜也景社々中有年歯加純者二人一為
武内宜卿通諸子精韻學一為植田子正[illegible]集部無
所不窺共京都大學之俊秀非純所企及也純愚鈍
固無奪席之力若能得拮据勉勵比此二人者則庶
幾不背夫子之洪恩矣景社自課文所寫定幾篇附
上伏乞郢斧節在徂暑伏祈為斯文千萬自重
石濱純太郎拜稟
伏乞
大斧

図 13　奉日下勺水先生書

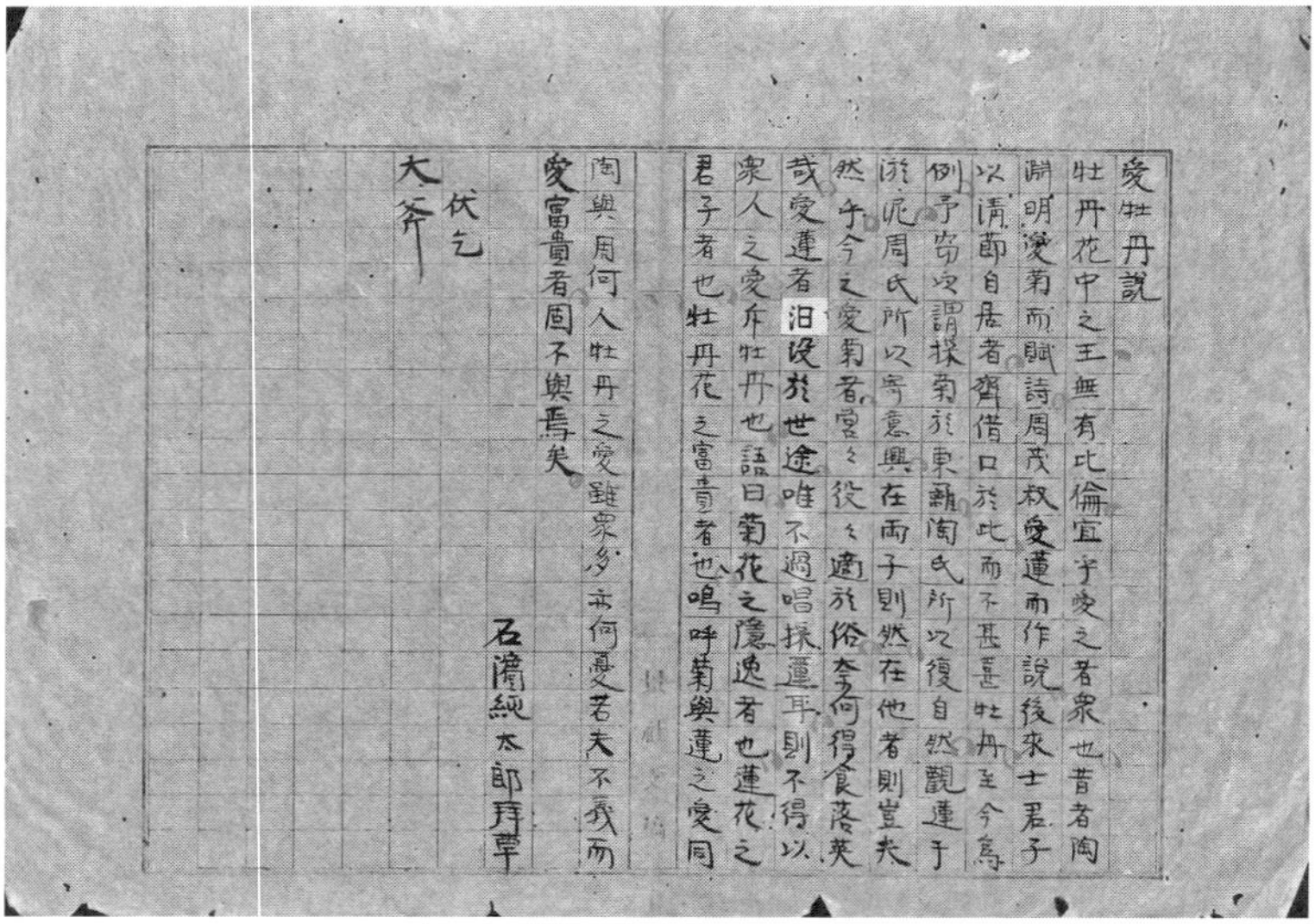
愛牡丹説
牡丹花中之王無有比倫宜乎愛之者衆也昔者陶
淵明愛菊而賦詩周茂叔愛蓮而作説後来士君子
以清節自居者齊借口於此而不甚喜牡丹至今為
例矣竊謂採菊於東籬陶氏所以復自然觀蓮于
漣泥周氏所以寄意興在両子則然在他者則豈夫
然乎今之愛菊者営々役々適於俗奈何得食落英
哉愛蓮者汨没於世途唯不過唱採蓮耳則不得以
衆人之愛亦牡丹也語曰菊花之隠逸者也蓮花之
君子者也牡丹花之富貴者也嗚呼菊與蓮之愛同
陶與周何人牡丹之愛雖衆多亦何憂若夫不義而
愛富貴者固不與焉矣
石濱純太郎拜草
伏乞
大斧

図 14　愛牡丹説

注

（1）その原文は、「張制軍閣下、前年至鄂初見閣下、有上泰山小天下之想。……又書司馬光迂書中之語以見贈、愛士如渇、誰不感激」。なお、天囚ら明治の漢学者たちの外交については、陶徳民『明治の漢学者と中国――安繹・天囚・湖南の外交論策――』（関西大学出版部、二〇〇七年）が詳しい。

（2）この点については、鶴成久章氏（明代思想、福岡教育大学教授）並びに五島美術館大東急記念文庫より懇切なご教示をいただいた。

（3）原文は漢字カタカナ交じり文であるが、ここでは便宜上カタカナをひらがなに改めて句読点を加え、また、漢字の表記を一部改めている。

（4）日下勺水（一八五一～一九二六）は江戸時代末期から大正期の漢学者で、重野安繹らに学び、後、修史局勤務、史料編纂掛となる。『文科大学史誌叢書』の編纂がある。

【附記】

本稿は、平成三十年度（二〇一八）一般財団法人懐徳堂記念会の調査事業「西村天囚関係資料の調査」による研究成果の一部である。

なお、西村天囚のネットワークの詳細については、湯浅邦弘『近代人文学の形成――西村天囚の生涯と業績――』（汲古書院、「西村天囚研究」第一巻、二〇二四年）第十一章「近代文人の知のネットワーク――西村天囚関係人物小事典――」参照。

第四章　種子島西村家所蔵西村天囚関係資料の整理状況と特徴とについて

池田光子

はじめに

「宝の山」――それがはじめに抱いた感想である。

重建懐徳堂を語る時、西村天囚（一八六五〜一九二四）を外すことはできない。この天囚に関わる未調査資料が、種子島の御子孫の元に保管されていると知ったのは、平成二十九年（二〇一七）六月のことである。その後、調査報告会「西村天囚関係資料調査報告――種子島に残る天囚の貴重資料――」（大阪大学中国学会主催、二〇一七年十二月二日午後一時半〜四時半、於大阪大学豊中キャンパス文法経本館二階大会議室）や、『懐徳』第八十六号（懐徳堂記念会、二〇一八年一月）に掲載された、湯浅邦弘・竹田健二・佐伯薫「西村天囚関係資料調査報告――種子島西村家訪問記――」（本書第一部第一章。以下、「前報告書」と略記）にて、その基礎的な情報と一部の貴重資料の存在とが伝えられた。

これらの報告から、散逸したと考えられていた資料や当時の様子を写した写真等が現存していたことを知り、本資料群が、まさに「平成の大発見」とも言うべき資料群であることを確信した。懐徳堂研究に携わる一人として、発見

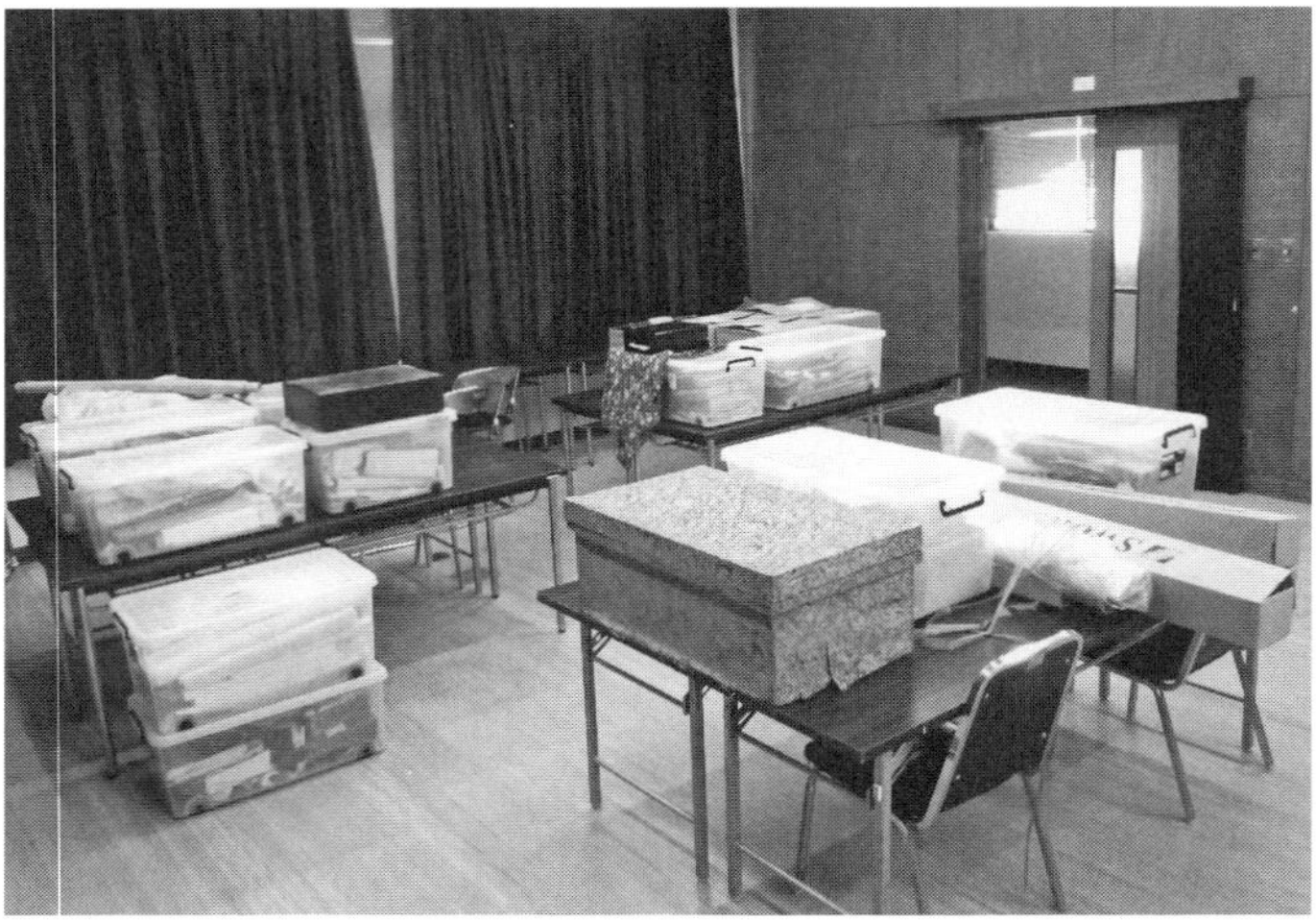

図１　資料群

の報を聞いた時から早く資料群を実見したいと思っていたため、今回の調査（平成三十年（二〇一八）八月二十七日〜三十一日）に参加することができたのは、一年越しの思いが叶ったようなものである。

期待を胸に、調査初日（八月二十八日）、種子島開発総合センター鉄砲館の二階大会議室に向かった。西村家から移動され、机上に積み上げられた資料群を目にした時、脳裏に浮かんだのが冒頭の言葉である（図１）。

「前報告書」第二節「西村家資料の概要」では、種子島西村家が保管している天囚関係資料を次の六種に分けて紹介している。

①「読騒廬」扁額、②草稿・講義録・著書等、③書画類、④印章・文具類、⑤アルバム・写真類、⑥書簡・文書類

これら六種の中で今回の調査対象としたのは、「②草稿・講義録・著書等」と「③書画類」である。なお、「前報告書」に、②③は「九つの衣装ケース」に収められていると記されていたが、机上の箱数は十二箱であった。これは、所蔵者である西村氏が、改めて御自宅を確認されたところ、新たに発見された資料が追加されたためである。まさに「山」のような量と言える。これだけの量の資料が伝存されていることに感動するとともに、ある懸念を抱いた。それは、資料の状態についてである。

天囚の没年から数えて、ほどなく百年である。経年劣化が現れ始めてもおかしくはない。「前報告書」でも、修復の必要性を指摘された資料があった。今回の調査でも、劣化の見られる資料が複数出てくるであろうことは充分に予測されたため、資料の実見だけではなく、可能な範囲において、資料保存にも対応することを目的として調査に臨んだ。

今回の資料群のような明治から昭和初期の資料は、間もなく百年を迎える。今後、同時期の個人蔵資料が調査対象となる機会が増えてくるのではないかと筆者は予測している。よってここでは、今回の調査で発見した資料の紹介だけではなく、整理作業の内容と資料の状態についても報告していきたい。

一、「種子島西村家所蔵資料」の成立

まずは、調査対象となる資料群の成立背景について触れておく。本資料群には天囚だけではなく、天囚と近しい時代の西村家関連資料も多く含まれている。特に定まった名称が無いため、ここでは便宜上、「種子島西村家所蔵資料」（以下、「種子島西村家資料」と略記）と称することにする。この「種子島西村家資料」の核となるのが、天囚関連資料である。天囚は晩年、大阪に居を構えていた。没後、大阪から種子島西村家へと資料が移動し、現状に至った経緯は、太凡左の通りである。[1]

・天囚が没して三年後の昭和二年（一九二七）、大阪に居住していた天囚の母・浅子が亡くなる。天囚の遺書・遺物類を保持することが難しくなり、翌年、天囚の養子である時教の家（種子島）に、大阪西村家の全資料が移送された。

図２　宮内庁調査済み資料

・移送された資料群は、種子島西村家邸内（現在とは場所が異なる）に保管されていたが、第二次世界大戦が終結し、社会状況が落ち着いた頃、家屋の外に小屋を設け、そこで保管するようになった。

・一九九〇年代に入り、保管場所が老朽化したため、資料を現在の西村家に移送。このタイミングで、資料が衣装ケースにまとめられた。

・平成十六年（二〇〇四）に、宮内庁の調査があり（「前報告書」第二節参照）、この時に調査された書簡・文書は、衣装ケースと分けて、資料保存箱五箱に保管するようになる（図２）。

ここに随時西村家に関する資料も蓄積されて成立したのが、現在の「種子島西村家資料」である。

今回の調査における最大の目的は、この「種子島西村家資料」の「②草稿・講義類・著書等」と「③書画類」から、天囚関連資料のみを抽出し、「種子島西村家所蔵西村天囚関係資料」（以下、「種子島天囚関係資料」と略記）としてまとめることである。この目的のもとに行った整理作業の内容と、判明した資料の状態とは次の通りである。

二、整理作業と資料状態

先述の通り、今回の調査対象である「②草稿・講義録・著書等」、「③書画類」は、衣装ケース十二箱（半透明の衣装ケース十一箱＋布張りの衣装ケース一箱）に収められていた。なお、ケースに入らない大きさの書画類や一定量のまとまりがある書籍数点は、衣装ケースから出して保管されていた。

衣装ケースの中には充分な量の防虫剤が入れられていたが、残念ながらほぼ全ての資料に虫損が確認された。おそらくは、ケースに保管する前に虫が付いてしまったのであろう。同様に、保管前に受けたと思われる水損も多くの資料に見られた。経年劣化だけではなく、このような損傷によって劣化が著しく進んでしまったものや、劣化のために散逸が危ぶまれる状態となってしまった資料が多数見受けられたため（図３）、資料の取扱にはかなりの注意を要した。具体的に行った作業内容は、次の通りである。

まず、資料の更なる汚損を防止するため、作業者はマスクを装着し、除菌用ウェットティッシュで手指の汚れを拭ってから作業に臨んだ。次に、衣装ケースへの保管時に付着したと思われる塵芥や虫損による粉状の埃などを除去した上で、資料の原状を損なわない範囲で、劣化を促す可能性が高いと思われる金属製のクリップやセロハンテープ、輪ゴム、ビニールやポリエチレン製の包袋などを取り外した。その後、資料の状態に応じて保存封筒または薄葉紙の代用である障子紙にて包み、散逸が危ぶまれるものについては、綿紐でまとめた。処置した資料に仮番号を付す際には、中性紙の貴重書スリップを用いた（図４）。但し、想定よりも資料数が多かったため、全ての資料に対して保存処置を行うことは難しく、重要度が高いと思われる物や損壊の甚だしい物、散逸が危惧される物を優先して行った。

図３　資料の状態

図４　調査風景

保存作業と天囚関連資料の選別とにかなりの時間を要したこともあり、今回は資料の詳細な調査にまでは至らなかった。しかし、一見して重要性が高いことを感じさせる資料が散見された。そこで次節では、作業を通じて気づいた「種子島天囚関係資料」の特徴について、数点の新出資料と共に紹介していきたい。

三、「種子島天囚関係資料」の特徴

十二個の衣装ケースの中身は、基本的に資料の形状（軸物・書籍・写真アルバムなど）によって分けられていた。この区分に特に意味は無いため、今回の調査では一旦全てを取り出し、まずは天囚関連資料とそれ以外とに資料を二分した。なお、天囚関連資料と判断するための基準は次の五点である。

(1)署名
(2)印記（「碩園珍蔵」「天囚居士」「天囚書室」など。なお、天囚の印章については「前報告書」第二節および本書第三部第三章「西村天囚旧蔵印」を参照）
(3)用箋（版心に「懐徳堂記念会」や「景社文稿」、「朝日新聞合資会社」など、天囚と関わりのある文字列が印行されたもの）
(4)内容から天囚筆と判断したもの
(5)天囚に関する内容が記されているもの

右の基準を基にまとめた資料群が、「種子島天囚関係資料」となる。この資料群を概観するに、次の三つに大別できた。❶西村家関連資料、❷天囚の学問、❸天囚の知識人ネットワーク、以上の三つである。ここでは、この三区分に従い、それぞれ関連する資料を数点紹介する。(2)

❶　西村家関連資料

「種子島西村家資料」の半数以上は、西村家の歴史に関わる記録である。よって、「種子島天囚関係資料」の中にも、この要素を持った資料は多い。

例えば、今回の調査で発見した「時紹」と仮名称を付した資料は、天囚の孫にあたる時紹の臍の緒である。その包紙には、天囚の手によって、「時紹」の由来となる『詩経』大雅・抑の言葉が記されている（図5）。また、「西村家資料」という仮名称を付した一式二十六帳の資料の中には、天囚の没後三年祭に関する記録と合わせ、西村家の所有地収納帳（天囚筆）も含まれている（図6）。

以上に紹介した資料は、西村家の記録であり、且つ天囚の私的資料でもある。私的資料は関係者への配慮等を考えると、公にするには難しいところがある。しかし、天囚が没してから百年経とうとしている今、これらの私的資料群は、明治期に活躍した知識人の一様相を知るための研究材料としての価値を持ち始めている。西村家にとってだけではなく、明治期の漢学者研究という視点からも、本資料群は今後重要になってくると予測される。

❷　天囚の学問

天囚自筆の研究草稿類も多数発見された。

「前報告書」及び次章の竹田健二「西村家所蔵西村天囚関係資料三点に見る西村天囚と重建懐徳堂」にも、天囚の

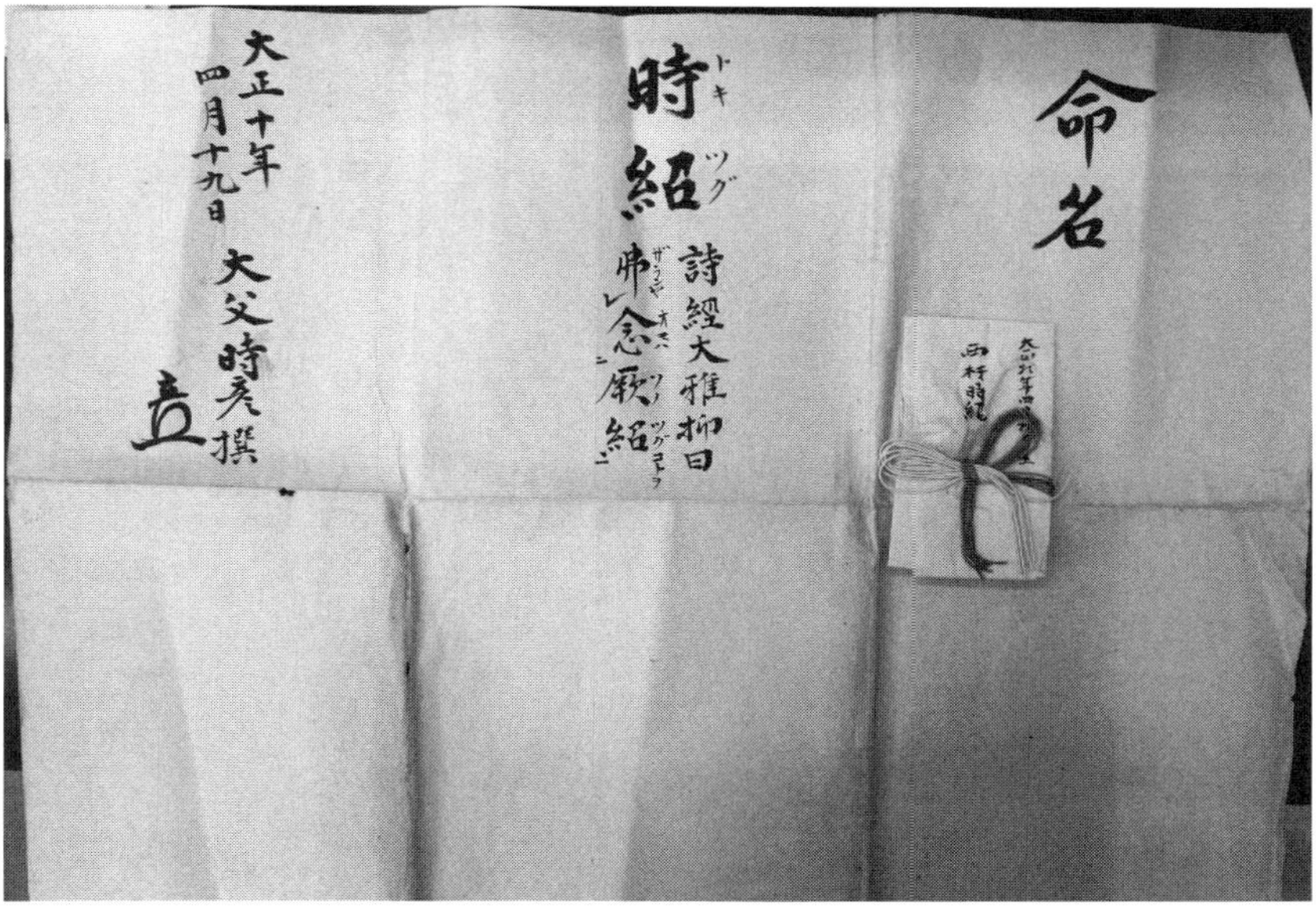

図５「時紹」

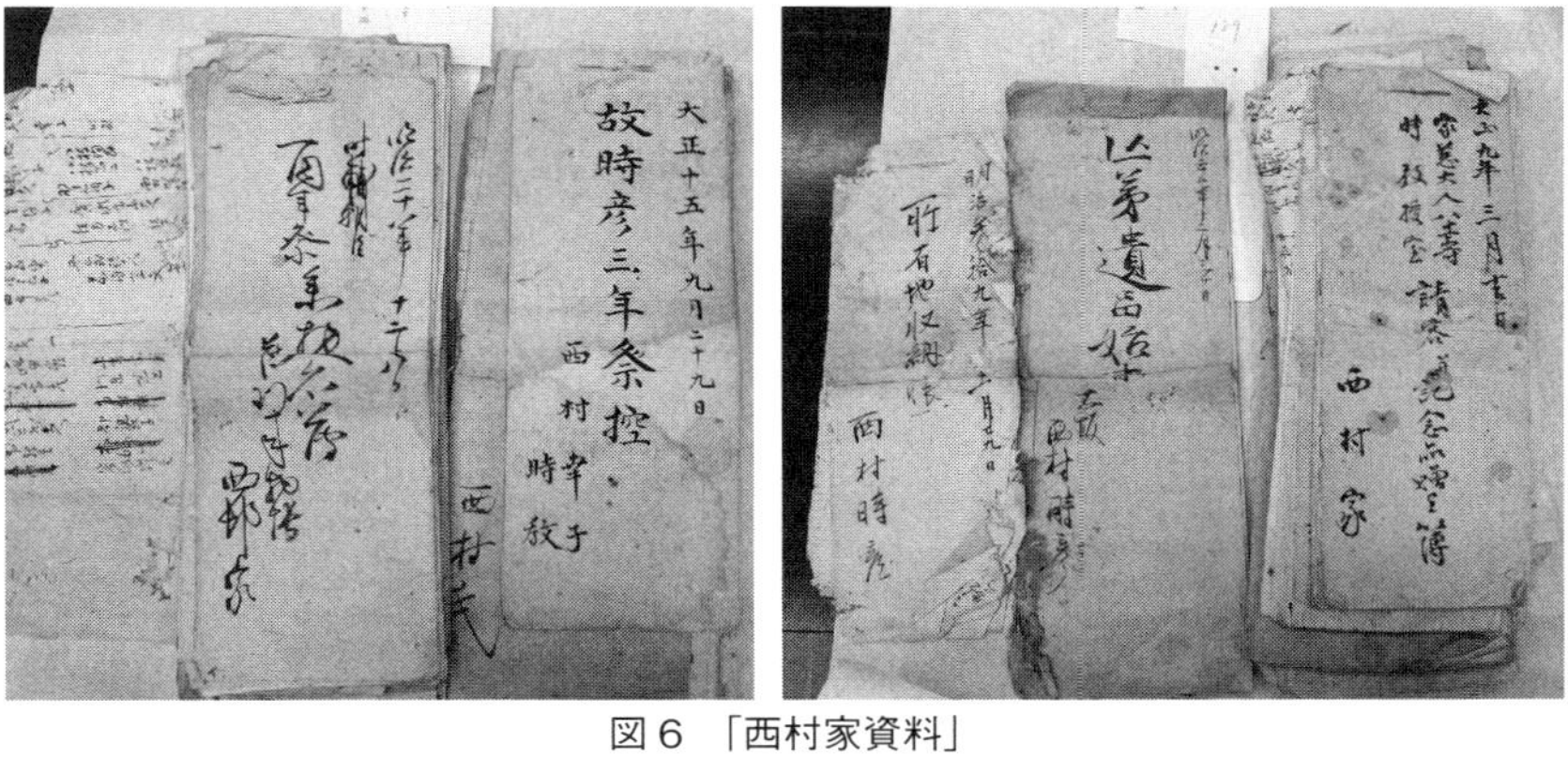

図６「西村家資料」

貴重な研究草稿資料が紹介されているが、ここでも資料名（仮名称を含む）のみ、左に数点紹介しておく。

「桂庵筆ニ関スル所見」・「小天地閣文艸」・「小天地閣雑攷」・「先師行状資料」（「先師」は重野安繹を指す）・

「大阪朝日新聞略史」・「駢文引例」・「漢文体制概説」・「尚書文義」

「種子島西村家資料」を「宝の山」と称した理由の一つに、散逸したと考えられていた天囚の原稿類が含まれていることが挙げられる。従来、天囚の手稿を含む旧蔵書の全ては、大正十四年（一九二五）に、故西村博士記念会を通じて「碩園記念文庫」として懐徳堂記念会に寄贈され、現在は大阪大学附属図書館の懐徳堂文庫に収められていると考えられていた。(3) ところが、「種子島天囚関係資料」には、天囚自筆の研究草稿が多く遺っている。つまり、全てが「懐徳堂文庫」に伝えられたのではないのである。草稿が種子島に伝わり、完成稿が「懐徳堂文庫」に伝えられた可能性もあるが、先ほど列挙した資料は、いずれも『懐徳堂文庫図書目録』（大阪大学文学部、一九七六年三月）に書名が見られない。(4) このことは、草稿と決定稿とで区分した可能性も低いことを示している。

ここで紹介したいのが、『懐徳』第二号（懐徳堂堂友会、一九二五年二月）所収の「碩園先生著述目録」（以後、「著述目録」と略記）である。

第二号は天囚追悼号である。天囚と交流のあった各界の名士や知識人たちから寄せられた追悼文に並び、「著述目録」は掲載されている。編者によるとこの目録は、「西村家に現存せる遺著遺稿につきて、之を類次せしもの」とある。この記述から、「著述目録」が資料を実見して作成した目録であることが分かる。しかし、どの時点で西村家に現存していた資料群に基づいて作成されたのかまでは記されていない。なお、同号には「故碩園先生旧蔵楚辞類書目」も掲載されているが、編者の識語に「家蔵蔵書目録より、楚辞類書目を抄出し」、「今、書東京に現存し、校正するに由なければ」とあることから、こちらについては実物を確認せずに作成された目録であることが分かる。

さて、先程『懐徳堂文庫図書目録』では書名が見出せなかった資料を「著述目録」で探してみたところ、数点の資料が見つかった。例えば、前掲の「尚書文義」は、『懐徳堂文庫図書目録』・「西村天囚」の双方に見出せないが、「著述目録」には同名の資料が次のように記されている。

一〇、尚書文義三巻　初藁未刊

初尚書論文と題せられ、後文義と改めらる。博く皇漢学者の説に渉りて、其の精粋を採り、尚書の文と義とを説かれたるものなり。

今回発見した「尚書文義」もまた上中下の三巻本であり、上中の二冊は、「尚書論文」を見せ消ちし、「尚書文義」としている。「著述目録」の説明と一致していることから、同一の資料であると判断して良いであろう。このほか、前掲資料の内、「先師行状資料」・「小天地閣雑攷」・「駢文引例」も「著述目録」には見られる。しかし、今回発見した資料全てが「著述目録」に確認できるわけではない。仮名称が「著述目録」と異なるために見つけ至っていない可能性も充分に考えられるが、この点については天囚の旧蔵及び著作一覧についての再検討を視野に入れつつ、また稿を改めて検討したい(5)。

❸ 天囚の知的ネットワーク

前章の湯浅邦弘「西村天囚の知のネットワーク」では、今回の調査により発見した貴重資料の詳細な紹介とともに、日本および中国における天囚の知的ネットワークについて考察がなされている。ここでも、そのような知的ネットワークが窺える資料数点を簡単ながら紹介しておく。

まず、前掲の湯浅論考で取り上げられていた「延徳本大学頌贈名簿」に関連し、「延徳本大学礼状　一式」を紹介する。この資料は、「延徳版大学寄贈ニ対スル礼状入」と書き付けされた包紙に、二十通ほどの書簡がまとめられたものである。「延徳本大学頌贈名簿」に名前が見られた、神田喜一郎や宇野哲人、鈴木虎雄らの礼状が確認できる。なお、礼状の日付は全て大正十三年九月以降であることから、『延徳本大学』は、天囚の死後（七月二十九日没）約一ヶ月ほど経った頃に、寄贈先へと送付されたことが分かる。ちなみに、礼状の宛先は妻・幸子または養子の時教である。そのためか、事務的な礼状が多い。しかし、本資料が天囚の知的ネットワークを示す資料であることは間違いない（図7）。

「鄙稿」という仮名称を付けた資料も、天囚の知的ネットワークの一部を伝える資料である。この資料は、数種の草稿がまとめられた合綴本である。冒頭にあるのは、重建懐徳堂で素読科の教師（句読師とも言う）を務めた波多野七蔵が、天囚に添削を求めた資料である。(6) なお、仮名称は、この波多野の草稿題より採った。

「鄙稿」の中でも筆者が注目したのは、「資言」と署名された草稿である。おそらく、『史記会注考証』の瀧川資言（資言は字、名は亀太郎、号は君山）のことであろう。資言と天囚との間に交流があったことは、島田篁村の双桂精舎や東京大学文学部古典講習科にて机を並べていたことや、前掲の『懐徳』第二号に「碩園先生の初年と晩年」と題した文を資言が寄せていることから窺える。しかし、その交流の程度を窺うための資料は、管見の限り殆ど無い。今回発

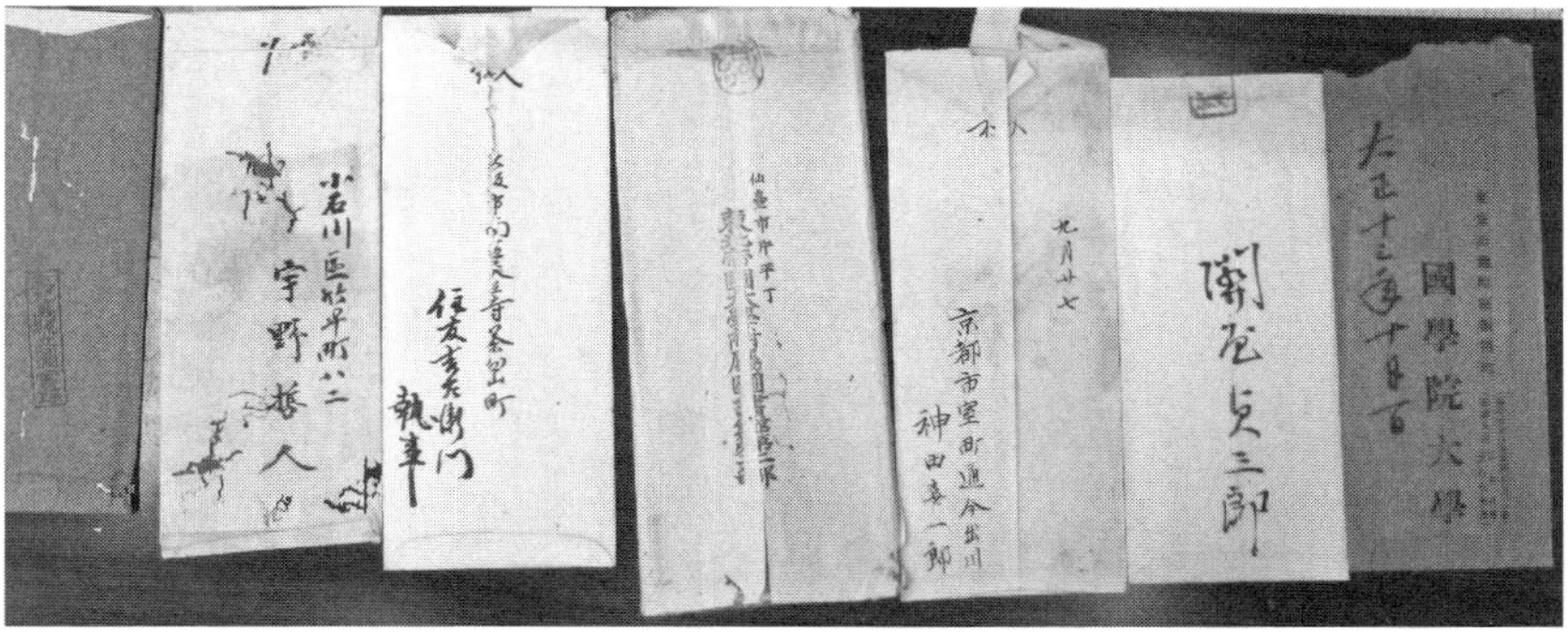

図７　「延徳本大学礼状」

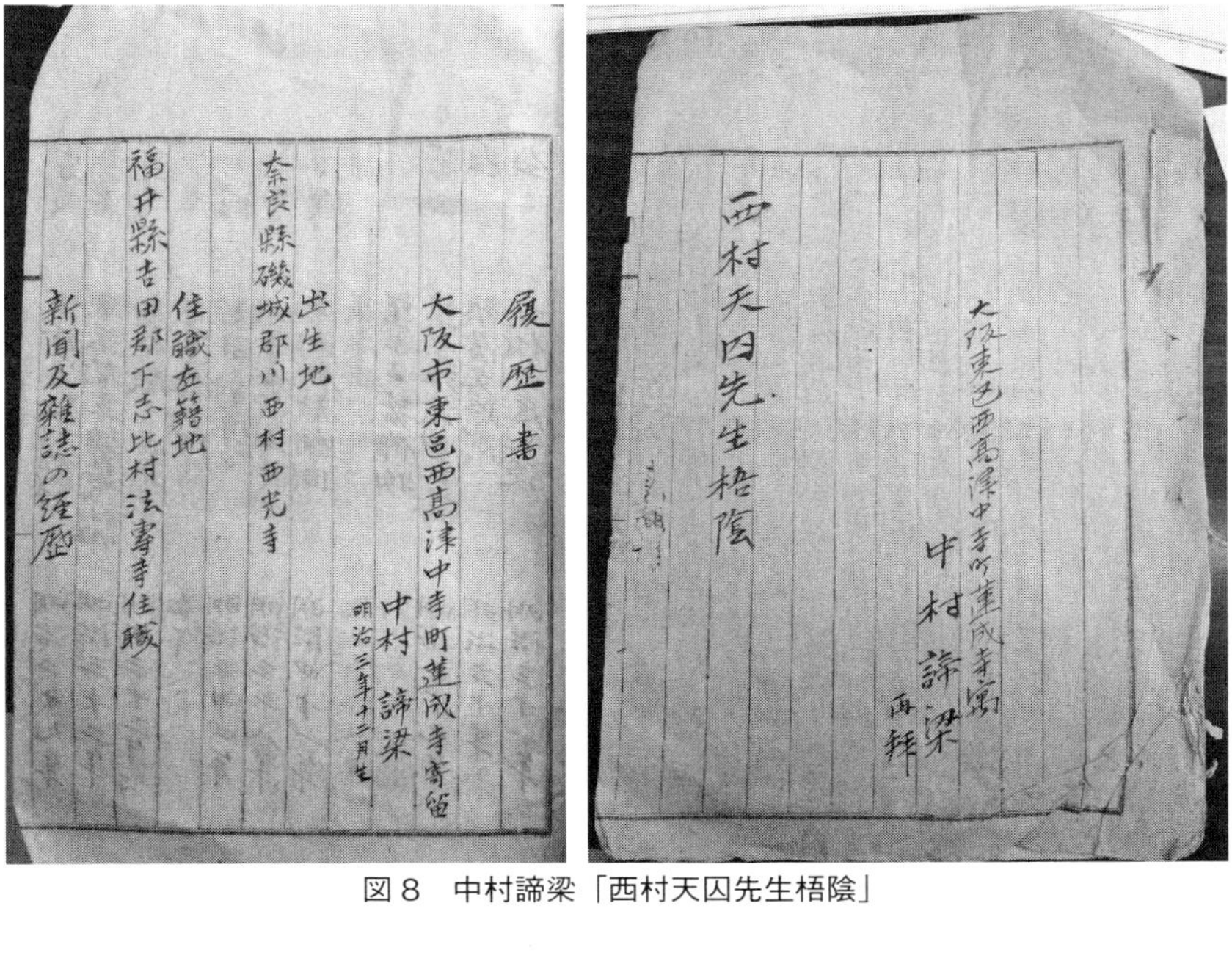

図８　中村諦梁「西村天囚先生梧陰」

見した資料は、それを知ることができる貴重な資料である。なお、今回の調査では、やはり資言の草稿と思われる「択善居記」という資料も発見している。この二つの草稿が正しく資言の手によるものであるならば、両者の関係は現在認識されているよりも、密接なものだったのではないかと予測される。これらの資料を用いることで、明治期を代表する碩学二人の交流について、新たな知見が得られる可能性は高い。(7)

以上に紹介した資料以外にも、種子島男爵の書簡や重野安繹の講義筆記録、九州の知識人たちとの繋がりを示す資料も発見された。また、天囚の知的ネットワークを頼って支援を求めてきた中村諦梁の資料（作品・履歴書）もある（図8）。「種子島天囚関係資料」は、近代初期の知識人たちのネットワークについて、新たな一石を投じる可能性が高い資料群であると言えよう。

おわりに

「種子島西村家資料」は、新たな研究材料となり得る資料を多く含んだ宝の山である。しかし、資料の中には、貴重資料と思われるものの、損傷が激しく展開できない資料がある。「種子島西村家資料」の全容を知るためには、資料問題を解決することが急務と言えよう。今後は、資料保存の問題についても検討しつつ、資料の詳細な調査に取り組んでいきたい。

注

（1）　資料移送の経緯について、三原時子様、西村貞則様・久美様ご夫妻、令嬢の矢田睦美様にご教示頂いた。ここに記して感謝申し上げる。

（2）書画類・アルバム類については、今回の調査では不十分であったため、ここでは除外した。

（3）寄贈の経緯については、「前報告書」第三章を参照。

（4）天囚の著作を年表形式でまとめた「西村天囚」（昭和女子大学近代文学研究室『近代文学研究叢書』二十三、一九六五年八月）の第二章にも、書名の確認はできなかった。

（5）「著述目録」と本資料群との関係については、本書第一部第七章の竹田健二「「碩園先生著述目録」中の現存資料について」に詳しく論じられている。

（6）波多野七蔵については、竹田健二『市民大学の誕生――大坂学問所懐徳堂の再興――』（大阪大学出版会、二〇一〇年二月）第二章七節「重建懐徳堂の講義・講演」を参照した。なお、素読科についても詳細に記されている。

（7）この点については、本書第一部第八章の拙稿「瀧川資言と西村天囚――西村家資料を用いた一考察――」にて論及した。

第五章　西村家所蔵西村天囚関係資料三点に見る西村天囚と重建懐徳堂

竹田健二

はじめに

平成三十年（二〇一八）八月二十七日より三十一日まで、鹿児島県種子島の西之表市にある「種子島開発総合センター」大会議室において、種子島西村家所蔵西村天囚関係資料の調査（第二回目）を行った。この調査において筆者は、文献・文書類の調査と整理とを主に担当した。本稿では、調査を通して確認された、西村天囚と懐徳堂顕彰運動・重建懐徳堂との関係を考える上で重要と考えられる資料三点を取り上げて紹介し、それらについて現時点での卑見を述べる。

一、天囚所蔵の『懐徳堂考』上下巻

今回の調査により、西村天囚自身が所蔵していたと見られる『懐徳堂考』上下巻が発見された。[1]この『懐徳堂考』

は、上巻が明治四十三年（一九一〇）、下巻が翌明治四十四年（一九一一）に出版されたもので（以下、明治版）、『懐徳堂考』の最初の出版である。この資料が天囚所蔵のものであることは、上巻の序文の葉の上部に、「天囚書室」の印記があることから確実と思われる（図1）。

興味深いのは、本資料に、天囚によるものと見られる墨筆や朱筆による様々な書き込みが認められる点である。例えば、書名を記した扉の所には、「翌年七月十五日竣工　下巻八七十五部」との朱筆の書き込みがある（図1）[2]。

特に注目されるのが、題名に関して加えられている書き込みである。その中でも特に目を引くのは、序文の葉の裏面の白紙の部分に、大きく「懐徳堂先賢傳」と墨筆で書き込まれ、そしてそれが朱筆により見せ消ちとされているところである（図2）。また、目次の冒頭に「懐徳堂考上巻」とある箇所の「考上巻」の字の上に朱筆の線が引かれ、その右に「先賢傳」と書き添えられている（同）。加えて、本文第一頁冒頭にある内題「懐徳堂研究上」についても、「研究上」の上に朱筆の線が引かれ、その右に「先賢傳上巻」と書き添えられている（図3）。更に、本文題三頁下段第一五行にある本文中の「懐徳堂研究」の語も、「研究」の上に朱筆の線が引かれ、その語を「先賢傳」に変更するように指示する朱筆の書き込みがある（図4）。

そもそも、「懐徳堂研究上」と「懐徳堂考」との関係は、大阪朝日新聞紙上に明治四十三年（一九一〇）二月七日から二月二十七日まで合計二十回連載された際の題が「懐徳堂研究其一」であった。その最終回が掲載された紙面において、天囚は「懐徳堂研究其一と題せしを懐徳堂考上巻と改題す」と、「懐徳堂研究」から「懐徳堂考」に改題を宣言した。このため、同年三月に「同志印刷」されたものである本資料の題名は、本来ならば「懐徳堂研究」ではなく「懐徳堂考」という題になっているべきであって、本文第一葉の内題に「懐徳堂研究」とあるのは、「同志印刷」として出版された際の修正漏れと見られる。

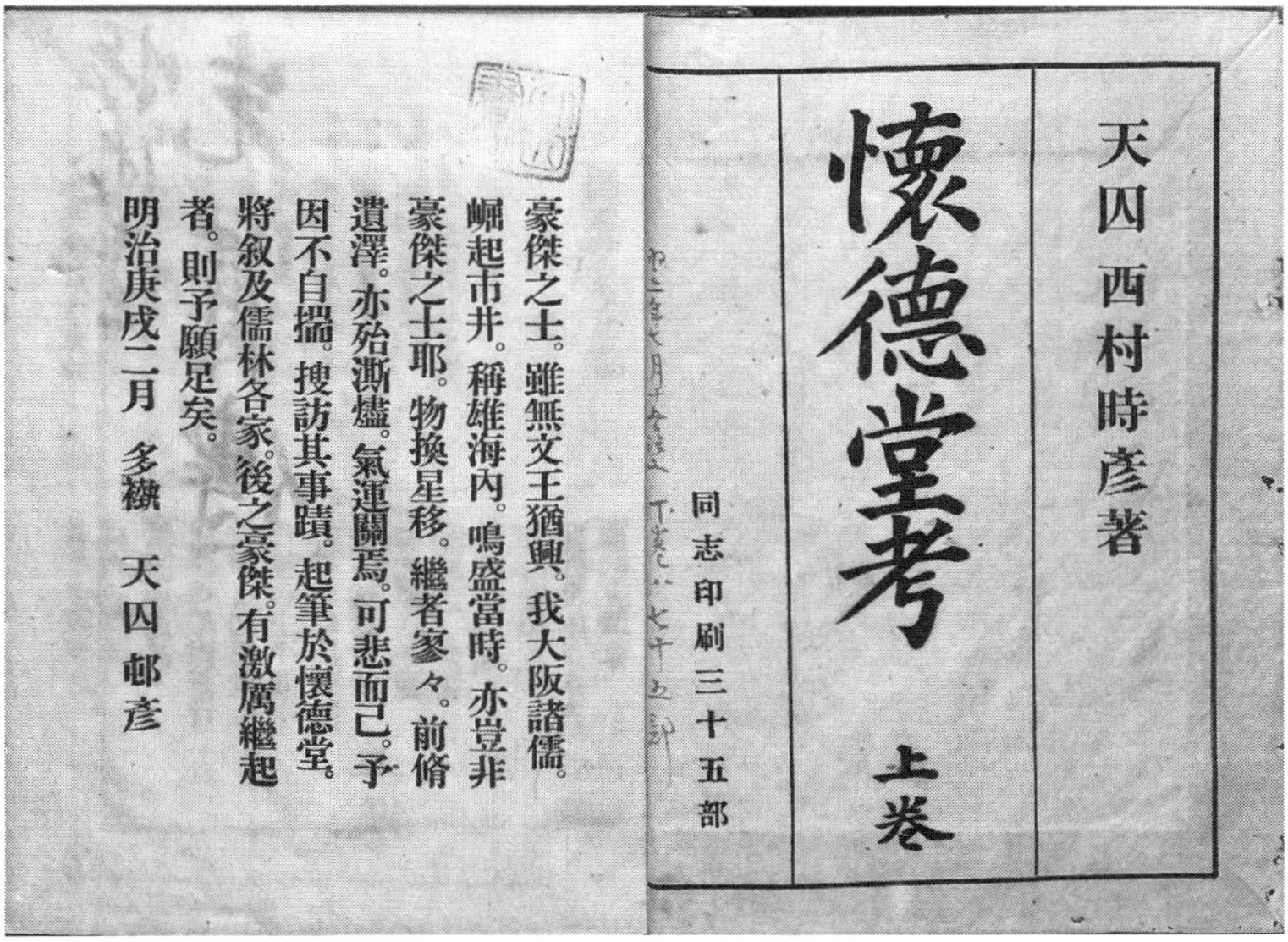
天囚西村時彦著

懐徳堂考

上巻

同志印刷三十五部

豪傑之士。雖無文王猶興。我大阪諸儒。
崛起市井。稱雄海內。鳴盛當時。亦豈非
豪傑之士耶。物換星移。繼者寥々。前脩
遺澤。亦殆澌盡。氣運關焉。可悲而已。予
因不自揣。搜訪其事蹟。起筆於懷德堂。
將叙及儒林各家。後之豪傑。有激厲繼起
者。則予願足矣。
明治庚戌二月　多褹　天囚　邨彦

図１　『懐徳堂考』上巻　扉・序文

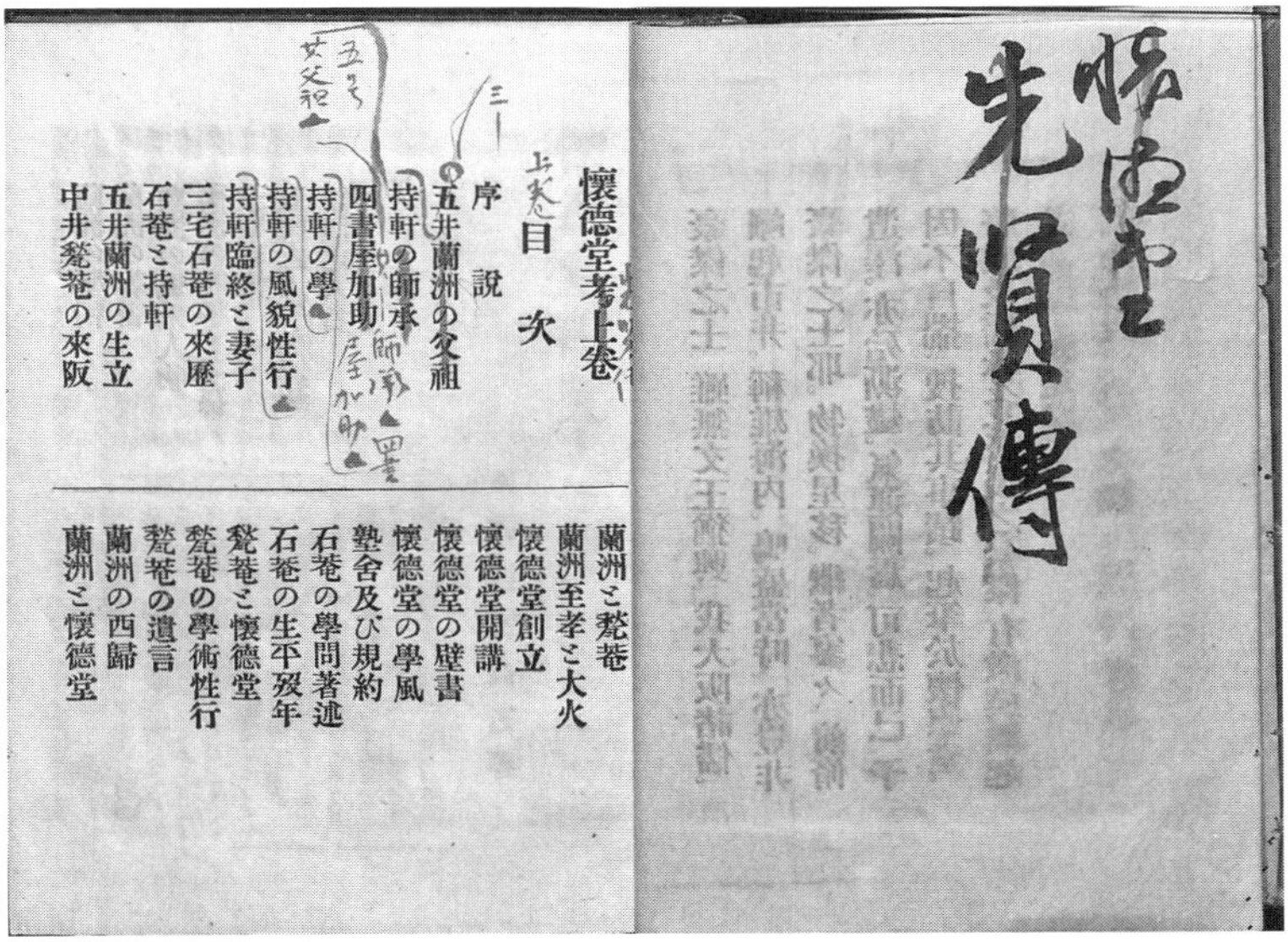
懐徳堂考上巻

目　次

序　説
五井蘭洲の父祖
持軒の師承
四書屋加助
持軒の學
持軒の風貌性行
持軒臨終と妻子
三宅石菴の來歴
石菴と持軒
五井蘭洲の生立
中井甃菴の來阪
蘭洲と甃菴
蘭洲至孝と大火
懐徳堂創立
懐徳堂開講
懐徳堂の壁書
懐徳堂の學風
塾舍及び規約
石菴の學問著述
石菴の生平歿年
甃菴と懐徳堂
甃菴の學術性行
甃菴の遺言
蘭洲の西歸
蘭洲と懐徳堂

図２　同　目次表

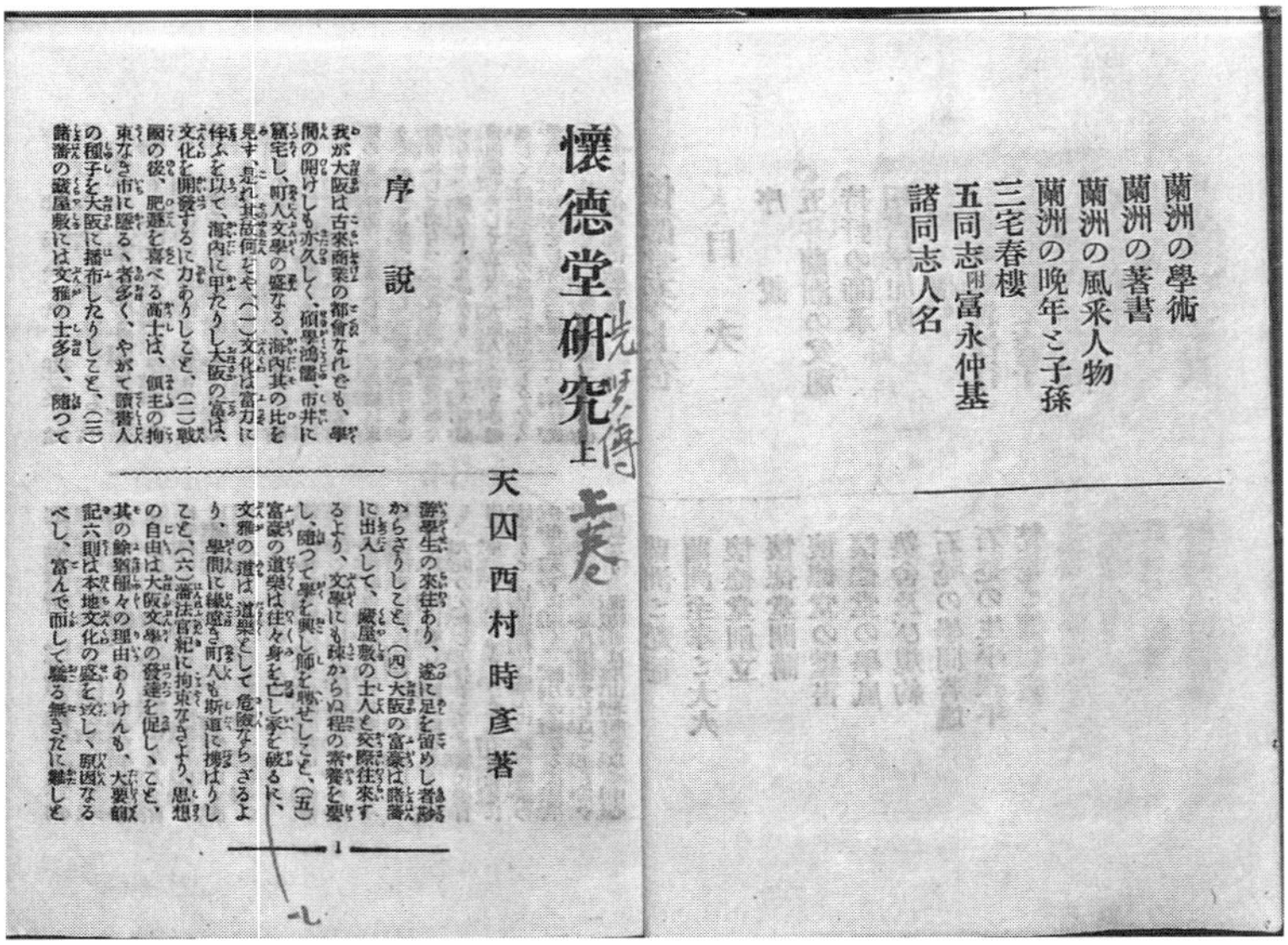

蘭洲の學術
蘭洲の著書
蘭洲の風采人物
蘭洲の晩年と子孫
三宅春樓
五同志附富永仲基
諸同志人名

懐德堂研究　上

天囚西村時彦著

序説

我が大阪は古來商業の都會なれども、學問の開けしも亦久しく、碩學鴻儒、市井に窟宅し、町人文學の盛なる、海内其の比を見ず、是れ其故何ぞや、（一）文化は富力に伴ふを以て、海内に甲たりし大阪の富は、文化を開發するに力ありしこと、（二）戰國の後、肥遯を喜べる高士は、領主の拘束なき市に隱るゝ者多く、やがて讀書人の種子を大阪に播布したりしこと、（三）諸藩の藏屋敷には文雅の士多く、隨って遊學生の來往あり、遂に足を留めし者鮮からざりしこと、（四）大阪の富豪は諸藩に出入して、藏屋敷の士人も交際往來するより、文學にも疎からぬ程の素養を要し、隨って學を興し師を聘せしこと、（五）富豪の道樂は往々身を亡し家を破るに、文雅の道は道樂として危險ならざるより、學問に縁遠き町人も斯道に携はりしこと、（六）藩法官紀に拘束なきより、思想の自由は大阪文學の發達を促しゝこと、其の餘猶種々の理由ありけんも、大要叙記六則は本地文化の盛を致し、原因なるべし、富んで而して驕る無きだに難しき

1

図３　同　目次裏・本文第一頁

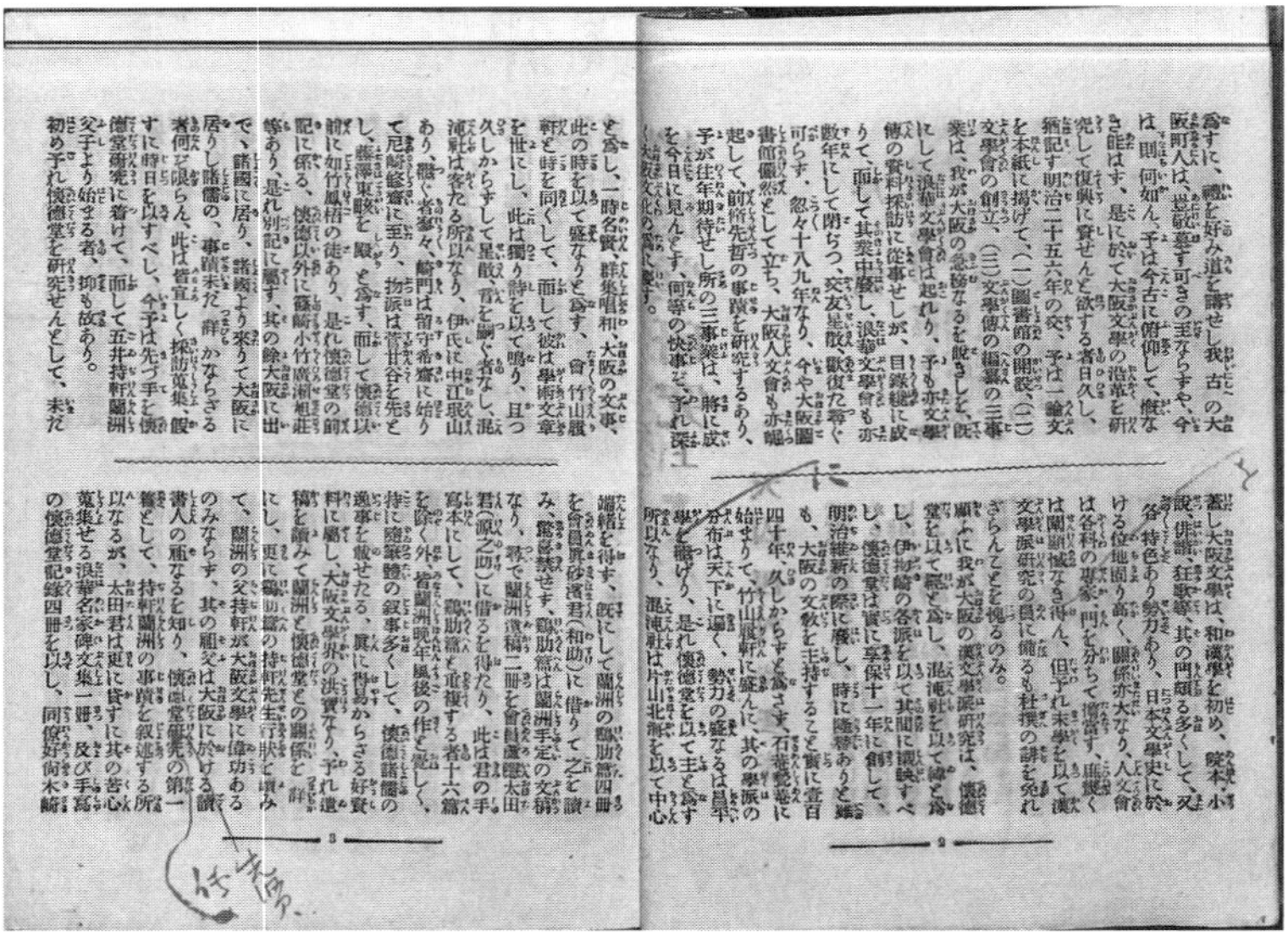

爲すに、雅を好み道を講ぜし我古の大阪町人は、崇敬尊す可きの至ならずや、今は則何如ん、予は今古に俯仰して、慨なき能はず、是に於て大阪文學の沿革を研究して復興に資せんと欲する者日久し、嘗て記す明治二十五六年の交、予は一論文を本紙に掲げて、（一）圖書館の開設、（二）文學會の創立、（三）文學傳の編纂の三事業は、我が大阪の急務なるを說きしを、既にして浪華文學會は起れり、予も亦文學傳の資料採訪に從事せしが、目録纔に成りて、而して其業中廢し、浪華文學會も亦數年にして閉ぢつ、交友星散、歡復た尋ぬ可らず、忽々十八九年なり、今や大阪圖書館儼然として立ち、大阪人文會も亦崛起して、前脩先哲の事蹟を研究するあり、予が往年期待せし所の三事業は、將に成を今日に見んとす、何等の快事ぞ、予れ深く大阪文化の爲に賀す。

蓋し大阪文學は、和漢學を初め、院本、小說、俳諧、狂歌等、其の門頗る多くして、又各特色あり勢力あり、日本文學史に於ける位地固り高く、關係亦大なり、人文會は各科の專家、門を分ちて擔當す、庶幾くは闡繹遺なきを得ん、但予れ末學を以て漢文學派研究の員に備るも杜撰の譏を免れざらんことを愧るのみ。

顧ふに我が大阪の漢文學派研究は、懐德堂を以て綱と爲し、混沌社を以て緯と爲し、伊物崎の各派を以て其間に點綴すべし、懐德堂は實に享保十一年に創して、明治維新の際に廢し、時に隆替ありと雖も、大阪の文教を主持すること實に壹百四十年、久しからずと爲さず、石菴甃菴に始まりて、竹山履軒に盛んに、其の學派の分布は天下に遍く、勢力の盛なるは昌平學を凌げり、是れ懐德堂を以て主と爲す所以なり、混沌社は片山北海を以て中心

2

と爲し、一時名賢、群集唱和、大阪の文事、此の時を以て盛なりと爲す、會竹山履軒と時を同くして、而して彼は學術文章を世にし、此は獨り詩を以て鳴り、且つ久しからずして星散、宵を嗣ぐ者なし、混沌社は客たる所以なり、伊氏に中江岷山あり、繼ぐ者寥々、崎門は留守希齋に始りて尼崎篠齋に至り、物派は菅甘谷を先とし、蘇澤東畡を殿と爲す、而して懐德以前に如竹風梧の徒あり、是れ懐德堂の前記に係る、懐德以外に篠崎小竹廣瀬旭莊等あり、是れ別記に屬す、其の餘大阪に出で、諸國に居り、諸國より來りて大阪に居りし諸儒の、事蹟未だ詳かならざる者何ぞ限らん、此は皆宜しく採訪蒐集、假すに時日を以すべし、今予は先づ手を懐德堂研究に着けて、而して五井持軒蘭洲父子より始まる者、抑も故あり。初め予れ懐德堂を研究せんとして、未だ端緒を得ず、既にして蘭洲の鶏肋篇四冊を舍國男砂濱君（和助）に借りて之を讀み、驚喜禁せず、鶏肋篇は蘭洲手定の文稿なり、尋で蘭洲遺稿二冊を舍員盧鷗太田君（源之助）に借るを得たり、此は君の手寫本にして、鶏肋篇と重複する者十六篇を除く外、皆蘭洲晩年風後の作と覺しく、特に隨筆體の叙事多くして、懐德諸儒の逸事を載せたる、實に得易からざる好資料に屬し、大阪文學界の洪寶なり、予れ遺稿を讀みて蘭洲と懐德堂との關係を詳にし、更に鶏肋篇の持軒先生行狀を讀みて、蘭洲の父持軒が大阪文學に偉功あるのみならず、其の祖父は大阪に於ける讀書人の祖なるを知り、懐德堂研究の第一篇として、持軒蘭洲の事蹟を叙述する所以なるが、太田君は更に貸すに其の苦心蒐集せる浪華名家碑文集一冊、及び手寫の懐德堂記錄四冊を以し、同僚好尙木崎

3

図４　同　本文第二・三頁

しかし、天囚旧蔵の明治版に認められる題名に関する書き込みは、天囚がそうした修正漏れを単に正そうとしたものではなく、天囚が題目を「懐徳堂考」から更に「懐徳堂先賢伝」へと改めようとしたことを示しており、その更なる改題は、結局は断念されたと考えられる(3)。

こうした改題に関するものを含めて、本資料に認められる書き込みが行われた時期については、なお慎重に検討する必要があるが、現時点で筆者は、後述する理由から、大正十三年（一九二四）四月よりも前ではないかと推測している。

明治版は、上下巻の扉にそれぞれ記されているように「同志印刷」として出版されたものであり、その発行部数は、明治四十三年（一九一〇）出版の上巻が三十五部、明治四十四年（一九一一）出版の下巻が七十五部と非常に少ない。これは、明治版がそもそも一般向けに出版されたものではなく、懐徳堂顕彰運動を推進した大阪人文会の会員に配布することを目的として出版されたものであり、印刷部数は当時の会員数に概ね合わせたためと考えられる(4)。

『懐徳堂考』の一般向け出版は、大正十五年（一九二六）十一月、財団法人懐徳堂記念会によって実現した（以下、大正版）。大正版に附された重建懐徳堂教授・松山直蔵の序には、明治版は「私かに數十部を印して、之を頒つ。而して未だ流行刊本あらざる」状況であったため、「懐徳堂記念會の成るや、又印行を議する者あり、大正甲子四月重印の議決す。子俊親ら訂補を爲し、稿を以て余に致す。未だ印するに及ばずして、子俊遽かに世に即き、終に書の成るを観るに及ばず」とある(5)。すなわち、大正十三年（一九二四）の四月、財団法人懐徳堂記念会において『懐徳堂考』を一般向けとして広く刊行することが議決され、この議決を受けて天囚自らが『懐徳堂考』の補訂を行い、完成した原稿を松山に渡していた。しかし、同年七月、天囚は出版された『懐徳堂考』を目にすることなく、亡くなってしまったのである。

今回発見された本資料の書き込みと大正版との関係について、全体的に詳細な検討を加えるには至っていないが、本文に加えられた朱筆の書き込みによる修正が反映されたと見られる箇所が、大正版には確かに複数箇所確認できる。例えば、明治版一頁下段六行目「富豪の道樂は往々身を亡し家を破るに」の「に」について、本資料には「も」へと修正する書き込みが認められ（図3）、大正版には「富豪の道樂は往々身を亡し家を破るも」とある。また、同二頁下段五行目「庶幾くは闡顯憾なき得ん」の「憾なき」と「得ん」との間に「を」を加筆する書き込みが認められ（図4）、大正版には「庶幾くは闡顯憾なきを得ん」とある。更に、同十八行目「勢力の盛なるは昌平學を繼げり」の「を」について、「に」に修正する書き込みが認められ、大正版には「勢力の盛なるは昌平學に繼げり」とある。

もっとも、本資料の書き込みのすべてが大正版に反映されているというわけではない。先に述べた「懐徳堂先賢伝」への改題は、扉裏の書き込みが見せ消ちになっており、天囚自身がおそらく中途で断念したと見られることから、ここでは措くとして、例えば、上巻の目次において、「序説」に続く幾つかの節には朱筆で修正を指示すると見られる書き込みが加えられているが（図2）、その書き込みは大正版の目次には反映されていない。(6)

こうした現象が認められるのは、松山の序文の記述を信ずるとすれば、本資料の書き込みは大正版のために天囚自身が行ったという「訂補」の一部である可能性は高いものの、確定した「補訂」の内容を示すものではないためであろう。おそらく懐徳堂記念会の中で『懐徳堂考』を一般向けに出版する話が出た段階での、初期の段階の「補訂」を示していると推測される。筆者が本資料の書き込みが大正十三年（一九二四年）四月よりも前ではないかと推測するのは、このためである。

なお、天囚が何故「懐徳堂考」から「懐徳堂先賢伝」へ改題しようとしたかは不明だが、大阪朝日新聞で始まった連載の題目であった「懐徳堂研究」に満足しなかった天囚は、「懐徳堂考」という題名にも満足していなかったのかもしれない。また、天囚が結局「懐徳堂先賢伝」への改題を断念した理由も不明であるが、明治の末から懐徳堂顕彰運動に関わってきた財団法人懐徳堂記念会関係者の中で、既に『懐徳堂考』との題名が定着しており、天囚は更なる改題が無用の混乱を引き起こすことになりかねないと危惧したのではないかと推測される。

二　「懐徳堂定期講演規定（私案）／大正八年度前後期講演科目幷講師（私案）」

今回の調査で、天囚の執筆した雑多な原稿類を仮綴した一冊の資料の中に、大正七年（一九一八）頃のものと推測される、天囚自筆と見られる「懐徳堂定期講演規定（私案）／大正八年度前後期講演科目幷講師（私案）」が含まれていることが判明した（図5・6）。[7]この資料は僅か一葉の原稿用紙の表裏に記されている、極めて短いものであるが、「懐徳堂」と記された原稿用紙を使用していること、及びその筆跡から判断して、天囚の執筆したものと推測される。そして、この資料の中に「大正八年度前後期講演科目幷講師（私案）」が含まれていることから、大正七年（一九一八年）中に記されたことは確実と見てよかろう。

本資料の全文は以下の通りである。なお、本文には適宜句読点を加えた。

懐徳堂定期講演規定（私案）

目的　高等ナル文學及學術的智識ヲ普及スルヲ以テ目的トス。

學期　一年ヲ分チテ前期後期ノ二學期トス。前期ハ四月ニ始リ、十月ニ終ル。後期ハ十一月ニ始リ、翌年三月ニ終ル。

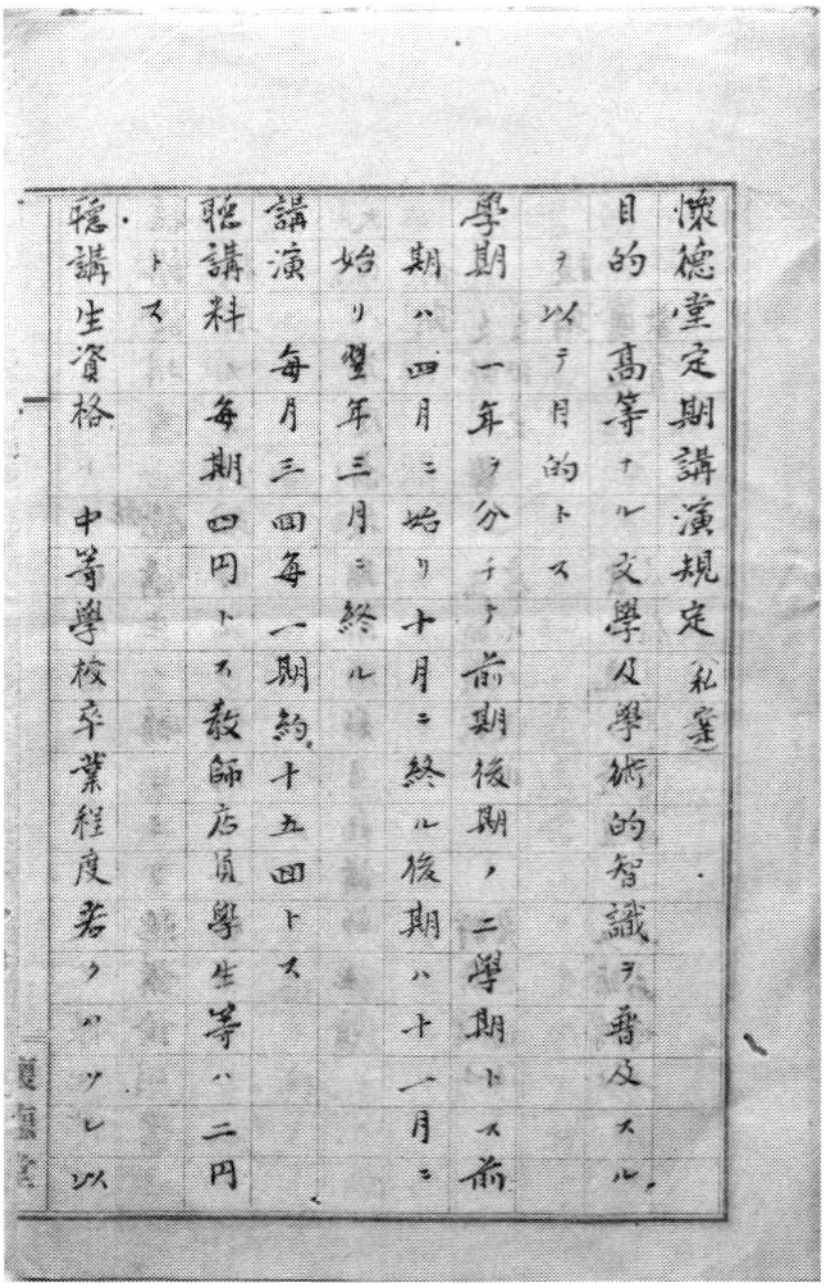
懐徳堂定期講演規定（私案）
目的　高等ナル文學及學術的智識ヲ普及スルヲ以テ目的トス
學期　一年ヲ分チテ前期後期ノ二學期トス前期ハ四月ニ始リ十月ニ終ル後期ハ十一月ニ始リ翌年三月ニ終ル
講演　毎月三回毎一期約十五回トス
聴講料　毎期四円トス教師店員學生等ハ二円トス
聴講生資格　中等學校卒業程度若クハソレ以

図５　懐徳堂定期講演規定（私案）

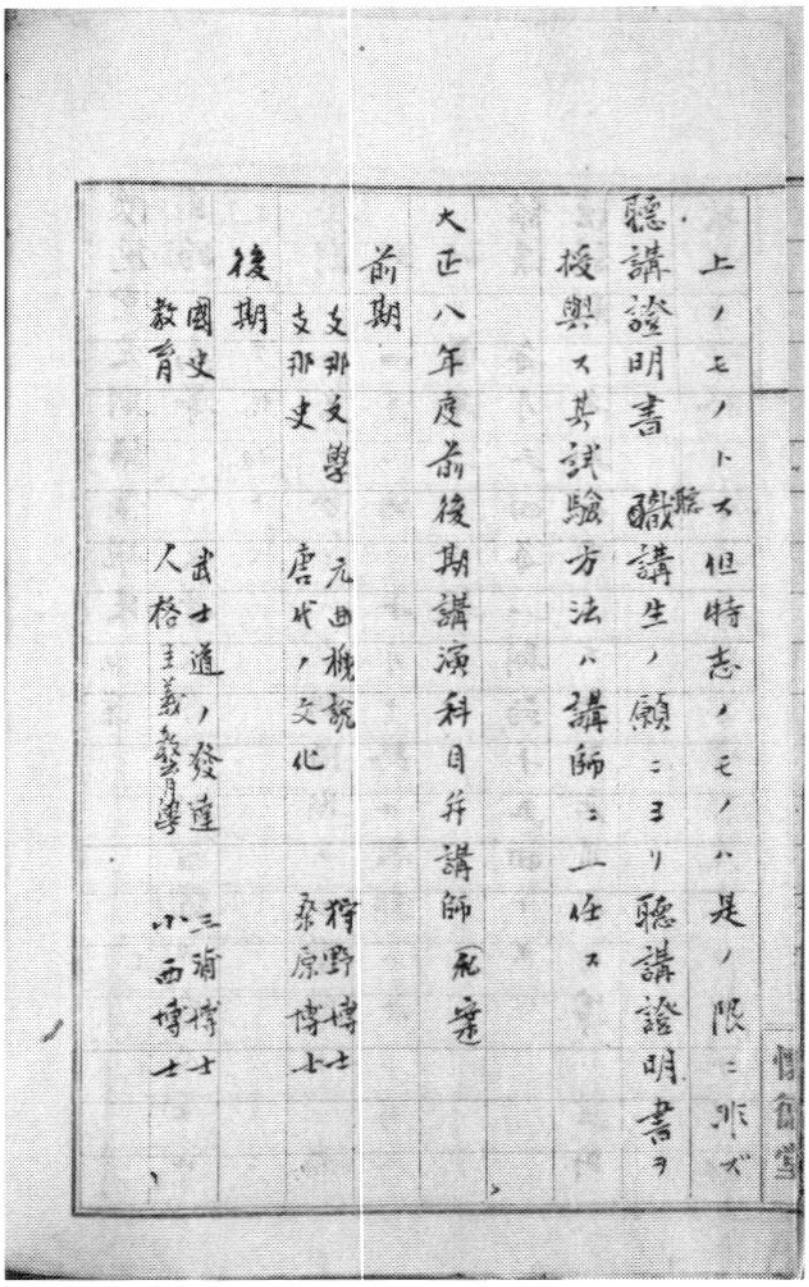
上ノモノトス但特志ノモノハ是ノ限ニ非ズ
聴講證明書　聴講生ノ願ニヨリ聴講證明書ヲ授與ス其試驗方法ハ講師ニ一任ス
大正八年度前後期講演科目并講師（私案）
前期
支那文學　元曲概説　狩野博士
支那史　唐代ノ文化　桑原博士
後期
國史　武士道ノ發達　三浦博士
教育　人格主義教育學　小西博士

図６　同右

講演　毎月三回、毎一期約十五回トス。
聴講料　毎期四円トス。教師店員學生等ハ二円トス。
聴講生資格　中等學校卒業程度若クハソレ以上ノモノトス。但特志ノモノハ是ノ限ニ非ズ。
聴講證明書　聴講生ノ願ニヨリ、聴講證明書ヲ授與ス。其試驗方法ハ講師ニ一任ス。

大正八年度前後期講演科目并講師（私案）

前期

支那文學　元曲概説　狩野博士

支那史　唐代ノ文化　桑原博士

後期

國史　武士道ノ發達　三浦博士

教育　人格主義教育學　小西博士(8)

「懐徳堂定期講演規定（私案）」は、重建懐徳

堂における「定期講演」に関する規定を定める際に天囚が提示した原案であり、「大正八年度前後期講演科目幷講師（私案）」は、大正八年に重建懐徳堂において行う「講演」とその講師の候補に関する天囚の原案であると推測される。両者が同一の原稿用紙に連続して記されていることから見て、後者の「講演」とは、前者にいうところの「定期講演」を意味している可能性が高いと考えられる。

「定期講演」に関するものであることから、単純に考えれば、この資料は重建懐徳堂において大正七・八年の時点で行われていた「定期講演」についての規定の原案であるように見えるが、そうではなかろう。

財団法人懐徳堂記念会に関する様々な規則等を収録する資料としては、大正十五年（一九二五）発行の『懐徳堂要覧』がよく知られているが、大正十年（一九二〇）にも『懐徳堂一覧』を発行している。『懐徳堂一覧』の中には「懐徳堂諸規則」が収録されており、その冒頭に以下に示す「懐徳堂講義規則」が掲載されている。(9)

一　懐徳堂講義規則

第一條　本堂ハ徳性ノ涵養學術ノ研究ヲ目的トシ左ノ講義講演ヲナス

第二條　本堂ノ講義ヲチ《（ママ）》定日講義定期講演ノ二種トス

第三條　定日講義ハ一カ年ヲ三期ニ分チ一月十一日ヨリ三月末日マデヲ第一期トシ四月十一日ヨリ六月末日マデヲ第二期トシ九月一日ヨリ十二月二十日マデヲ第三期トス

第四條　定日講義ノ課程及ビ教科書ハ別ニ之ヲ定ム

第五條　定日講義聴講生タラントスル者ハ聴講志望書（用紙ハ本堂ニ於テ交付ス）ヲ差出サルベシ但二十歳未満ノモノハ父兄若クハ長上ノ連署ヲ要ス

第六條　定期講演ハ學術講演及ビ通俗講演ノ二種トス
第七條　定期學術講演ハ七八両月ヲ除キ毎週土曜日、通俗講演ハ毎月一回若クハ二回之ヲ公開ス其講師及講義科目ハ豫メ之ヲ公示ス
第八條　定期講演聽講者ハ聽講者名簿ニ住所職業氏名ヲ自署シ若クハ住所職業ヲ附記セル名刺ヲ差出サルベシ
第九條　本堂ノ定期講演及通俗講演ノ聽講ハ無料トシ定日講義聽講生ニハ堂費トシテ毎期ノ始ニ於テ一ヶ月貳拾錢ノ割合ヲ以テ納入セシム若シ講本ヲ印刷スルコトアルトキハ實費ヲ徴収ス但日曜朝講聽講生ニハ堂費ヲ徴セズ
第十條　本堂ニ於テ特殊ノ研究ヲナサントスル者ノ爲ニ特別講義ヲナシ一定ノ期間臨時講演ヲ開クコトアルベシ其規程ハ臨時之ヲ定ム

この「懐徳堂講義規則」によれば、重建懐徳堂において行われる講義は、「定日講義」と「定期講演」とに区分され、そして「定期講演」は更に「学術講演」と「通俗講演」とに区分されている。重要な点は、「懐徳堂講義規則」においては、「定日講義」であれ「定期講演」であれ、その目的は「徳性ノ涵養學術ノ研究」とされている点、また「定期講演」は、「学術講演」も「通俗講演」も、聴講料は無料とされている点である。

西村家所蔵資料の「懐徳堂定期講演規定（私案）」においては、「定期講演」の目的は、「高等ナル文學及學術的智識ヲ普及」とされており、また聴講生の資格が原則中等学校卒業程度かそれ以上とされている。しかも、その聴講料が「毎期四円」、教師店員学生は二円」と、無料ではなく高額である。このため、「懐徳堂定期講演規定（私案）」にいう「定期講演」は、「懐徳堂講義規則」において規定されている「定期講演」のことではなく、それとは全く別の

ものであることは確実と考えられる。

私見では、「懐徳堂定期講演規定（私案）」にいう「定期講演」は、大正十二年（一九二三）四月から重建懐徳堂で始まることになる文科講義を指し、西村家に所蔵されていた規定は、文科講義に関する規定の原案であると理解するのが妥当である。『懐徳堂要覧』（大正十五年〔一九二五〕）に収録されているところの、文科講義についての規定を含む「懐徳堂講義講演規則」は、以下の通りである。

懐徳堂講義講演規則

第一條　本堂ハ徳性ノ涵養學術ノ研究ヲ目的トシ左ノ講義講演ヲナス

第二條　本堂ノ講義ヲ分チテ文科講義、定日講義、日曜朝講ノ三種、講演ヲ分チテ定期講演、通俗講演ノ二種トス

第三條　文科講義、定日講義ハ一カ年ヲ三期ニ分チ、一月十一日ヨリ三月末日マデヲ第一期トシ、四月十一日ヨリ六月末日マデヲ第二期トシ、九月一日ヨリ十二月二十日マデヲ第三期トス

第四條　文科講義、定日講義ノ課程及ビ教科書ハ別ニ之ヲ定ム、日曜朝講ハ孝經四書ヲ反復順講ス

第五條　文科講義、定日講義ノ聽講生タラントスル者ハ聽講志望書（用紙は本堂之を交付す）ヲ差出サルベシ　但二十歳未滿ノモノハ父兄若クハ長上ノ連署ヲ要ス　但文科講義聽講生タラントスル者ハ中等學校卒業程度以上ノ学力アルモノニ限ル

第六條　定期講演ハ七八両月ヲ除ク外毎月毎週土曜日、通俗講演ハ毎月一回若クハ二回之ヲ公開ス（一月四月九月ハ十日マデ、十二月ハ二十一日以後休講）其講師及ビ演題ハ豫メ之ヲ廣告ス

第七條　講演並ニ日曜朝講聴講者ハ聴講者名簿ニ住所職業氏名ヲ自署シ若クハ住所職業ヲ附記セル名刺ヲ差出サルベシ

第八條　本堂ノ講演並ニ日曜朝講ノ聴講ハ無料トシ定日講義聴講生ニハ堂費トシテ毎期ノ始ニ於テ一ヶ月貳拾錢ノ割合ヲ以テ納入セシム文科講義聴講生ハ授業料トシテ毎月貳圓ヲ納入セシム

第九條　本堂ニ於テ特殊ノ研究ヲナサントスル者ノ為ニ特別講義ヲナシ一定ノ期間臨時講演ヲ開クコトアルベシ其規程ハ臨時之ヲ定ム

「懐徳堂講義講演規則」における文科講義の規定によれば、聴講者は「中等學校卒業程度以上ノ學力アルモノニ限ル」とされ、その聴講料は月に二円である。聴講の資格と聴講料とから見て、文科講義と「懐徳堂定期講演規定（私案）」にいう「定期講演」とは、聴講料の金額や期間について若干異なるところがあるが、聴講者に一定の資格と聴講料の負担とを求めるという点で、両者は基本的な性格が一致すると考えられる。また『懐徳堂要覧』の他の箇所には、文科講義の目的について、「東西の名著を講じ文科に屬する學術の研究に資するを以て目的」とすると述べられており、「懐徳堂定期講演規定（私案）」にいう「定期講演」と文科講義とは、高度な専門性を有する内容であるという点でもほぼ一致していると見てよい。

このため、西村家所蔵資料の「懐徳堂定期講演規定（私案）」は、大正七年（一九一八）の段階で、それまで重建懐徳堂で行われていた定日講義より一層学術性の高い、新たなレベルの講義を創設することを企画した天囚が、その企画を財団法人懐徳堂記念会に提案した際の規定案であり、また「大正八年度前後期講演科目幷講師（私案）」は、天囚が同時に提案した、大正八年分の講師候補者の案と考えられる。

大正二年（一九一三）に財団法人懐徳堂記念会が認可された時点、或いは大正五年（一九一六）に重建懐徳堂が建設された時点においては、文科講義のように定日講義よりも高度な専門性を有し、かつ聴講料も高額な講義或いは講演といったものを開講する計画は、まだ存在していなかったのだが、こうした天囚の私案が起点となって具体的な検討が始まり、大正十二年（一九二三）になって実現に至ったと推測される。本資料は、財団法人懐徳堂記念会において天囚が、重建懐徳堂のあるべき姿について、積極的に、かつ具体的に提案を行っていたことをよく示すものと考えられる(10)。

三「懷德堂發展擴張方針私見」

前章で取り上げた「懷德堂定期講演規定（私案）／大正八年度前後期講演科目幷講師（私案）」が含まれている資料の中には、連続して「懷德堂發展擴張方針私見」が綴じられている（図7・8）。この資料も僅か一葉表裏の短いものであるが、二つの資料が連続して綴られていること、かつ両者は同じく「懷德堂」と版心に記されている同じ原稿用紙を使用していること、またその筆跡が共通していると見られることから判断して、やはり天囚が大正七年頃に執筆したものと推測される。

本資料の全文は以下の通りである。なお、引用に当たり、適宜句読点を補った。

懷德堂發展擴張方針私見

懷德堂ヲ記念セムニハ、懷德堂先師儒ノ學術ヲ繼承考究セムコト、此レ最適當ノコトナリ。特ニ本邦ノ道德文化

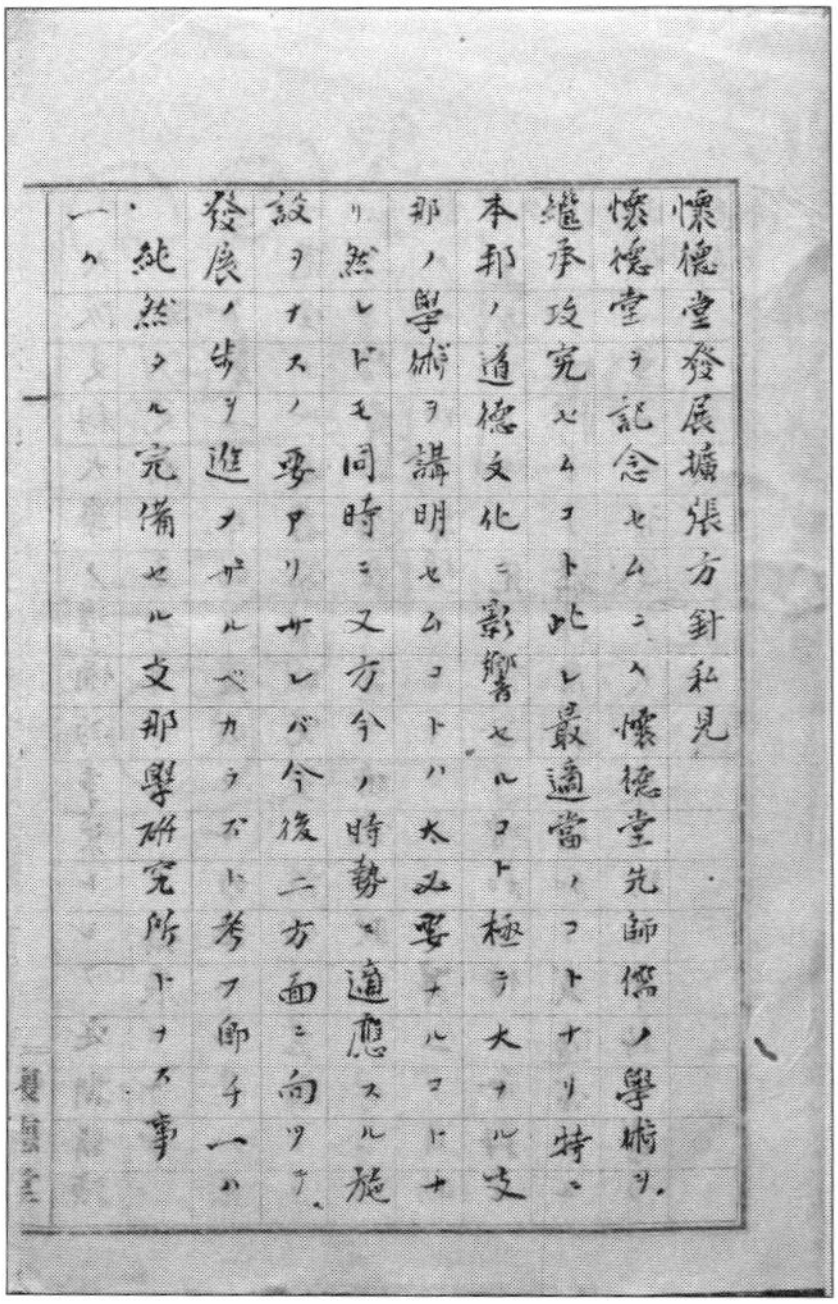
懐徳堂發展擴張方針私見
・懐徳堂ヲ記念セムニハ懐徳堂先師儒ノ學術ヲ繼承攻究セムコト此レ最適當ノコトナリ特ニ本邦ノ道徳文化ニ影響セルコト極テ大ナル支那ノ學術ヲ講明セムコトハ太必要ナルコトナリ然レドモ同時ニ又方今ノ時勢ニ適應スル施設ヲナスノ要アリサレバ今後二方面ニ向ツテ發展ノ歩ヲ進メザルベカラズト考フ即チ一ハ
・純然タル完備セル支那學研究所トナス事
一ハ

図７　懐徳堂發展擴張方針私見

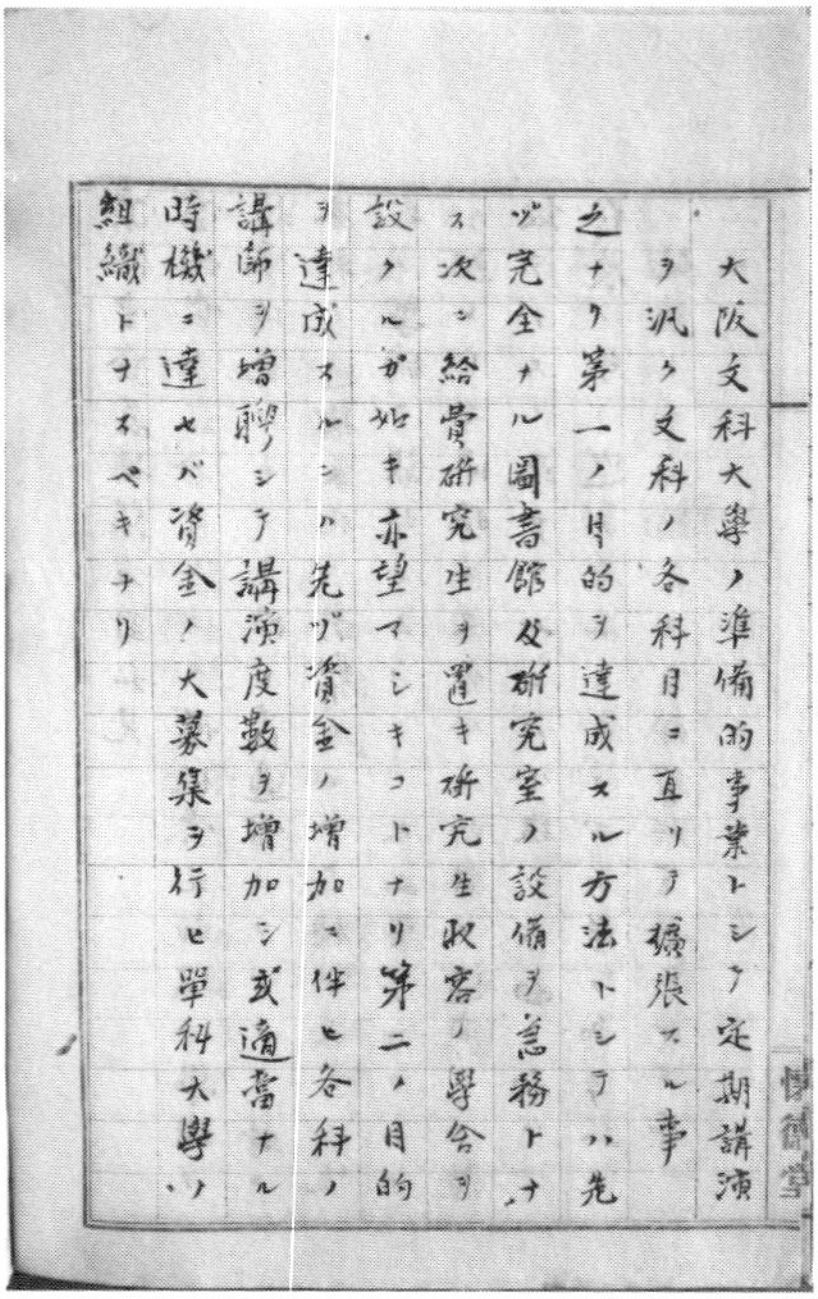
大阪文科大學ノ準備的事業トシテ定期講演ヲ汎ク文科ノ各科目ニ亘リテ擴張スル事之ナリ第一ノ目的ヲ達成スル方法トシテハ先ヅ完全ナル圖書館及研究室ノ設備ヲ急務トナス次ニ給費研究生ヲ置キ研究生収容ノ學舎ヲ設クルガ如キ亦望マシキコトナリ第二ノ目的ヲ達成スルニハ先ヅ資金ノ增加ニ伴ヒ各科ノ講師ヲ增聘シテ講演度數ヲ增加シ或適當ナル時機ニ達セバ資金ノ大募集ヲ行ヒ單科大學ノ組織トナスベキナリ

図８　同右

ニ影響セルコト極テ大ナル支那ノ學術ヲ講明セムコトハ、太必要ナルコトナリ。然レドモ、同時ニ又方今ノ時勢ニ適應スル施設ヲナスノ要アリ。サレバ、今後二方面ニ向ツテ發展ノ歩ヲ進メザルベカラズト考フ。即チ一ハ

純然タル完備セル支那學術研究所トナス事

一ハ

大阪文科大學ノ準備的事業トシテ、定期講演ヲ汎ク文科ノ各科目ニ亘リテ擴張スル事

之ナリ。第一ノ目的ヲ達成スル方法トシテハ、先ヅ完全ナル圖書館及研究室ノ設備ヲ急務トナス。次ニ給費研究生ヲ置キ、研究生収容ノ學舎ヲ設クルガ如キ、亦望マシキコトナリ。第二ノ目的ヲ達成スルニハ、先ヅ資金ノ増加ニ伴ヒ、各科ノ講師ヲ増聘シ

テ、講演度數ヲ増加シ、或適當ナル時機ニ達セバ、資金ノ大募集ヲ行ヒ、単科大學ノ組織トナスベキナリ。

この中で天囚は、重建懐徳堂が「懷徳堂先師儒ノ學術ヲ繼承考究」すること、特に「本邦ノ道徳文化ニ影響セルコト極テ大ナル支那ノ學術ヲ講明セムコト」は大いに必要であるとしながらも、同時に「方今ノ時勢ニ適應スル施設」へと発展拡張する必要があり、その二つの「方向」として、第一に「純然タル完備セル支那學研究所トナス事」、第二に「大阪文科大學ノ準備的事業トシテ、定期講演ヲ汎ク文科ノ各科目ニ亘リテ擴張スル事」をその「目的」としなければならないと主張する。そして、第一の目的を達成するために、「完全ナル圖書館及研究室」を設置することが急務であり、次いで「給費研究生ヲ置キ、研究生収容ノ學舎ヲ設クル」ことが望ましいとする。また第二の目的達成のためには、先ず資金を増加し、それによって様々な分野の講師を多数招き、従来より多くの講演を実施すること、そして「或適當ナル時機ニ達セバ、資金ノ大募集ヲ行ヒ、単科大學ノ組織トナスベキ」であるとする。

第一の目的達成に関して、研究室の整備については、天囚の没後、大正十五年（一九二六）十月に鉄筋コンクリート造りの書庫及び研究室が重建懐徳堂に附設される形で実現した。またこの時の書庫の整備は、おそらく前年の大正十四年（一九二五）九月に故西村博士記念会が、西村家から購得した天囚の遺書を「碩園記念文庫」として財団法人懐徳堂記念会に寄贈したことと関係していると推測される(11)。重建懐徳堂の書庫が「完全ナル圖書館」に該当するとは考え難いが、財団法人懐徳堂記念会はまとまった量の書籍を保有するに至っていたのである。周知の通り、後に中井木菟麻呂からの寄贈等によって財団法人懐徳堂記念会の蔵書は更に増え、それらは第二次世界大戦後大阪大学へ寄贈されて、今日大阪大学附属図書館の懐徳堂文庫の中核をなしている。

加えて、大正十四年（一九二五）に永田仁助理事長が重建懐徳堂に対して「漢學奨勵の爲め、奨學資金五萬圓を寄附」したことを受けて、大正十五年（一九二六）九月には「懐徳堂漢學奨勵規定幷同給與規定」が定められた[12]。これは、永田の寄付金を基金として、漢学研究者に学費もしくは研究費を給与し、また重建懐徳堂聴講生の「熱心ナルモノ」に対して給付するための制度である。研究生を収容する学舎の建設には至らなかったが、給費研究生の制度についても、概ね実現したとしてよかろう。

第二の目的についても、一部は実現したと考えられる。すなわち、前述の通り、大正十二年（一九二三）四月、重建懐徳堂では文科講義が始まる。文科講義は、それまでに重建懐徳堂で行われていた講義（定日講義、日曜朝講）や素読科が専ら「徳性を涵養」することに力点が置かれていたのとは異なり、「東西の名著を講じ文科に屬する學術の研究に資する」ことを目的とするものであり、「各科ノ講師ヲ増聘シテ、講演度數ヲ増加」しようとしたものと位置付けることができよう。残念ながら、「資金ノ大募集ヲ行ヒ、単科大學ノ組織トナス」ことは、おそらく専ら資金的問題によって実現せず、また文科講義も昭和九年（一九三四）に廃止されて定日講義に一本化された。

しかし、大正時代の中頃、天囚は重建懐徳堂を段階的に発展・拡張させ、将来は単科大学にするという壮大な構想を持っていたことが本資料によって明確に確認することができた意義は大きいと思われる。大正期の財団法人懐徳堂記念会は、そうした天囚の構想に沿う形で、順次重建懐徳堂の活動を発展させていったと見てよかろう。

重建懐徳堂は、その設立当初から昭和二十年（一九四五）に空襲により焼失するまで、基本的に学校教育制度の枠外にあって、専ら社会人を対象として、平日の夜間や日曜日に講義・講演を行った。その重建懐徳堂の将来像として、大正七年頃の天囚が、近代学校教育制度の中の「学校」である「単科大學」への発展を構想したのはなぜだったのであろうか。

私見では、天囚の構想は、おそらく大正七年（一九一八）十二月に公布された大学令と密接に関わっている。大学令は、財団法人が私立大学を設立することを認め、しかも単科大学の設置を可能とするものであった[13]。結局は実現しなかったとはいえ、重建懐徳堂の単科大学化構想は、近代日本における重建懐徳堂の位置や、天囚と重建懐徳堂との関係を考える上で、極めて興味深い。

おわりに

西村家所蔵西村天囚関係資料の中には、本稿で紹介したもの以外にも、懐徳堂記念会と西村天囚との関係を考える上で重要な資料が含まれている可能性が少なくないと予測される。調査を継続し、懐徳堂顕彰運動の実態解明を進めたい。

注

（1）本資料は、本書所収の「西村家所蔵西村天囚関係資料目録」において、①書籍・資料番号5・子番号1とした資料である。

（2）『懐徳堂考』下巻は、天囚が独力で執筆した上巻と、その成立の経緯が大きく異なる。すなわち、天囚は下巻の執筆に当たり、懐徳堂の学主を歴代務めた中井家の子孫・中井木菟麻呂に資料の提供を依頼、この依頼に応じた木菟麻呂が『懐徳堂水哉館先哲遺事』を執筆して天囚に提供した。天囚は木菟麻呂が提供した『懐徳堂水哉館先哲遺事』に基づいて『懐徳堂考』下巻を執筆した。本資料の書き込みには、そうした事情についてはまったく触れられていない。拙著『市民大学の誕生——大坂学問所懐徳堂の再興——』（大阪大学出版会、二〇一〇年）参照。

（3）但し、扉の「懐徳堂考」との書名の箇所には修正が加えられておらず、改題の修正が徹底していない部分が認められる。このため、天囚がどの程度改題を強く考えていたのかについては、いささか疑問が残る。

（4）注（1）前掲の拙著『市民大学の誕生――大坂学問所懐徳堂の再興――』参照。

（5）この序文の中で松山直蔵は、明治版を「私かに數十部を印して、之を頒つ」ことを「社友有志」が行ったと述べている。前述の通り、「同志印刷」の「同志」とは大阪人文会の会員を指すと考えられるが、松山は大阪朝日新聞内部の有志を指すと誤解していたと見られる。大正五年（一九一六年）に広島高等師範学校教授から重建懐徳堂教授となった松山には、明治末からの大阪における懐徳堂顕彰運動の実態がよく理解できていなかったのであろう。

（6）明治版上巻の目次には、「序説」の後に「五井蘭洲の父祖」、「持軒の師承」、「四書屋加助」、「持軒の学」、「持軒の風貌性行」、「持軒臨終と妻子」、「三宅石菴の来歴」、「石菴と持軒」、「五井蘭洲の生立」、「中井甃菴の来阪」、「蘭洲と甃菴」、「蘭洲至孝と大火」以下、合計三十一の節が挙げられている（目次にはないが、本文には「石菴と含翠堂」の節もある）。一方、上下巻に分かれていない大正版の目次において、明治版上巻に相当する部分は、「序説」の後に「一、五井持軒（四書屋加助）」、「二、三宅石庵の来歴」、「三、五井蘭洲の生立」、「四、中井甃菴の来阪（蘭洲と甃菴）」以下、合計十四の節が挙げられている。すなわち、大正版は単なる明治版の復刻ではなく、複数の節をまとめて新たに節を設け、またその各節に番号を附している。しかし、本資料の目次への書き込みと大正版の目次の表記とは、一致してはいない。

（7）本資料は、本書所収の「西村家所蔵西村天囚関係資料目録」において、⑤抄本・資料番号46・資料名「蔵書幅目録」とした資料であり、表紙に「蔵書幅目録」と外題が記され、「清朝人文集目録」、「西村先生蔵幅目録」、「編纂所在庫」、「軸物目録」等の目録類の他、本章と次章とで紹介する、重建懐徳堂に関わる天囚の私案を記した資料も含まれている。この冊子全体は、種々の資料の雑纂と見なすのが妥当と考えられる。

（8）天囚が大正八年度の「前後期講演科目」の講師と考えた狩野博士・桑原博士・三浦博士・小西博士は、京都帝国大学文学部の狩野直喜・桑原隲藏・三浦周行・小西重直のことを指すと考えられる。大正七年頃、天囚は京都帝国大学の講師を務めていた。このため、京都帝国大学の教員に対して「前後期講演科目」の講師への就任を自ら依頼するつもりであったと推測される。なお、『懐徳堂要覧』によれば、狩野・桑原・三浦・小西はそれぞれ、重建懐徳堂において定期講演を担当している。

(9)『懐徳堂要覧』の「懐徳堂講義規則」には、「懐徳堂講義規則」に続いて、「素読科規則」、「懐徳堂通俗講演規定」が収められている。

(10)『懐徳堂一覧』の「懐徳堂講義規則」と『懐徳堂要覧』の「懐徳堂講義講演規則」とにおいては、定期講演は「学期」に関する規定がない。しかし、本資料においては、定期講演の「学期」が「一年ヲ分チテ前期後期ノ二学期」とするとされている。次章で述べるように、この頃天囚は重建懐徳堂を「単科大學」へ発展拡張させる構想を有していたと考えられ、天囚が二学期制の「定期講義」の創設を構想していたことと重建懐徳堂の大学化構想とは、おそらく連動していたと推測される。

(11)本書第一部第一章の湯浅邦弘・竹田健二・佐伯薫「西村天囚関係資料調査報告――種子島西村家訪問記――」(『懐徳』第八十六号、二〇一八年一月)の「三、「故西村博士記念会会務報告書」」参照。

(12)大正十五年版『懐徳堂要覧』による。

(13)大学令第二条には、「大學ニハ數個ノ學部ヲ置クヲ常例トス但シ特別ノ必要アル場合ニ於テハ單ニ一個ノ學部ヲ置クモノヲ以テ一大學ト爲スコトヲ得」とある。

【附記】

本稿は、平成三十年度(二〇一八)国立大学法人島根大学「萌芽研究部門」研究プロジェクト「西村天囚関係新資料の研究」の成果の一部である。

第六章　西村天囚の懐徳堂研究とその草稿

——種子島西村家所蔵西村天囚関係資料調査より——

竹田健二

はじめに

平成三十年（二〇一八）八月二十七日より三十一日まで、鹿児島県種子島の西之表市にある「種子島開発総合センター」大会議室において、種子島西村家所蔵西村天囚関係資料の調査を行った。この調査において、筆者は主に文献・文書類の調査・整理作業を担当した。資料の中には保存状態の悪いものも多く、虫損や水損がひどいために表紙と葉、葉と葉とが張り付いてしまっている資料も複数確認された。そうした資料については、詳細な調査を行う前に、修復を行う必要があるが、経費等の関係から、すべての資料を直ちに修復することは現実的ではない。今後重要な資料を優先して、集中的に修復を行うこととなろう。

現時点において、筆者が修復に値する重要な資料と考えているものに、天囚による最初期の懐徳堂研究の草稿と推測される一冊の抄本がある。本章では、その資料が果たして如何なる資料なのか、現時点での考察について述べることとしたい。

図１　修復前の本資料

一、本資料と『懐徳堂考』

先ず、本資料の表紙の画像を示す（図１）。

本資料の表紙には、全面にわたって激しい虫損が認められる。表紙左上には、おそらく外題が打ち付け書きされていたのではないかと思われるが、その文字を判読することはできない。[1]

本資料の本文部分においても、表紙と同様に虫損が広く認められる。特に本資料の冒頭部分は、虫損が激しい上に表紙と本文の葉とが張り付き、開いて見ることができなかった。従って、内題はその存否も含めて不明である。本文の内容を詳細に調査するに当たっては、先ず資料全体の修復を行う必要がある。今回の調査は、幸いに開いてみることのできた部分についてのみ行った、極めて限定的なものに過ぎないことを予めお断りしておく。

本資料の本文には、「村山合名大阪朝日新聞會社」と版心にある、毎半葉十二行の罫紙が用いられている。今回調査した種子島西村家所蔵西村天囚関係資料の中には、同じ罫紙を使用した資料が複数認められた。「村山合名大阪朝日新聞会社」は、大阪朝日新聞を発行していた朝日新聞社の、明治二十八年（一八九五）から明治四十一年（一九〇八）までの社名である。[2]周知の通り、西村天囚は明治二十三年（一八九〇）から大正八年（一九一九）まで、大阪朝日新聞に勤めていた。このため、西村家に所蔵されており、かつ「村山合名大阪朝日新聞会社」の罫紙が用いられている本資料が、西村天囚と密接に関わるものであることは確実であり、おそらくは天囚の手になるものと考えられる。

本文は基本的にはすべて漢文で、墨筆或いは一部朱筆にて記されている。本文に対しては、後から朱筆による圏点の書き込み、及び朱筆・墨筆による修正が多数加えられている。大幅な加筆を行うために、長文を記した紙片が貼付されている葉もある。

本文には、複数の段落が設けられ、それぞれの段落には見出しが附されている。見出しとしては「五井持軒」、「五井蘭洲」、「三宅石菴」等がある。また、例えば「五井持軒」の見出しのある段落には、中に複数の段落が設けられており、それぞれにもまた「家系及生年」、「修学　其師承」、「教授及び聘礼」、「学説」、「著述」といった見出しが付けられている。

こうしたことから、本資料はおそらく、西村天囚による懐徳堂研究関係の資料と推測される。

筆者が注目したのは、本資料の中に、大阪人文会会員である濱和助・木崎愛吉・大田源之助から五井蘭洲関係資料の提供を受けたことに言及する箇所があった点である（図2・3）。以下、その箇所の翻刻と、筆者の書き下し文とを示す。[3]

予嘗獲蘭洲所著非物質疑瑣語而讀之。尋借鶏肋篇於濱和助君。是蘭洲文稿也。都四巻。半頁十行。約九十（ママ）字[4]、或二十字、或二十一字。都二百三十葉。處々改刪、塗抹、知是爲手稿、知可珍重。中有冽菴漫録。文知瑣語質疑篇爲從漫録中抄者。真是先賢心血所注也。既而木崎好尚君、借蘭洲遺稿二册於太田君、讀了謂予曰、世間不易獲之洪寶也。予乃轉借而讀之。上册九十八葉、下册八十九葉、少於鶏肋篇四十三葉、但半頁十一行、行二十二字。全紙無空處、文却多於鶏肋篇。鶏肋篇所録之文、亦往々省之。然開巻第一有中風行四樂説中風論。其後處■（一字

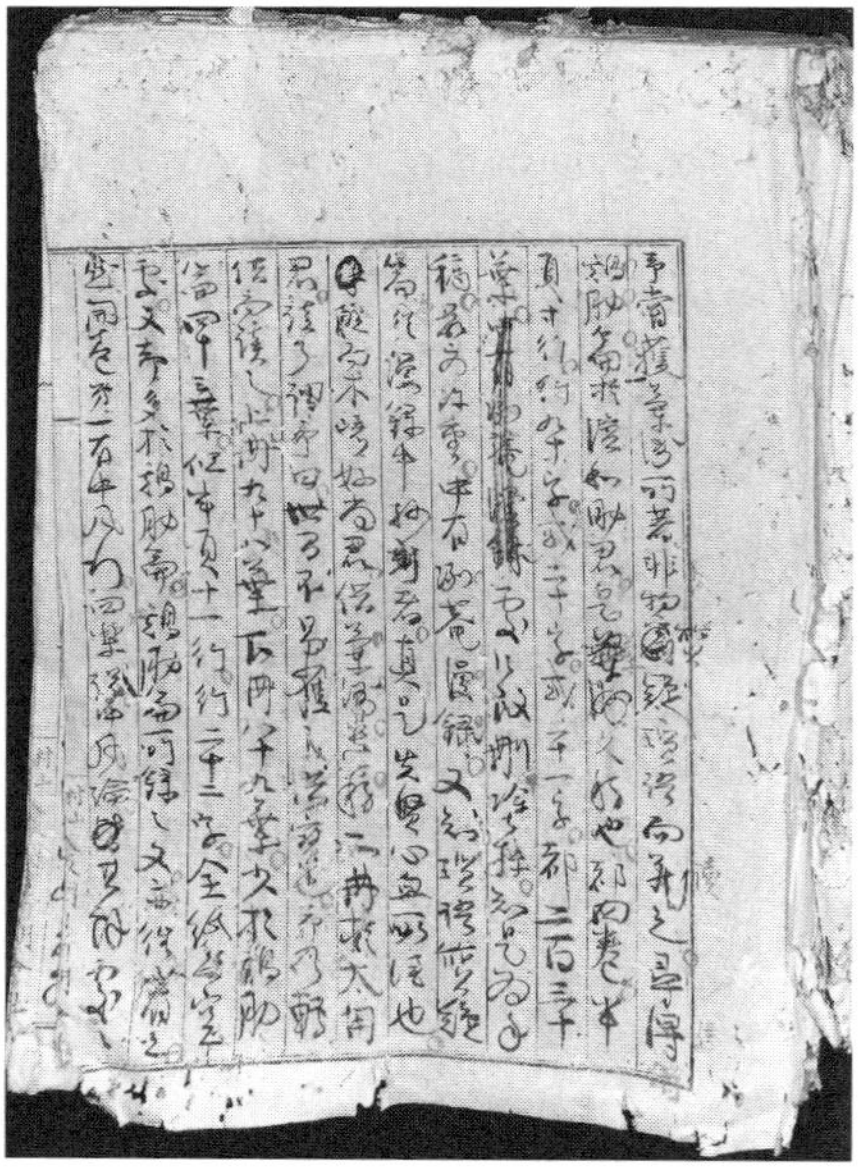

図２　第４葉表

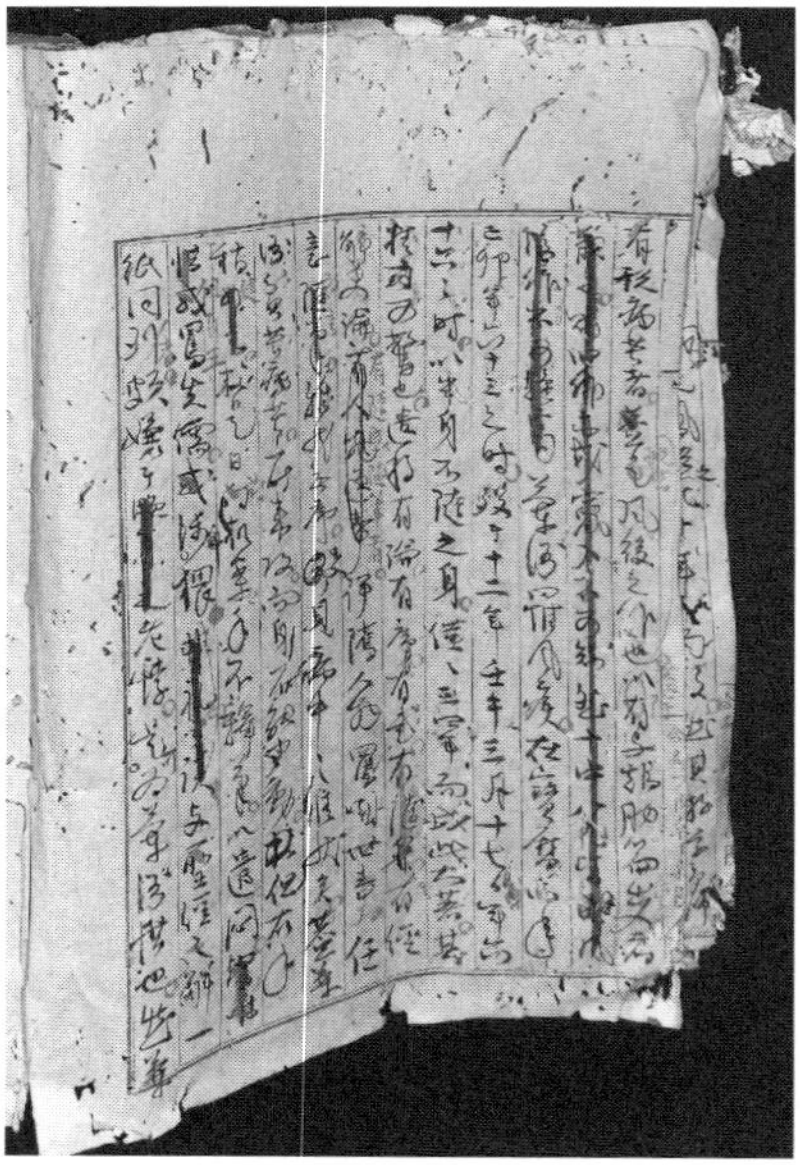

図３　第４葉裏

不明）有説病苦者。蓋除與鶏肋篇重複者、是概皆風後之作也。蘭洲罹風疾、在寶暦六年（ママ）(5)己卯年六十三之時、没于十二年壬午三月十七日、年六十六之時。以半身不随之身、僅々三四年而成此大著。其精力可驚也。遺稿有論、有序、有書、有經解史論、有隨感隨筆者。評隲人物、罵嘲世事、任意放言。

予嘗て蘭洲の著す所の非物・質疑・瑣語を獲て之を読む。尋《つ》いで鶏肋篇を濱和助君に借る。是れ蘭洲の文稿なり。都て四巻。半頁十行、約十九字、或いは二十字、或いは二十一字、都て二百三十葉。処々改刪・塗抹あり、是の手稿為るを知る、珍重すべきを知る。中に冽菴漫録有り。又瑣語・質疑篇の漫録中より抄する者為るを知る。真に是れ先賢の心血の注がるる所なり。既にして木崎好尚君、蘭洲遺稿二冊を太田君に借り、読了して予に謂ひて曰く、世間獲易からざるの洪宝なり、と。予乃ち転借して之を読む。上冊九十八葉、下冊八十九葉、鶏肋篇より少き

> こと四十三葉、但し半頁十一行、行二十二字、全紙空処無し、文却て鶏肋篇より多し。鶏肋篇録する所の文も、亦た往々之を省く。然して開巻第一に中風行・四楽説・中風論有り。其の後の処■に病苦を説く者有り。蓋し鶏肋篇と重複する者を除きて、是れ概ね皆風後の作なり。蘭洲風疾に罹るは、宝暦九年己卯年六十三の時に在り、十二年壬午三月十七日、年六十六の時に没す。半身不随の身を以て、僅々三四年にして此の大著を成す。其の精力驚く可きなり。遺稿に、論有り、序有り、書有り、経解史論有り、随感随筆なる者有り。人物を評隲し、世事を罵嘲して、意に任せて言を放つ。

この記述によれば、五井蘭洲の著作について、「予」、すなわち天囚は、先ず『非物篇』・『質疑篇』・『瑣語』を入手し、続いて『鶏肋篇』を濱和助から借用し、更に木崎愛吉（号は好尚）が「太田」なる人物から借用した『蘭洲遺稿』を又借りする、との三段階で、蘭洲関係の資料を蒐集した。

濱和助から借用した『鶏肋篇』は、全四巻、毎半葉十行、毎行十九〜二十一字で、全二百三十葉、「改刪塗抹」、すなわち本文の修正が多数認められ、蘭洲の「手稿」と考えられるものであった。この『鶏肋篇』は、『冽菴漫録』を含んでおり、またこの『冽菴漫録』から『瑣語』や『質疑篇』が抄出されたことが分かるとされている。

木崎愛吉を介して入手した『蘭洲遺稿』二冊は、上冊九十八葉、下冊八十九葉、毎半葉十一行、毎行二十二字で、濱和助から借用した『鶏肋篇』よりも葉数は少ないが、分量は多いとされ、また『鶏肋篇』と重複して収録されている文、『鶏肋篇』に収録されているが『蘭洲遺稿』には収録されていない文、『鶏肋篇』に収録されておらず『蘭洲遺稿』にのみに収録されている文があり、『鶏肋篇』に収められていない文は、蘭洲が中風に罹患してから後の作であるとされている。

本資料のこの記述には、『懐徳堂考』上巻の序説の記述内容との強い共通性が認められる。すなわち、『懐徳堂考』上巻の序章において、天囚は以下のように述べている。

初め予れ懐徳堂を研究せんとして、未だ端緒を得ず、既にして蘭洲の鶏肋篇四册を會員眞砂濱君（和助）に借りて之を讀み、驚喜禁ぜず、鶏肋篇は蘭洲手定の文稿なり、尋で蘭洲遺稿二册を會員蘆隱太田君（源之助）に借るを得たり、此は君の手寫本にして、鶏肋篇と重複する者十六篇を除く外、皆蘭洲晩年風後の作と覺しく、特に隨筆體の叙事多くして、懐徳諸儒の逸事を載せたる、眞に得易からざる好資料に屬し、大阪文學界の洪寶なり、予れ遺稿を讀みて蘭洲と懐徳堂との關係を詳にし、更に鶏肋篇の持軒先生行狀を讀みて、蘭洲の父持軒が大阪文學に偉功あるのみならず、其の祖父は大阪に於ける讀書人の祖なるを知り、懐徳堂研究の第一着として、持軒蘭洲の事蹟を叙述する所以なるが、太田君は更に貸すに其の苦心蒐集せる浪華名家碑文集一册、及び手寫の懐徳堂記録四册を以し、同僚好尚木崎君（愛吉）も亦採訪に協戮せしより、資料略備れり、因て之に加ふるに自己の聞見を以して此の編は成れり、謹んで此に好古篤學助力を吝まざりし諸君の厚意を感謝する者なり。

『懐徳堂考』上巻には、天囚が先ず「蘭洲の著す所の非物・質疑・瑣語」を入手していたということについて触れられていないのだが、濱和助から『鶏肋篇』を借用し、次いで木崎愛吉が「蘆隱太田君（源之助）」から借用した『蘭洲遺稿』二冊を又借りしたという点は、西村家所蔵の本資料の記述と一致している。また、「洪寶」等、所々ではあるが両者には表現的にも類似するように見受けられるところがある。

なお、天囚は本資料や『懐徳堂考』上巻において「太田君」・「太田源之助」と記している人物の姓は、戸籍上「大

田」であったと考えられることから、引用を除き、以下ではその姓を「大田」と表記する。(6)

二、大阪人文会での講演

西村家所蔵の本資料と『懐徳堂考』上巻とにおいて、天囚が五井蘭洲関係資料を入手する経緯についての記述内容や表現の一部に一致するところが認められることは、両者の間に関連があることを示すと考えられる。

実は、明治末に天囚が懐徳堂に関する研究に着手するにあたり、五井蘭洲関係資料をどのように入手したのかについては、大阪人文会第二次例会における天囚の講演においても言及されている。吉田鋭雄による天囚の講演の速記録の冒頭部分には、以下のように記されている。(7)

私は昨年の会に大阪の儒学を研究する様にと云ふ分担を承知致しましたが、大阪の儒学と申しますれば、懐徳堂を経に致して混沌社を緯と致し、さて研究致しましたなれば、大凡二百余年間の漢文学の沿革が解る事と思ひます、之まで私も学者の伝記などを取調べましたが、真先に手を着けるべき大阪の漢文学の事績は、其の儘に致して居りました、甚だ相済まぬ事で、実は研究しやうと思って居りましたが、手を着ける機会がなくって居りました、所が昨年濱和助さんから五井蘭州の鶏肋篇を拝借致し、本年になりまして木崎君が太田君から蘭洲遺稿を借られましたのを又借りで読みました、略蘭洲と云ふ人に就て考がつきましたと共に、一つ研究して見やうかと云ふ考を起しました、之は濱さんと太田さんの篤志からして、先賢の遺稿を写し或は所蔵なされたお蔭さんで、殊に太田君に至っては蘭洲遺稿に標注を加へて居られる位、御熱心の程が見へて居ります、其のお蔭で略考をつ

けて蘭洲から説出したいと考へました次第でございます、

明治四十三年（一九一〇）一月二十九日に開催された大阪人文会第二次例会におけるこの講演の中で天囚は、『懐徳堂考』上巻と同様に、濱和助から『鶏肋篇』を借用し、次いで木崎愛吉が大田源之助から借用した『蘭洲遺稿』二冊を又借りしたと述べている。周知の通り、天囚はこの講演の後、同年二月七日から二十七日まで大阪朝日新聞紙上において「懐徳堂研究其一」と題する連載を行い、同年三月六日には連載をまとめた『懐徳堂考』上巻が発行された。従って、蘭洲関係資料の入手経緯に関して、大阪人文会第二次例会における講演と『懐徳堂考』上巻とが同じ内容の説明をしていることは、甚だ自然なことである。

非常に興味深いのは、大阪人文会第二次例会の講演で、天囚が以下のように発言している点である。

只今も一人一時間と云ふ御制限がございましたし、又下手の長話は御難儀でございませうが、実は未成品でございますけれども、取調べました草稿が約五十枚―漢文で書いたのが五十枚ございます、之を一々申上げるのは其の煩に堪えませぬから、極く略して申上げたいと思ひます。

天囚は大阪人文会第二次例会において講演を行った段階で、「未完成」ながらも、五井蘭洲及び懐徳堂に関して「取調べ」た「草稿」「約五十枚」を執筆済みだったのである。しかもその「草稿」は、「漢文で書いた」もので、大阪人文会での天囚の講演は、その漢文で書かれた「草稿」の内容を「極く略して」語ったものだった。

こうしたことから、西村家所蔵の本資料は、明治四十三年（一九一〇）一月二十九日までに天囚が執筆していた

「約五十枚」の「草稿」そのものか、或いはそれを含むものであり、天囚による最初期の懐徳堂研究の原稿の可能性があると考えられる。

残念ながら、上述の通り、本資料は開いてみることのできない葉があり、その分量について今のところ確認することができない。しかし、本資料の本文が漢文で記されたものであること、そしてその本文に朱筆・墨筆による多数の修正が加えられていることは、本資料が天囚による懐徳堂研究・五井蘭洲研究の「未完成」の「草稿」そのものか、或いはそれを含むものであることを強く示唆していると考えられる。本資料に加えられている修正は、おそらく天囚が講演に際して、或いは「懐徳堂研究其一」と題して行われた大阪朝日新聞紙上での連載に際して、天囚自らが加えたものを含んでいると推測される。

なお、濱和助から『鶏肋篇』を借用し、次いで木崎愛吉が大田源之助から借用した『蘭洲遺稿』二冊を又借りするよりも前に、天囚本人が蘭洲の著書である『非物篇』・『質疑篇』・『瑣語』を先ず入手していたことについては、西村家所蔵の本資料においてのみ述べられており、大阪人文会第二次例会での講演や『懐徳堂考』上巻では触れられていない(8)。これは、その懐徳堂研究・五井蘭洲研究は、大阪人文会会員である濱和助・木崎愛吉・大田源之助による資料の提供によりはじめて可能であったと、大阪人文会の貢献を天囚が強調しようとしたためではなかったかと推測される。

三、天囚が懐徳堂研究に用いた資料

さきに筆者は、『懐徳堂考』上巻において言及されているところの、明治末の天囚による懐徳堂研究・五井蘭洲研究に用いられた資料について、「西村天囚の五井蘭洲研究と『懐徳堂記録』」（『懐徳堂研究』第七号、二〇一六年二月）において、天囚が用いた『懐徳堂記録』が大阪大学附属図書館の懐徳堂文庫・碩園記念文庫小天地閣叢書に現存すること、そしてこの資料は大阪人文会会員の大田蘆隠が大阪市史編纂係の収蔵する資料を編集・書写したものの写本であることを明らかにした。また「西村天囚の五井蘭洲研究と関係資料――『蘭洲遺稿』・『鶏肋篇』・『浪華名家碑文集』について――」（『懐徳』第八十五号、二〇一七年一月）において、天囚が五井蘭洲研究に用いた『蘭洲遺稿』・『鶏肋篇』・『浪華名家碑文集』が、大阪府立中之島図書館に現存することを明らかにした。明治末に天囚が懐徳堂研究・五井蘭洲研究に用いた『懐徳堂記録』・『蘭洲遺稿』・『鶏肋篇』・『浪華名家碑文集』の四点は、いずれも表紙と裏表紙とに「七宝」、或いは「七宝繋ぎ」と呼ばれる同一の模様、同色（藍色）の紙が用いられており、また同じ形式の題簽が付されている。

　四点のうち、大阪府立中之島図書館の朝日新聞文庫に収蔵されている『蘭洲遺稿』と『鶏肋篇』との二点が西村天囚旧蔵のものであることについては、天囚旧蔵のものであることが明らかである大阪大学附属図書館懐徳堂文庫・碩園記念文庫・小天地閣叢書に現存する『懐徳堂記録』と同一の装丁であり、また朝日新聞文庫収蔵の資料であることから明らかと考えられるが、西村家所蔵の本資料における『蘭洲遺稿』と『鶏肋篇』との書誌情報に関する記述も、そのことを傍証すると考えられる。

　すなわち、上述の通り、天囚は濱和助から借用した『鶏肋篇』について、「都四巻。半頁十行。約九十字（ママ）[9]、或二十字、或二十一字。都二百三十葉。」と述べているが、大阪府立中之島図書館の朝日新聞文庫中の『鶏肋篇』も、毎半葉十行、概ね毎行十九字で、全二百三十葉である。また、天囚は木崎愛吉を介して借用した大田源之助所蔵の『蘭洲遺稿』について、「上冊九十八葉、下冊八十九葉、（中略）半頁十一行、行二十二字」と述べているが、大阪府立中之島図書館の朝日新聞文庫中の『蘭洲遺稿』も、上冊九十八葉、下冊八十九葉、毎半葉十一行、毎行二十二字である。

もとより、大阪府立中之島図書館朝日新聞文庫所蔵の『鶏肋篇』・『蘭洲遺稿』は、濱和助・大田源之助の所蔵するものを原本とし、それらに基づいて作成された写本であるから、原本とは一部異なるところがある可能性も排除することはできないと思われる。しかし、特に濱和助所蔵の『鶏肋篇』について天囚は、『懐徳堂考』上巻においては「鶏肋篇は蘭洲手定の文稿なり」、また西村家所蔵の本資料においては蘭洲の「手稿」であって「可珍重」(珍重す可きもの)と述べており、非常に重要な資料と高く評価していたことが窺える。大阪府立中之島図書館朝日新聞文庫所蔵の『鶏肋篇』は、その装丁等から判断するに、非常に丁寧に作成された写本であり、濱和助所蔵の原本の様相をよく伝えているように思われる。従って、大阪府立中之島図書館朝日新聞文庫所蔵の『鶏肋篇』の書誌的な情報と、西村家所蔵の本資料に記されている濱和助所蔵の『鶏肋篇』の書誌的情報とが一致することは、朝日新聞文庫の『鶏肋篇』が、天囚旧蔵のものであることを傍証すると考えられる。

おわりに

上述の通り、今回の当該資料に対する調査は、幸いに開いてみることのできた部分についてのみ行った、極めて限定的な調査に過ぎない。今後本資料を全面的に修復した上で、その内容について詳細な調査を行い、かつ『懐徳堂考』上巻の記述等との比較を行うならば、明治末の天囚による懐徳堂研究・五井蘭洲研究の実態について、新たな知見が得られる可能性が高いと考えられる。そうした点については、今後の課題としたい(10)。

注

(1) 本資料については、令和元年（二〇一九）に修復を行った結果、内題が「懐徳堂考之一」であることが判明した。本書所収の「西村家所蔵西村天囚関係資料目録」において、⑤抄本・資料番号9・資料名『懐徳堂考之一』とした資料である。

(2) 『朝日新聞社史　明治編』（朝日新聞社、一九九〇年）参照

(3) 本資料を修復したことにより、翻刻等について一部修正すべき箇所があるが、ここでは初出のままとした。修復後の翻刻等については、本書所収の『懐徳堂考之一』の画像の解説を参照されたい。

(4) 「九十」は「十九」の誤りと見られる。

(5) 「六」は「九」の誤りと見られる。

(6) 『懐徳堂研究第二集』（汲古書院、二〇一八年）第四部第一章の拙稿「中井木菟麻呂が受け継いだ懐徳堂の遺書遺物」注（8）参照。

(7) 拙稿「資料紹介　西村天囚「五井蘭洲」（大阪人文会第二次例会講演速記録）」（『国語教育論叢』第十八号、二〇〇九年二月）所収）参照。

(8) 大阪大学附属総合図書館の懐徳堂文庫には、「天囚書室」の印記を有する『非物篇』が碩園記念文庫の資料として収蔵されている。また、同じく「天囚書室」の印記を有するところの、『質疑篇』と『瑣語』との合刻本も懐徳堂文庫に収蔵されている。このため、天囚が『非物篇』・『質疑篇』・『瑣語』とを所有していたことは確実と考えられる。ちなみに、『質疑篇』と『瑣語』との合刻本には、「碩園記念文庫」の印記が認められず、本書が碩園記念文庫に入っていない事情については不明である。

(9) 注（4）参照。

(10) 本資料については、その後修復を行い、翻刻を進めている。拙稿「翻刻　西村天囚著『懐徳堂考之一』（その一）」（『島根大学教育学部紀要』第五十五巻、二〇二二年）・「翻刻　西村天囚著『懐徳堂考之一』（その二）」（同第五十六巻、二〇二三年）・「翻刻　西村天囚著『懐徳堂考之一』（その三）」（同第五十七巻、二〇二四年）参照。

【附記】

本稿は、平成三十年度（二〇一八）国立大学法人島根大学「萌芽研究部門」研究プロジェクト「西村天囚関係新資料の研究」の成果の一部である。

第七章　「碩園先生著述目録」中の現存資料について

竹田健二

はじめに

西村天囚の旧蔵書が「碩園記念文庫」として大阪大学附属総合図書館の懐徳堂文庫に収蔵されていることは周知の通りである。この文庫は、天囚の没後、故西村博士記念会が西村家より購入し、大正十四年（一九二五）に「碩園記念文庫」と名付けて財団法人懐徳堂記念会に寄贈したものである。[1] 天囚の所蔵していた資料は、大阪府立中之島図書館の朝日新聞文庫などにもいくつか現存するが、まとまって存在するものとしては、碩園記念文庫の他にはこれまで知られていなかった。[2]

しかし、本書所収の「西村家所蔵西村天囚関係資料目録」に示す通り、天囚の故郷である種子島（鹿児島県西之表市）の西村家には、天囚に関係する資料が多数現存していた。しかも、既に池田光子が指摘する通り、大正十四年（一九二五）に懐徳堂堂友会が「碩園先生追悼録」として発行した『懐徳』第二号所収の「碩園先生著述目録」に記載されていると見られる天囚の著述や遺稿の類が、この西村家所蔵資料の中に複数含まれていることが判明した。[3]

詳しくは後述するように、調査の結果、西村家所蔵資料の中には、池田の指摘した資料の他にも「碩園先生著述目録」に記載されている天囚の著述類と考えられるものが多数存在する。また、西村家所蔵資料とは別に、西之表市にある種子島開発総合センターにも天囚関係資料が現存し、その中にやはり「碩園先生著述目録」に記載されている資料に該当すると見られるものが現存することが判明した。

そこで本章では、「碩園先生著述目録」に記載された天囚の遺著や遺稿と、種子島に現存する関係資料との関係について検討を加える。

一、「碩園先生著述目録」と碩園記念文庫

本節では、先ず「碩園先生著述目録」（以下、著述目録と略称する）に収録された資料と、碩園記念文庫との関係について確認する。

著述目録は、天囚の遺著類を「一、撰著」・「二、編著」・「三、講義底稿」・「四、遺稿」・「五、論文」・「六、講演」・「七、伝記年譜」・「八、雑著」・「九、襍文」・「十、小説」・「十一、随筆」・「十二、鈔録」・「十三、研究資料」・「十四、目録索引」・「十五、日記」に分類し、それぞれ該当する資料名を列挙したものである。各項目に記載されている資料数は、「一、撰著」十一点、「二、編著」九点、「三、講義底稿」八点、「四、遺稿」五点、「五、論文」四点、「六、講演」六点、「七、伝記年譜」六点、「八、雑著」十三点、「九、襍文」十三点、「十、小説」二十四点、「十一、随筆」四点、「十二、鈔録」十四点、「十三、研究資料」五点、「十四、目録索引」五点、「十五、日記」一点、合計百二十八点である。

著述目録には、資料名に続いて巻数或いは冊数、執筆或いは発表された年月、発行者や発表紙等の、その資料に関する情報が附記されていることがある。また各分類内の資料の配列は、おおよそ発表年順であるように見受けられる。もっとも、資料によっては関連する情報がまったく記されていない場合もあり、刊本・抄本の判別も困難である。私見では、記載された中のおおよそ半数程度が抄本であろうと思われる。(4)

注目される点は、撰著から日記までの十五種に分類された資料には、基本的に、各分類毎に一から順に数字が付されているのであるが、「八、雑著」・「九、襍文」・「十一、随筆」・「十二、鈔録」・「十三、研究資料」・「十五、日記」に分類された資料には、その数字が付されていない点である。このことから、本目録は全体として、体裁が十分には整えられてはいないように見受けられる。

この著述目録が作成された経緯について、その冒頭には以下のように述べられている。(5)

左に記載するところの目録は、西村家に現存せる遺著遺稿につきて、之を類次せしものなるが、聞くところに依れば、先生早年の舊稿散佚せしもの尠からずと。されば是の錄は未だ以て先生著述の全を盡くせるとは謂ふべからず。編者識す。

すなわち、この著述目録は「西村家に現存せる遺著遺稿につきて、之を類次」したものであるが、「先生早年の舊稿散佚せしもの尠からず」と編者は伝聞しており、それが事実ならば「先生著述の全を盡くせる」ものと見なすことはできない、というのである。例えば、明治十六年（一八八三）、天囚の東京大学古典講習科在学中に刊行された『邵青門文鈔』（重野安繹校閲、西村時彦・長井吉徳編）は、著述目録に記載されていない。(6)このため、本目録が天囚の編著類の全てを網羅していないことは確実である。

もっとも、『邵青門文鈔』は刊本であり、散佚したという「先生早年の舊稿」にはおそらく該当しない。著述目録の「四、遺稿」の中の「一、碩園文稿」のところには、「自明治十七年至大正十二年（明治十九　二十両年文稿散佚）」との情報が記されていることからすると、散佚した「先生早年の旧稿」とは、この「明治十九　二十両年文稿」などのことを指していると思われる。(7)

もとより、天囚が急逝した時点で、その自宅に著作のすべてが揃っていなかったとしても不自然ではない。先にも触れた通り、著述目録は、その体裁がよく整えられてはいないことなどから見ても、十分に時間をかけて作成されたものではないと推測され、天囚急逝の後、「西村家に現存せる遺著遺稿」に基づいて急ぎ作成されたと考えてよいと思われる。(8)

さて、著述目録が天囚の没後、「西村家に現存せる遺著遺稿」に基づいて作成されたものであるならば、本目録に記載されている資料は、故西村博士記念会が西村家より購入した天囚の蔵書とされる碩園記念文庫の中にすべて含まれていてしかるべきと思われる。というのも、碩園記念文庫を財団法人懐徳堂記念会に寄贈した故西村博士記念会の活動報告書「故西村博士記念會會務報告書」の「會務概要」の中で、碩園記念文庫寄贈の経緯が以下のように述べられているからである。(9)

大正十三年十一月六日大阪及其の附近に居住せる故西村博士と親交ありしもの相約して懷德堂に集り永く故博士を記念し且遺族生活の安固を圖らむため故西村博士記念會を起し義金參萬圓を醵集し以て博士の遺書全部を購入し碩園記念文庫と稱し之を懷德堂記念會に寄贈せむことを決し（後略）

ここには、天囚の没後、親交のあった有志により結成された故西村博士記念会が「博士の遺書全部」を西村家より購入し、碩園記念文庫と命名した上で、財団法人懐徳堂記念会に寄贈したと記述されている。同報告書には、「懐徳堂記念會へ遺書寄贈書」・「懐徳堂記念會の受領書並に謝狀」・「西村博士未亡人幸子刀自よりの謝狀」も収められているが、それらの中でも故西村博士記念会が購入・寄贈した資料群については、「碩園先生舊藏書」或いは「同博士舊藏の書全部」などと述べられている。

従って、故西村博士記念会が購入・寄贈した天囚の「遺書全部」の中には、著述目録に記載された「西村家に現存せる遺著遺稿」が含まれていると考えることは、甚だ自然であろう。特に「西村博士未亡人幸子刀自よりの謝狀」には、「故人之藏書之散逸を防ぎて其志業を永遠に殘し得るに立至り候」との文言が見える。碩園記念文庫が天囚の「志業を永遠に殘し得る」ものであるとするならば、その中には天囚自身の「遺著遺稿」の類が含まれていると理解するのが当然であるように思われる[10]。

ところが、大変興味深いことに、著述目録に記載された天囚自身の「遺著遺稿」の類は、碩園記念文庫の中にほとんど入っていないように見受けられる。

もとより、碩園記念文庫の中に天囚の著述が含まれていないわけではない。例えば、碩園記念文庫の「小天地閣叢書」坤集の中には、天囚の著述である「天囚雜抄[11]」や「天囚雜攷」といった資料も収録されている。しかし、著述目録には、「天囚雜抄」・「天囚雜攷」と類似した名称の「小天地閣襍攷」（「十一、随筆」）や「小天地閣私記　二冊」（「十二、鈔録」）・「小天地閣雜記」（同）といった資料名が記載されているが、「天囚雜抄」・「天囚雜攷」との名称の資料は記載されていない。詳しくは後述する通り、西村家及び種子島開発総合センターの所蔵する西村天囚関係資料の中からは、著述目録に記載されたものと名称が完全に一致する、「小天地閣襍攷」・「小天地閣私記」・「小天地閣雑記」との名称の資料が発見された。このため、著述目録に記載された「小天地閣襍攷」・「小天地閣私記」・「小天地閣雑記」は碩園記念文庫に入ってはいないと考えられる。

また、筆者の調査では、著述目録の「四、遺稿」において以下の通り記載されている四点は、同一名の資料が懐徳堂文庫の中に存在している。

一、碩園文稿　十三冊　自明治十七年至大正十二年（明治十九　二十両年文稿散佚）

二、碩園詩稿　一冊

三、江漢遡洄録　明治三十一年

四、天囚遊草

しかし、懐徳堂文庫所蔵の「碩園文稿」・「碩園詩稿」・「江漢遡洄録」・「天囚遊草」は、いずれも「碩園記念文庫」の印記が無い。従って、これらが碩園記念文庫のものではないことは確実である(12)。

もとより、著述目録はそもそも目録に過ぎないため、記載されている資料に関して我々の知り得る情報は極めて限定的である。このことについては十分留意する必要があろう。仮に資料の名称が一致していない場合であっても、実は同一の資料と見なすのが妥当であるとの可能性も排除できない。また逆に、抄本であれば特に、名称が同一であっても、一方が草稿で、一方が完本であったり、或いは一方が写本で、一方がその底本であるといった可能性、或いはまったく別の資料でありながら名称が一致しただけで、同一の資料とは見なせないなどの、様々な可能性を考慮する必要がある。刊本や印刷物であれば、もとより同一のものが多数存在するわけであり、特に印記等の手がかりがある場合を除いて、単に資料名が一致することをもって、直ちに同一のものであると判断することは危険である。

確かにそうではあるのだが、著述目録が「西村家に現存せる遺著遺稿」に基づいて作成されたものであるならば、例えばその冒頭の「一、撰著」・「二、編著」に記載されている天囚の主要な著述や「碩園文稿」などの遺稿の類が、「博士の遺書全部」であるはずの碩園記念文庫に入っていないのは、やはり甚だ奇妙な現象であるように思われる。著述目録に記載された「西村家に現存せる遺著遺稿」とは一体何だったのであろうか。また、それらの資料はその後どこに行ってしまったのであろうか。

二、西村家所蔵西村天囚関係資料

この謎を解明する手がかりが、天囚の出身地・種子島の西之表の西村家に所蔵されている資料から得られた。すなわち、筆者等が平成二十九年（二〇一七）八月以降継続して行った西村家所蔵資料の調査により、従来知られていなかった西村天囚関係の貴重な資料が大量に現存していること、そして既に前掲池田論文が指摘するように、その中に著述目録に記載されている資料に該当すると見られるものが複数存在することが明らかになった(13)。

池田は「仮名称として採ったタイトルが、「著述目録」に記載のものとは異なるために一致しないという可能性も考えられる」と慎重に述べつつ、著述目録に記されている「尚書文義」・「先師行状資料」・「小天地閣雑攷」・「駢文引例」が西村家所蔵資料の中から発見されたことを指摘している。

この池田の指摘の後、筆者が更に調査を進めた結果、本書所収の「西村家所蔵西村天囚関係資料目録」（以下、西村家目録と略称する）に示す通り、著述目録において以下のように記されている三十四点の資料が、西村家所蔵資料中に現存することが明らかとなった。なお、各資料については、著述目録の記載事項に続けて、本書所収の西村家目録における分類と資料番号とを（　）の中に示す。

一、撰著

一、南島偉功伝　一巻　明治三十二年六月印行（①―16）

三、尾張敬公　一巻　明治四十三年三月名古屋開府三百年記念会印行（①―4）

四、懐徳堂考　二巻　上巻明治四十三年三月下巻明治四十四年七月印行（①―5）

五、学界偉人　一巻　明治四十四年一月印行（①―8）[14]

九、尚書異読　一冊未刊（⑤―35）

孔伝蔡伝及清儒江聲、段玉裁、王引之、孫星衍、黄式三、皮錫瑞、王先謙、呉汝綸等に至るまでの諸儒の異読を明かにせられ、間々附するに按語を以てせらる。

一〇、尚書文義　三巻　初藁　未刊（⑤―36）

初尚書論文と題せられ、後文義と改めらる。博く皇漢学者の説に渉りて、其の精粋を採り、尚書の文と義とを説かれたるものなり。

二、編著

八、天囚曲話　一冊（⑤―52）

九、藝文談資　一冊　詩間（漁洋老人答）、冠辞考、昏辞考、桐城派師友淵源考（⑤―21）

三、講義底稿

一、講案　一冊　大正九年九月（⑤—23）

二、駢文引例　一冊（③—14）

五、漢文体別概説　三冊（⑤—13）

六、漢文総説草稿　一冊（⑤—12）[15]

七、辞章論略三巻同補一巻上巻佚（⑤—101）[16]

四、遺稿

三、江漢遡洄録　明治三十一年（⑤—24）

五、論文

二、論文（新聞論説）自明治三十七年至同三十八年（④—9）

三、同　自明治三十九年至同四十年（④—8）

六、講演

五、教育勅語下賜三十年記念講演速記　大正八年（③—3）[17]

七、伝記年譜

二、亀門之二広　一広瀬淡窓　二広瀬旭荘　明治四十一年二月　朝日新聞所載（④—15）

五、浪華画人略　朝日新聞所載（④—5）

八、雑著

紀行八種（①—9）

征清戦記　明治二十七年征清戦報所載（①—13）[18]
笠鞋漫録　東北方面漫遊紀行（④—7）
杭州紀行（⑤—25）

十、小説
三、居酒屋之娘　明治二十一年十二月（①—1）

十一、随筆
小天地閣襍攷　壬子夏（⑤—38）

十二、鈔録
小天地閣雑記　戊申帰郷時（⑤—53）[19]
典礼文字（③—10）
詩話中論文（⑤—41）

十三、研究資料
敬公資料　一冊（⑤—19）
宋学淵源研究　一冊（⑤—45）
先師行状資料　一冊（⑤—100）

十四、目録索引
三、小説伝奇目録　一冊（⑤—37）
四、弾詞小説目録　一冊（⑤—49）

五、曲目索引　一冊（⑤—16）

三十四点の内訳は、①書籍七点、③その他印刷物が三点、④のスクラップ類が五点、⑤抄本が十九点である。

前述の通り、そもそも著述目録の資料と名称が一致している資料が存在したとしても、それが著述目録に記載された資料に該当する同一の資料と俄に断定することはできない。特に書籍などの印刷物は、同じものが多数存在し、現在西村家に現存するからといって、直ちにそれを天囚の遺著と断定することはできない。(20) しかし、資料の保存状況等から判断して、天囚の故郷・西之表の西村家に所蔵されている資料が「西村家に現存せる遺著遺稿」である蓋然性は極めて高いと考えられる。

もとより、西村家所蔵資料には、虫損等が激しいために外題や内題を確認できないものがあり、西村家目録の作成に当たっては、仮称を付けざるを得なかった資料も少なくない。このため、著述目録に記された資料は、この他にもなお存在する可能性が十分にある。そうした点の解明は、今後資料の修復も進めながら検討を行う予定である。

三、種子島開発総合センター所蔵資料

令和元年（二〇一九）年八月、筆者らは、西之表市にある種子島開発総合センター（通称「鉄砲館」。以下、鉄砲館）にも西村天囚関係資料が所蔵されているとの情報を得た。その後、鉄砲館の所蔵する資料、及び鉄砲館が作成した天囚関係資料の目録には、昭和五十八年（一九八三）に西村家から鉄砲館に寄贈・寄託されたものがあることが判明した。(21)

この時に西村家から鉄砲館へ寄贈された資料の中の三十八点は、以下の通り著述目録に記載されている資料に該当するものと考えられる。(22) なお、各資料については、著述目録の記載事項に続けて、本書所収の鉄砲館所蔵旧西村家所蔵資料目録における分類と資料番号とを（　）の中に示す。

一、撰著

一、南島偉功伝　一巻　明治三十二年六月印行（①—4）
三、尾張敬公　一巻　明治四十三年三月名古屋開府三百年記念会印行（①—1）
五、学界偉人　一巻　明治四十四年一月印行（①—5）(23)
七、屈原賦説　一冊　未刊（⑤—51）
一一、論語集釈　自学而至泰伯第八章　未刊（⑤—47・48）
首に集釈を挙げ、次に折中参看異説私案の四目を立て、其の足らざるところを補はる。

二、編著

三、儒文源委　二巻　未刊（⑤—17・31）
四、同附録　二巻　未刊（⑤—32）
上巻
史記儒林伝自序、同伝序、前漢書儒林伝叙伝、同伝序、同伝賛、後漢書儒林伝序論、晋書儒林伝序論、同伝論賛、梁書儒林伝序論、同伝論賛、陳書儒林伝序論、同伝論賛、魏書儒林伝序論、同伝論賛、北斉書儒林伝序論、同伝論賛、周書儒林伝序論、同伝論賛、南史儒林伝論賛、北史儒林伝序、同伝後論、隋書儒林伝序論、

同伝後論、旧唐書儒学伝序論、同伝賛、唐書儒学伝序論、唐書啖助伝賛、宋史道学伝序論、元史儒学伝序論、明史儒林伝序論、

　下巻

後漢書文苑伝賛、晋書文苑伝序論、同伝論賛、梁書文学伝序論、同伝論賛、陳書文学伝序論、同伝論賛、魏書文苑伝序論、同伝論賛、北斉書文苑伝序論。同伝論賛、南史文学伝序論、同伝後論、北史文苑伝序論、同伝後論、隋書文学伝序論、同伝後論、旧唐書文苑伝序論、同伝賛、唐書文藝伝序論、唐書杜甫伝賛、宋史文苑伝序論、遼史文学伝序論、同伝上篇後論、同傅下篇後論、金史文藝伝序論、同伝賛、明史文苑伝序論、

　上巻附録

漢書藝文志総序、六藝各序、儒家序　隋書経籍志総序、経各序、正史序、儒家序　五経正義各序

　下巻附録

漢書藝文志詩賦序　隋書経籍志楚辞序、別集序、総集序、集後序　説文序、重修説文序、文選序、両漢文類序、文苑英華序、唐文粋序、全唐文序、遼文存序、唐文粋補遺序、宋文鑑序、金文最序、元文類序、元文選序、明文案序、姚椿清文録序、

六、経子簡編　一冊（⑤―46）

七、同補注　一冊（⑤―46）[24]

八、天囚曲話　一冊（⑤―25）

三、講義底稿

三、文章本原　一冊（⑤―33）

四、清朝文派　一冊（⑤―38）
七、辞章論略三巻同補一巻上巻佚（⑤―49）
八、中庸解題稿（⑤―18[25]）
四、遺稿
四、天囚遊草（①―9）
五、論文
一、天囚論文　明治二十七八年中所作（④―3）
六、講演
五、教育勅語下賜三十年記念講演速記　大正八年（③―2）
六、精神振作の詔書を捧読して　大正十二年（⑤―5）
七、伝記年譜
四、二洲先生年譜藁（⑤―45）
六、木村巽齋事略（⑤―45[26]）
八、雑著
紀行八種（①―7）
福島中佐単騎遠征録　明治二十六年（①―14）
天囚雑纂　随筆伝記紀行琵琶歌自明治三十五年七月至明治三十九年五月（④―1）
老媼物語（①―16[27]）

薩摩琵琶歌武石浩玻（③―3）

九、襍文

天囚雑文　明治二十七八年中所作（④―4）

十、小説

一、屑屋の籠　明治二十年（①―8）(28)

二、奴隷世界　明治二十一年四月（①―12）

三、居酒屋之娘　明治二十一年十二月（①―11）

一三、薩摩嵐　明治二十四年十二月（①―10）

十一、随筆

戊午消夏録（⑤―34）

梧桐夜雨楼漫筆（⑤―22）(29)

天囚菴茶話（⑤―22）

十二、鈔録

碩園雑記　大正戊申一月以降（⑤―50）(30)

小天地閣私記　二冊（⑤―15）(31)

臥読坐抄（⑤―44）

十三、研究資料

資料雑綴　七冊（⑤―16・36）

十四、目録索引

一、家蔵楚辞書目　一冊（⑤—37）[32]

おわりに

『懐徳』第二号碩園先生追悼録所収の「碩園先生著述目録」に記載されていながらも、碩園記念文庫には入っておらず、長らくその所在が不明であった天囚関係資料が、西之表市の西村家に三十四点、鉄砲館に三十八点現存していることは、故西村博士記念会が西村家より購入して財団法人懐徳堂記念会に寄贈した碩園記念文庫は、実は「博士の遺書全部」ではなかったと理解しなければならない。「碩園先生著述目録」に記載されているところの、草稿類を含めた天囚自身の著作物の多くは、故西村博士記念会によって購入・寄贈されずに、西村家によって所有され続けていたと考えられる。故西村博士記念会は、なぜ天囚の著作物についてはそれを購入して財団法人懐徳堂記念会に寄贈しなかったのか、にもかかわらずなぜ碩園記念文庫は「博士の遺書全部」であると表現することがあったのかについては、詳しい事情は不明である。

重要な点は、種子島に保存されていた天囚自身の著作物が発見されたことによって、天囚の漢学についての研究の可能性が大きく広がったことである。特に、「尚書異読」・「尚書文義」・「論語集釈」・「儒学委源」等と題された天囚の著述は、従来専ら日本における宋学の展開や『楚辞』についての研究に取り組んだとされてきた天囚が、実は広く儒教関係の文献の研究に取り組んでいたことを示すものとして重要であると考えられる。これらの新資料を活用して天囚の漢学の全容を解明することを今後の課題としたい。

注

（1）故西村博士記念会の活動については、本書第一部第一章「西村天囚関係史両調査報告――種子島西村家訪問記――」中の拙稿「三、故西村博士記念会会務報告書」参照。

（2）拙稿「西村天囚の五井蘭洲研究と関係資料――『蘭洲遺稿』・『鶏肋篇』・『浪華名家碑文集』について――」（二〇一七年一月、『懐徳』第八五号）参照

（3）本書第一部第四章「種子島西村家所蔵西村天囚関係資料の整理状況と特徴とについて」参照。

（4）昭和女子大学近代文学研究室『近代文学研究叢書第二十三巻』（昭和女子大学、一九六五年）所収の天囚の「著作年表」などを参考にして、筆者が百二十八点の中で抄本であろうと推測する資料は、「一、撰著」五点、「二、編著」七点、「三、講義底稿」八点、「四、遺稿」五点、「五、論文」三点、「七、伝記年譜」二点、「八、雑著」十点、「十一、随筆」四点、「十二、鈔録」十四点、「十三、研究資料」五点、「十四、目録索引」五点、「十五、日記」一点の合計六十五点である。

（5）以下、資料の引用にあたっては、漢字や仮名文字を通行のものに改めたが、一部異体字をそのままとしたところがある。

（6）著述目録に西村の若い頃の著述が収録されていない可能性がある点については、注（4）前掲の昭和女子大学近代文学研究室『近代文学研究叢書第二十三巻』所収の西村の「著作年表」からも窺うことができる。

（7）『碩園文稿』は、後述するように、懐徳堂文庫に収蔵されている。

（8）池田は、著述目録が「どの時点における西村家保管資料群に基づいて作成されたのかは記されていない」と指摘する。注（3）前掲「種子島西村家所蔵西村天囚関係資料の整理状況と特徴とについて」参照。著述目録の成立については、なお検討を要する。

（9）同報告書は、本書所収「西村家所蔵西村天囚関係資料目録」に③その他印刷物・資料番号7として収録されている。

（10）碩園記念文庫の寄贈を受けた時、財団法人懐徳堂記念会はその目録三冊をあわせて受領したことが「故西村博士記念会会務報告書」には記載されているが、残念ながら一般財団法人懐徳堂記念会には現存せず、所在不明である。

(11)「天囚雑抄」は、現在の大阪大学附属図書館のＯＰＡＣにおける資料名であり、この資料は『懐徳堂文庫図書目録』（大阪大学文学部、一九七六年）には「小天地閣雑抄　西村時彦編」とある。

(12) この四点のうち、「碩園文稿」・「碩園詩稿」・「江漢遡洄録」に該当するものは、大阪大学附属図書館のＯＰＡＣに「碩園文稿」十四冊・「碩園詩稿」一冊・「江漢遡洄録」一冊とある。いずれも懐徳堂文庫の資料だが、三点とも碩園記念文庫の印記は認められない。この三点は、「碩園文鈔」（外題は「鄙稿」）一冊とあわせて二つの帙に入れられ、懐徳堂文庫のロッカー内に収蔵されており、『懐徳堂文庫図書目録』に「碩園文稿幷鄙稿・詩稿・江漢遡洄録　西村時彦著　明治十六年至大正十二年〔遡洄録〕明治三十年手稿　寫本　一七冊」と記載されているものに該当する。これらはおそらく『碩園先生遺集』の原稿とされたものと推測される。「四、天囚遊草」については、続北山文庫に刊本が存在するが、もとより北山文庫は重建懐徳堂三代目の教授である吉田鋭雄の旧蔵書であり、その資料に碩園記念文庫の印記はない。なお、『懐徳堂文庫図書目録』には十七冊とされている「碩園文稿幷鄙稿・詩稿・江漢遡洄録　西村時彦著　明治十六年至大正八年手稿〔遡洄録〕轉寫　寫本　九冊」の記述があるが、調査では該当する資料を確認することができなかった。「轉寫」とあることから判断するならば、十七冊本の写本であろうかと推測されるが、詳細は不明である。

(13) 注（3）前掲「種子島西村家所蔵西村天囚関係資料の整理状況と特徴とについて」参照。

(14) 著述目録には「学界偉人」とあるが、正しくは「学界乃偉人」である。

(15) 著述目録には資料名に「草稿」とあるが、西村家所蔵資料の内題には「草稿」の語がない。

(16) 西村家所蔵資料は、「尺牘楷式」・「墓誌楷式」・「枢密顧問官従一位勲一等杉公墓誌」・「辞章論略補」を収録するいわば雑纂であるが、その小口書に「辞章論略補」と書き入れがあることから、両資料は同一の可能性が高いと判断した。

(17) 本資料は印刷されたものであり、稿本ではない。西村家所蔵資料の題名は「教育勅語下賜三十年記念文学博士西村時彦先生講演速記」とある。

(18) 西村家資料は表紙に「征清戦報」と打ち付け書きされている。「征清戦報」は掲載誌の名称と思われるが、両資料は同一の可能性が高いと判断した。

(19) 著述目録における資料名は「小天地閣雑記」、西村家所蔵資料は小口に記された資料名は「天囚雑記」（外題無し）と異なるが、著述目録には「戊申帰郷時」とあり、また西村家所蔵「天囚雑記」には明治四一年（一九〇八）戊申の年の二月からの帰郷を綴った日記が含まれていることから、両資料は同一の可能性が高いと判断した。

(20) 例えば西村家には『日本宋学史』（①―18）が所蔵されていたが、昭和二十六年に朝日文庫として復刊されたもので、著述目録に記載された天囚の遺著ではないことは明らかである。なお、著述目録の「十三、研究資料」中の「敬公資料」は、前述の通り西村家に現存するとともに、碩園記念文庫にも同名の資料がある。両者の関係については、現時点では不明である。

(21) 昭和五十八年（一九八三）、当時の西村家の当主・西村時昌氏が西村家に所蔵された資料の一部を、鉄砲館と鹿児島県歴史資料センター黎明館（現・鹿児島県歴史・美術センター黎明館）とに寄贈・寄託していたことが判明した。

(22) 本稿の初出時には、鉄砲館に三十九点の資料があるとしたが、その後再度確認したところ、「六、講演」中の「四、懐徳堂の由來と將來　大正五年」に該当する資料は『懐徳堂記念講演他雑纂』（⑤―23）には含まれていないことを確認した。このため、鉄砲館に現存する資料の総数は三十八点に修正する。

(23) 書名は『学界乃偉人』が正しい。

(24) 「六、経子簡編　一冊」と「七、同補注　一冊」とは、合冊とされている。「経子簡編」は、天囚が重建懐徳堂で行った定日講義の教科書である。『懐徳』第二号「碩園先生追悼録」所収の松山直蔵「碩園博士を追憶するまま」参照。

(25) 本資料は、「修辞学之将来」・「岩倉公神道碑校訂」等の雑多な資料と共に綴られている。

(26) 「四、二洲先生年譜藁」と「六、木村巽齋事略」とは、合冊とされている。

(27) 『老媼物語』は、鉄砲館所蔵資料の目録には記載があるものの、現在は行方不明である。

(28) 鉄砲館所蔵の『屑屋の籠』は、大正十三年（一九二四）に再刊されたものであるが、著述目録に「明治二十年」とあるのは、おそらく初版の刊行年を示すと思われる。

(29) 「梧桐夜雨楼漫筆」と「天囚菴茶話」とは、合冊とされている。

(30) 著述目録には「大正戊申一月」とあるが、大正年間には干支が「戊申」にあたる年はなく、「戊午」の誤記であり、大正七年（一九一八）を指すと考えられる。

(31) 鉄砲館所蔵⑤―15「清国近世偉人」（内題による）は、外題が「小天地閣私記」とあることによる。

(32) 鉄砲館所蔵⑤―37『文藁』は、多種の草稿の雑纂であるが、その中に外題が「家蔵楚辞書目」との資料（内題は「家蔵楚辞之属」）が含まれている。

【附記】

種子島開発総合センター「鉄砲館」の所蔵する西村天囚関係資料の調査にあたり、同センター、並びに西之表市教育委員会社会教育課文化財係長　鮫島斉氏に格別の御高配を賜りました。心より厚く御礼申し上げます。

第八章　瀧川資言と西村天囚
――西村家資料を用いた一考察――

池田光子

はじめに

「日本漢学の命脈をつないだものは、まさに「古典講習科」出身の学者たちであった」――これは、町田三郎が「東京大学『古典講習科』の人々」の中で述べていた言葉である。[1]

東京大学が創設されたのは明治十年（一八七七）。和漢文学科も設置されていたが、洋学偏重の気風もあり、英語を中心とする諸外国語の習得が重視され、学科名にある「和漢学」は軽視されていたのが実状だった。その事に危機感を募らせた教授陣の意見によって、「古典講習科」が同十五年に新設された。当初は国学のみが対象であったが（後に国学は「甲部」と称され、同十七年には「国書課」と改称）、漢文学の必要性も説かれ、翌年に「乙部」（後に「漢書課」と改称）」として設立された。しかし、その設置期間は六年と短く、結局は明治二十年と同二十一年の二回卒業生を送り出すに留まった。[2] なお、卒業生総数八十八名中、漢書課卒業生数は計四十四名である。決して多い人数ではないが、中途退学者も含め、漢書課は後世に名を残した者を多数輩出した。

ここでは、その漢書課に在籍していた瀧川資言と西村天囚とに注目し、両者に関連する新出資料を手がかりに、近代初期における学術交流の一端を考察していく。

一、天囚と資言

（1）西村天囚

ここで取り上げる新出資料は、近年その存在が明らかとなった西村天囚関連資料群の中から見つかった。その経緯を説明するためにも、まずは天囚から簡単に紹介する。(3)

西村天囚（一八六五〜一九二四）、名は時彦《ときつね》、字は子駿、号は天囚・碩園(4)。大隈国種子島西之表（現在の鹿児島県西之表市）に生まれる。郷儒の前田豊山（一八三二〜一九一三）に学び、明治十三年（一八八〇）、学を志して上京。東京に出た天囚が頼った先は、父や豊山と親交のあった重野安繹《やすつぐ》（一八二七〜一九一〇）である。重野は我が子のように天囚を可愛がり、昌平黌の碩学と称されていた島田篁村《こうそん》（一八三八〜一八九八）を紹介。そして天囚は、島田の塾・双桂精舎で学ぶようになる。明治十六年、東京大学古典講習科の試験を受け、官費生として合格。しかし、先述の通り、残念ながら古典講習科は早々に幕を下ろしてしまう。明治二十年、官費制度が廃止されたことを受け、中途退学。文筆活動で資金を得つつ、自由気ままな放浪生活を送っていたが、滋賀県知事の中井桜洲（一八三九〜一八九四）の招きで、中井が発刊している「さゝ浪新聞」に雇用され、新聞に関するほぼ全てを一任された。明治二十二年には、大阪朝日新聞社に就職。『大阪公論』の記者を経て「大阪朝日」の編集局員となり、明治二十九年に「東京朝日」の主筆となる。紆余曲折ありながらも三十年勤続者として大正八年（一九一九）一月に表彰を受け、同年十二月に退社。なお、翌年には、文学博士の学位が授与されている。以上のように、天囚はジャーナリストとして広く活躍しつつ、漢学者としても名を馳せていた。漢学者としての活動の中でも、天囚が最も注力したのが、懐徳堂関係の活動である。

懐徳堂とは、近世大阪にあった官許学問所懐徳堂（一七二四～一八六九）のことを指す。明治二年に閉校となるが、懐徳堂の歴代学主を輩出した中井家の子孫である中井木菟麻呂《つぐまろ》（一八五五～一九四三）の懸命な働きかけにより、明治の後半より顕彰・復興運動が興る。この運動が本格的に動き始めたのは、木菟麻呂が懐徳堂の顕彰・復興運動について重野安繹（前掲）に相談した際、天囚を紹介されてからである。天囚は様々な場所で懐徳堂を宣伝し、明治四十三年九月には、懐徳堂記念祭を挙行するための組織として、懐徳堂記念会を発足した[5]。これが、現在の一般財団法人懐徳堂記念会の源流である。記念祭執行時点では法人化されていないが、記念祭挙行後、余剰金六千円余りを基に財団の法人化が決議され、大正二年に文部大臣より認可を受けて法人組織となる[6]。その事業を行う場として、大正五年には新たな懐徳堂（通称「重建懐徳堂」）が竣工された[7]。残念ながら、昭和二十年（一九四五）の大阪大空襲によって、重建懐徳堂の本堂は焼失してしまうが、会は存続し、コンクリート製の書庫で戦火を免れた所蔵品は大阪大学に一括寄贈、事業は大阪大学と連携しつつ運営し、現在に至っている。この懐徳堂記念会の原型を作り上げたのが、天囚なのである。

天囚は朝日新聞社退職後、『楚辞』・『尚書』研究に取り組みつつ、島津家臨時編輯所編纂長や大東文化学院の講師を務めるという多忙な日々を過ごしていた。しかし、懐徳堂記念会の事業には積極的に関与しており、大阪に居を構え、重建懐徳堂の講師も務めていた。天囚の懐徳堂への思い入れは深く、「その余生は懐徳堂に総べてをかけ、大阪市民の学徳養成に献身する念願」を持っていた[8]。しかし、再三申し入れのあった宮内省御用掛の任を拒みきれず、大正十年に東京へと移る。だが、わずか三年後の大正十三年七月二十九日、逝去。同年七月三十日の東京朝日の朝刊第七面には、天囚の写真と死亡記事、そして生前の業績をたたえる記事が、二段にわたって掲載された。

懐徳堂記念会でも、懐徳堂友会が発行する雑誌『懐徳』の第二号で、『碩園先生追悼録』（以下、『追悼録』と略記）と題した追悼録が編まれた。[9] 雑誌としてはかなりの大部であり、天囚の経歴や各界からの追悼文のほか、講演記録、著述目録（「碩園先生著述目録」）、天囚が収集した『楚辞』関連書籍の書目一覧などが掲載されている。[10] なお、天囚の蔵書は「碩園記念文庫」と名付けられ、大正十四年に「故西村博士記念会」を通じて重建懐徳堂に寄贈された。[11] その報告に「昨年故西村博士記念会より碩園記念文庫の名を以て同博士旧蔵書全部の寄贈があり（傍点は筆者による）[12]」とあるため、近年に至るまで、全ての天囚旧蔵書は、重建懐徳堂の蔵書を受け継いだ大阪大学附属図書館の懐徳堂文庫にあると考えられていた。しかし、先述の『追悼録』に記載されている「碩園先生著述目録」と一致しない資料が多々有り、「全部」と言う報告に、一部の研究者から疑問が持たれていた。

その疑問を解決するための糸口となる出来事が、平成二十九年（二〇一七）に起きる。天囚の後裔であり、種子島にご在住の西村貞則様・久美様と御息女の矢田睦美様が大阪大学に来訪され、種子島の西村家に多数の天囚関連資料が保管されていることが明らかになったのである。この発見はメディアを賑わせ、新聞やインターネットで紹介された。[13] そして、西村氏の訪問を受けた大阪大学の湯浅邦弘教授を中心にチームが組まれ、同年に第一回目の調査が行われた。[14] これらの資料群は「（種子島）西村家所蔵西村天囚関係資料」（以下、西村家資料と略記）と仮称され、コロナ禍を挟みつつ、現在も定期的に調査が行われている。

なお、令和四年（二〇二二）までに西村家資料の暫定目録は二種発表されている。[15] それを承け、「碩園先生著述目録」と懐徳堂文庫所蔵の碩園文庫との関係性について検討がなされ、先述の「全部」に関する疑問が解明された。[16] また、西村家資料は多数の新出資料を含んでいるため、それらを用いて、従来よりも鮮明な天囚の学術交流や朝日新聞社時代の活躍の様子なども発表されている。[17]

このように、西村家資料は、天囚を軸とした近代初期の知的交流の様相について、新たな情報を与えてくれる貴重な資料群である。本稿では、その資料群の中にある「択善居記」を取り上げる。「択善居記」の抄者は、『史記会註考証』の著者、瀧川資言である。まずは本資料が、何故、西村家資料の中にあるのかを検討するために、次項で資言について確認しておく。

（２）　瀧川資言

瀧川資言（一八六五～一九四六）、戸籍名は亀太郎、字は子信・資言、号は君山。島根郡内中原《うちなかばら》（現在の島根県松江市内中原町）に生まれる。父は藩士瀧川杢之丞、母カネも士族の家の長女であった。資言ははじめ、瀧川家の菩提寺である桐岳寺の私塾で学び、[18]小学校に上がると（明治六年（一八七三））、藩儒雨森精斎（一八二二～一八八二）や内村鱸香（一八二二～一九〇一）に師事した。松江中学校では、若槻礼次郎（一八六六～一九四九）と首位を競ったと言う。[19]なお、この頃から資言の文才は周囲に知られており、中学校の開業式（始業式）に朗読するはずだった祝辞は、[20]当時より名文の誉れ高かったと伝えられている。[21]ちなみに詩は好まなかったと言う。[22]

明治十五年三月、資言は中学校を中退し、東京に遊学する。父杢之丞の出国届けには「学業修行の為」と書かれていたらしい。この中退の件について、水澤利忠は金銭面の問題ではないとし、資言が父に宛てた次の書簡を紹介している。[23]

中学校一科ニテさしたる人物も無御座候得共、二科の方にても無御座候。且、二科ニてハ洋学一方ニて、漢学は二ノ手ニ有之、今之所ハ一時ヨリ無御座候。当今ハ洋学トモ学ハサル可カラサル事ニ御座候得共、未タ甚タ隆学ナラス。漢学ヲ二ノ手ニいたし候てハ、猶ほ彼ノ事ヲ知リテ我レノ事ヲ知ラサル如ク、其ノ上洋学ハ誰もいまた致サヽル事故、小児ノ五十音ニ於ケル如ク、実ニ六ヶ敷由、二科生奥村礼之話ニ候。

資言は恰も老書生のような態度で、中学校の物足りなさと洋学を中心とする新教育への不満、そして漢学の重要性を述べている。水澤は、このような当時の趨勢に逆行する資言の性行が誕生したのは、父李之丞の漢学を重視した庭訓に基づくのではないかと推測し、だからこそ、漢学修練のために中学校を中退して上京することを、李之丞は許可したのであろうと指摘している。

上京した資言は、島田の双桂精舎に入る。次いで東京大学古典講習科に入学し、明治二十年に卒業。翌年に法制局雇となり、同二十六年には時の文部大臣井上毅《こわし》（一八四三〜一八九五）に文才を認められて大臣官房秘書課に出仕、翌年には図書課も兼任したことで、教科書を含む様々な文書の審議に当たった。青山学院の講師を経て同三十年に第二高等学校（現在の東北大学）の教授に任ぜられ、大正十四年（一九二五）に還暦で辞するまでの三十年間勤務した。その後は、同十五年から昭和三年（一九二八）の間、大東文化学院の教授も務めている。その間に父李之丞が亡くなり（昭和二年）、家督を継いだ資言は、昭和五年に甥の亮を養子として迎え、[24]郷里の松江に帰る。なお、同六年に『史記会註考証』の一部を東北帝国大学に提出し、文学博士の学位を受けている。同九年に東京に居を移し、翌年から再度大東文化学院の教授となるも、戦火を避けて同二十年に松江に疎開。翌年二月、逝去。[25]

資言の三十回忌となる昭和五十年、「瀧川君山先生故居碑」が、松江での住まいであった塩見縄手の武家屋敷（旧瀧川家）に建てられた。その碑文にも記されているとおり、資言の代表的な著作と言えば『史記会註考証』である。[26]資言がこの大著に着手した切っ掛けは、同書の跋文「書史記会註考証後」によると、大正二年に東北帝国大学で「史記正義」の逸文が記された書入本を発見したことによる。[27]そして、「学校から帰宅すれば、服を脱ぎ捨て直ちに書斎に入り、山なす書籍に埋って黙々編纂に没頭」し、「眼薬をさしながら、来る日も来る年も倦」まずに研究を続けた結果、漸く原稿が完成。[28]昭和七年から九年にかけて、東方文化学院・東京研究所から刊行されることとなり、「昭和の大出版の一」と評された。[29]だが、これはあくまで後世の評であり、出版直後は、部数が五百部と言う限定的なものであったこともあってか、反応は芳しいものではなかった。また、中国では相当の反響があったものの、批判的なものが多かったという。[30]しかし、司馬遷の生誕二千百年（昭和三十年）を記念して、モスクワで旧ソ連を挙げての祝賀会が開かれた際、中国では記念事業の一環として『史記会註考証』が復刻された。これを機に『史記会註考証』は続々と復刻刊行され、日本に逆輸入されるほどになった。

（3）　天囚と資言

前項までに紹介した経歴からも明らかなとおり、天囚と資言の両者は、近代初期を代表する漢学者である。鹿児島と島根という離れた場所で誕生した二人だが、その付き合いは古く、十代半ばの双桂精舎時代に始まる。その時のエピソードが、『追悼録』に寄せられた資言の追悼文、「碩園博士の初年と晩年」（以下、「初年と晩年」と略記）に見える。

明治十五年春、余始めて東遊し篁村先生の双桂精舎に入る。重野先生の塾生なりとて講席に列せし一書生あり、身の長け五尺八九寸時時塾舎に来り好みて文章を談す。その言娓娓聴くべし。一日同舎生郷里より碑文の起草を頼まれたれども、先生に願ふも畏多ければ誰人か筆を執るものぞといふ。彼の身長の一書生我作らんと数日ならずして作り来る。布置斉整文字簡錬、自ら大家の規模あり。余一読驚異その郷里と姓名を問ふに、種子島の産西村時彦と答ふ。これ余が碩園博士を識りし初めなり。

前項で挙げた父杢之丞に宛てた書簡の中で、中学校への物足りなさ、そして洋学重視の風潮が、漢学を重視する自身の学問と乖離していることを不満として述べていた資言にとって、文章について共に語り合うことができる上に、数日で見事な碑文を作成してしまう天囚の存在は、自身と重なるところがあり、魅力的な存在に映ったであろう。また、漢文を重視する学問姿勢についても、両者は共通していた。その点について、資言は前掲の父宛の書簡で触れた通りだが、天囚については左の文章から窺える（原文への句読点及び書き下し文は筆者による）[31]。

維新以降、取長補短之説起、自教学兵刑以至技芸之末、一切崇尚西法。是固可也。然推波助瀾、往而不反。曁於明治十五六年之交、海内靡然模倣洋風、抵排旧俗、国典漢書、猶且棄而不講、将併取彼之短而又舎我之長。其弊有不勝言者焉。

（維新以降、長を取り短を補うの説起こり、教学兵刑より以て技芸之末に至るまで、一切西法を崇尚す。是れ固より可なり。然して推波助瀾、往きて反らず。明治十五六年の交に曁《いた》り、海内靡然として洋風を模倣し、旧俗を抵排し、国典漢書、なお且に棄てて講ぜざるは、将に彼の短を併取して又我の長を舎つ。その弊言うに勝えざるものあり。（「古典科師友寿讌記」[32]））

なお、「初年と晩年」には、共に古典講習科の試験を通過した話や、天囚が火事で下宿を失った時に部屋を貸したこと、資言が受け取る予定であった原稿料を天囚が「餞別」として持ち去ってしまった話なども綴られており、学問を離れた所においても両者が親しい間柄であったことを伝えている。

以上のように、通底する学問姿勢や親交の深さが窺える両者だが、その学術的交流について論じた先行研究は、管見の限りにおいて無い。「初年と晩年」には、親交の深さを示すエピソードだけではなく、天囚が漢詩文の鍛錬のために結成した会である景社の件や(33)、章句考拠を重視するようになった理由、当時の漢学に対する持論、『楚辞』研究に関する内容などが記された天囚からの書簡も紹介されており、両者の間に学術的交流があったことはほぼ確実と考えられる。しかし、等閑視されてしまっているのは、「初年と晩年」以外に、両者の学術的交流を示す資料が不明であったためであろう。

ここで取り上げる「択善居記」は、その状況に一石を投じる資料である。添え状は散逸しているが、おそらく資言が天囚に批正を求めて送ったものである。次章で詳しく紹介したい。

二、「択善居記」に見る学術交流図

西村家資料蔵「択善居記」は、二葉仮綴じの抄本である（図1・図2）。大きさは、縦二十四・八cm×横十七・〇cm。本文は、一葉半にわたって墨筆で記されている。全文は次のとおり（原文には区切りを示す読点が付されているが、書き下しに合わせ一部改めた。また、鉤括弧・傍点線・書き下し文は筆者による）。

択善居記　社東瀧川資言初稿

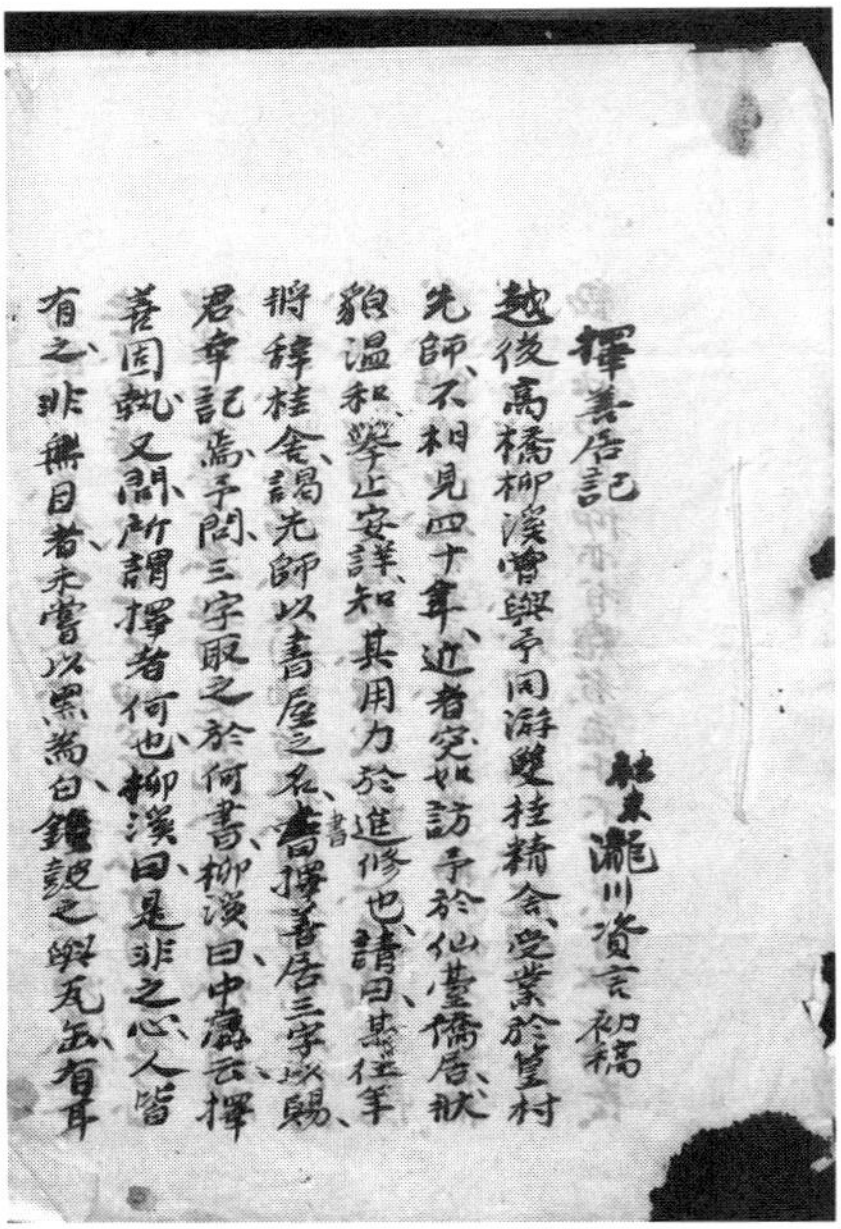

図１　「択善居記」一葉表

越後髙橋柳渓、嘗与予同游双桂精舎、受業於篁村先師。不相見四十年、近者突如訪予於仙台僑居、状貌温和、挙止安詳、知其用力於進修也。請曰、「某往年将辞桂舎、謁先師以書屋之名、書「択善居」三字以賜。」君幸記焉。予問、「三字取之於何書。」柳渓曰、「『中庸』云、「択善固執」[34]。」又問、「所謂「択」者何也。」柳渓曰、「是非之心、人皆有之。非無目者、未嘗以黒為白、鐘鼓之与瓦缶[35]、有耳者能弁之矣。但人之於世、事有利害、境有順逆。取舎先方、毫釐千里、不可不細心審定也。」「所謂「善」者何也。」柳渓曰、「父慈子孝与相夷者孰善。兄友弟悌、与相鬩者孰善。夫義婦貞与相謫者孰善。朋友郷党、忠信篤敬与相欺、相売者孰善。理義之悦我心、猶芻豢之悦我口[36]。鶏鳴而起、孳孳為善[37]、目非善無以視、耳非善無以聴、口非善無以言、心非善無以思、肢体非善無以動。如此而已。抑亦有難者、孟子不言乎。可欲之謂善、有諸己之謂信、充実之謂美、充実而有光輝之謂大、大而化之之謂聖[38]。我儕小人、資質下愚、困学力行、終無及焉。而不可不勉也。」予傾聴久之、既而歎曰、「大哉子言、何似於我先師也。」請書以為択善居記。大正十二年二月十六日

（越後の髙橋柳渓は、嘗て予と同《とも》に双桂精舎に游び、業を篁村先師に受く。相見えざること四十年、近者突如我を仙台の僑居に訪ぬ。状貌温和にして、挙止安詳、其れ力を進修に用うるを知る。請いて曰く、「某往年将に桂舎を辞さんとするに、先師

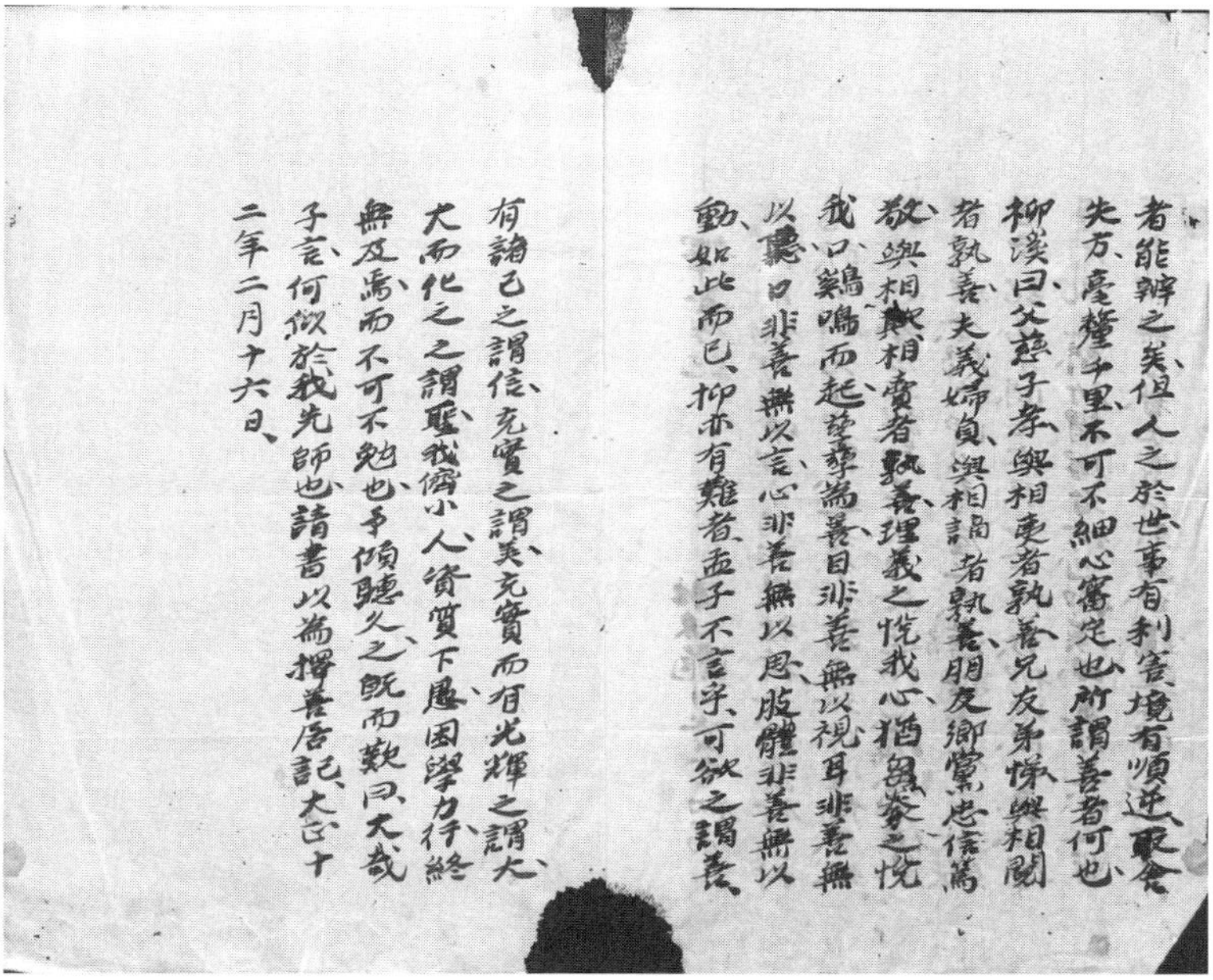
者能辨之矣、但人之於世、事有利害、境有順逆、取舎
失方、毫釐千里、不可不細心審定也、所謂善者何也、
柳溪曰、父慈子孝、與相夷者孰善、兄友弟悌、與相鬩
者孰善、夫義婦貞、與相謫者孰善、朋友郷黨、忠信篤
敬、與相欺相賣者孰善、理義之悦我心、猶芻豢之悦
我口、鷄鳴而起、孳孳為善、目非善無以視、耳非善無
以聽、口非善無以言、心非善無以思、肢體非善無以
動、如此而已、抑亦有難者、孟子不言乎、可欲之謂善、
有諸己之謂信、充實之謂美、充實而有光輝之謂大、
大而化之之謂聖、我儕小人、資質下愚、困學力行、終
無及焉、而不可不勉也、予傾聽久之、既而歎曰、大哉
子言、何似於我先師也、請書以為擇善居記、大正十
二年二月十六日、

図２　「択善居記」一葉裏・二葉表

に謂え書屋の名を以て、「択善居」の三字を書し以て賜う。」と。君幸《こいねが》う焉を記すを。予問う、「三字之を何の書より取るか。」と。柳渓曰く、「『中庸』云えらく、「択善固執（善を択び固く執る）」と。」又問う、「所謂「択」とは何ぞや」と。柳渓曰く、「是非の心、人皆之有り。目無き者に非ざれば、未だ嘗て黒を以て白と為さず。鐘鼓と瓦缶《がふ》と、耳有る者は能く之を弁ず。但し人の世、事に利害有り、境に順逆有り。取舎方を先にし、毫釐千里、細心審定せざるべからざるなり」と。「所謂「善」とは何ぞや。」と。柳渓曰く、「父慈子孝と、相夷《ほろぼ》す者と孰れか善。兄友弟悌と相鬩《せめ》ぐ者と孰れか善。夫義婦貞と相謫《せ》むる者と孰れか善。朋友郷党、忠信篤敬と相欺き、相売《うらぎ》る者と孰れか善。理義の我が心を悦ばするは、猶お芻豢の我が口を悦ばするがごとし。鶏鳴きて起き、孳孳として善を為し、目は善に非ざれば以て視る無く、耳は善に非ざれば以て聴く無く、口は善に非ざれば以て言う無く、心は善に非ざれば以て思う無く、肢体は善に非ざれば以て動くこと無し。此くの如きのみ。抑も亦難しき者有るは、

孟子言わず。欲すべき之を善と謂い、諸れの己に有るを之信と謂い、充実せるを之美と謂い、充実して光輝有るを之大と謂い、大にして之を化するを之聖と謂う。我儕《わなみ》は小人にして、資質下愚、困学力行するも、終に焉に及ぶ無し。而れども、勉めざるべからず。」と。予久しく之を傾聴するも、既にして歎じて曰く、「大いなるかな子の言、何ぞ我が先師に似たらんや。」と。請いて書し以て「択善居記」を為す。大正十二年二月十六日）

島田の双桂精舎で共に学んだ高橋柳渓と言う人物が、四十年ぶりに資言を訪ねてきた事から話が始まっている。大要は以下のとおり。久しぶりに会った柳渓は温和な容貌で、立ち居振る舞いも厳かであり、進修に努めたことが窺えた。柳渓は、その昔、双桂精舎を辞して郷里に帰ろうとする際、島田より書斎の号に「択善居」の三文字を貰ったのだが、その記を資言に書いて欲しいと頼んできた。そこで、資言は「択」「善」について柳渓と問答を交わす。『孟子』の万人大同論と性善説を用い、島田の教えを会得したかのような見事な柳渓の回答に感歎した資言は、求めに応じてこの「択善居記」を書いた。

注目したいのは、一行目の署名の下にある「初稿」の文字である。これは資言が天囚に初稿を送ったと言うことであり、初稿を送ったと言う事は、稿を完成させるにあたり、天囚の意見を求めていたと解釈して良いであろう。前章で確認した両者の間柄を考えると、そのようなやり取りがあるのは、当然とも言える。だが、本資料が西村家に伝存していると言う事は、天囚は資言にコメントを返さなかったと言うことだろうか。

間接的ではあるが、その答えとなるのが『斯文』第五編第六号（斯文会、一九二四年十二月）に見られる。本号の「文苑」に、「択善居記」が掲載されているのである。左にその全文を挙げる（原文には区切りを示す読点と返り点とが付されているが、一部改めた。なお、句読点・鉤括弧・傍点線は、筆者による）。

択善居記　君山瀧川資言

越後髙橋柳涯[39]、曾与予同游双桂精舎、受業於篁村先師。嗣後不相見四十年、近者来訪予於仙台僑居。状貌温和、挙止安詳、知其用力於進修也。請曰、「某往年将帰郷、謁先師以書屋之名、書「択善居」三字以賜。蓋取諸『中庸』也。」君幸作之記。予問、「所謂「択」者何也。」柳涯曰、「是非之心、人皆有之。非無目者、未嘗以黒為白。但事有利害、境有順逆。取舎先方、毫釐千里、不可不審思而明弁也。」「所謂「善」者何也。」柳涯曰、「父慈子孝与相夷者孰善。兄友弟悌与相鬩者孰善。夫義婦貞与相謫者孰善。朋友郷党、忠信篤敬与相欺相争者孰善。理義之悦我心、猶芻豢之悦我口。鶏鳴而起、非善無視也、非善無聴也、非善無言也、非善無思無動也。抑亦有難者、孟子不言乎。可欲之謂善、有諸己之謂信、充実之謂美、充実而有光輝之謂大、大而化之之謂聖。我儕小人、資質下愚、困学力行、終無能及焉。而不可不勉也。」予聞而歎曰、「大哉子言、何其似於先師也。」請書以為記。大正十二年二月

西村碩園曰、「用意親切、自是儒者之言。」

安井朴堂曰、「「雕琢帰樸[40]」、古人不吾欺。」

牧野藻洲曰、「筆用問答、自『公羊』来。」又曰、「朋友切靡、竟帰美于先師。仁人之言靄如也。」

日下勺水曰、「簡練老成、所謂「絢爛之極、帰平澹[41]」者。」

（越後髙橋柳涯、曾て予と同《とも》に双桂精舎に游び、業を篁村先師に受く。嗣後相見えざること四十年、近者予を仙台の僑居に来訪す。状貌温和にして、挙止安詳、其れ力を進修に用うるを知るなり。請いて曰く、「某往年将に郷に帰らんとするに、先師に謁え書屋の名を以て、「択善居」の三字を書し以て賜う。蓋し諸れ『中庸』より取るなり。」と。君幸《こいねが》う之が記を作るを。

予問う、「所謂「択」とは何ぞや。」と。柳涯曰く、「是非の心、人皆之有り。目無き者に非ざれば、未だ嘗て黒を以て白と為さず。但し事に利害有り、境に順逆有り。取舎は方を先にし、毫釐千里、審思明弁せざるべからざるなり。」と。「所謂「善」とは何ぞや。」柳涯曰、「父慈子孝と相夷《ほろぼ》す者と孰れか善。兄友弟悌と相鬩《せめ》ぐ者と孰れか善。夫義婦貞と相讁《せ》める者と孰れか善。朋友郷党、忠信篤敬と相欺き相争う者と孰れか善。理義の我が心を悦ばするは、猶お芻豢の我が口を悦ばすがごとし。鶏鳴きて起き、善に非ざれば視る無く、善に非ざれば聴く無く、善に非ざれば言う無く、善に非ざれば思う無く動くこと無きなり。抑も亦難しき者有るは、孟子言わず。欲すべき之を善と謂い、諸れの己に有するを之信と謂い、充実せるを之美と謂い、充実して光輝有るを之大と謂い、大にして之を化するを之聖と謂う。我儕《わなみ》は小人にして、資質下愚、困学力行するも、終に能く及ぶ無し。而れども勉めざるべからざるなり。」と。予聞きて歎じて曰く、「大いなるかな子の言、何ぞ其れ先師に似たるや。」と。請いて書し以て記を為す。大正十二年二月

西村碩園曰く、「用意親切、自ずから是れ儒者の言なり。」と。

安井朴堂曰く、「「雕琢して樸に帰る」、古人吾を欺かず。」と。

牧野藻洲曰く、「筆するに問答を用うるは、『公羊』より来る。」と。又曰く「朋友切靡し、竟に美しきを先師に帰す。仁人の言靄如たるなり。」と。

日下勺水曰く、「簡練老成、所謂「絢爛の極み、平澹に帰する」者なり。」と。）

おそらくは、これが「択善居記」の完成版であろう。初稿の時点からタイトルに変更は無く、字句の異同は散見されるが大要に大きな変動はない。明らかに異なるのは、本文の後に西村碩園〔天囚〕・安井朴堂〔小太郎〕（一八五八～一九三八）・牧野藻洲〔謙次郎〕（一八六三～一九三七）・日下勺水〔寛〕（一八五二～一九二六）の概評が付いている点

である。

当時の漢学者は、文章を作成すると師友に回覧して批正を求め、文を練る風潮があった[42]。「択善居記」は短い漢文だが、先述のとおり、字句の異同は多い。傍点線部を対照するだけでもそれは明らかであり、また、変更したことで初稿よりも簡潔でテンポの良い漢文へと変容しているのが看取できる。これらの変化と「師友に回覧して批正を求め、文を練る風潮があった」こと、そして初稿が天囚に送られていたことと、その天囚が概評を付していることを勘案すると、資言は概評の四名に批正を求め、得た意見を元に稿を改めて完成させ、四名からの評を添えて『斯文』に投稿したと考えられよう。つまり、初稿の返却こそなかったものの、天囚は資言の求めに応じ、何かしらの方法で意見を伝えていたと推測される。

『斯文』に掲載された「択善居記」のみでは、投稿された資言の作品に対し、発行元である斯文会の常議員を務めていた天囚が評を付したとしか判断できないが、本資料の発見によって、初稿の段階から意見交換が行われていたことと、両者の間に学術的交流があったことが確認できた。

もう一点確認しておきたいのが、天囚以外に評を付していた安井・牧野・日下と資言との関係性である。資言と天囚との親交の深さは前節で確認しているため、「択善居記」に見られる学術的交流があったことも分かる。では、安井・牧野・日下の三名と資言とを繋ぐものは何か。当時の知的交流図を窺うためにも、確認しておきたい。

まず、『斯文』の「文苑」欄を見ていく。「文苑」には資言のほか、四名の文章が掲載されているが[43]、全てに評が付いているわけではない。このことから、斯文会職員が投稿作品に評を付すと言うシステムによって、「択善居記」に評が付いた訳ではないことが分かる。そもそも、安井は会幹の庶務、牧野は常議員を務めているが、日下は斯文会職員ではない[44]。また、評が付されているものについても、評者は「択善居記」と同一ではない。では、資言が個人的に評者へ依頼したのであろうか。確かに、安井は双桂精舎や東京大学古典講習科、牧野は大東文化学院、日下は重野を通じた繋がりがあるため、それは可能である。しかし、本資料のような短文且つ三人に共通する内容ではない漢文の批正を、態々この錚々たる顔ぶれに乞うだろうか。加えて、何故この三名に資言が依頼したのかと言う疑問も生じる。そこで、資言と各人との繋がりではなく、この三名と資言との共通点を調査したところ、一つの結社の存在が判明した。「以文会」である。以文会は、詩文の振作を目的に、毎週土曜日開催されていた会である。以文会については、『斯文』第一編第一号（斯文会、一九一九年二月）の彙報欄に、会の紹介と当時の会員一覧とが掲載されている。(45) 会員の中に天囚の名は見当たらないが、資言を含む四名の名前は確認できる。つまり、「択善居記」は、資言が以文会に批評を求めて提出した作品である可能性が高い。そして、斯文会の常議員であり、親交のあった天囚にも意見を求め、完成に至ったと推測される。

残念ながら以文会の活動は、先程挙げた『斯文』第一編第一号の情報以外、現時点では手がかりがなく、詳細な活動内容は不明である。もしかすると、天囚も大正十二年には会員であったのかもしれない。しかし、もし以文会の活動と関連が無かったとしても、「択善居記」は、資言を軸とした当時の漢学者たちの知的交流を窺うことができる貴重な資料であることは確実と言えよう。

三、資言の詩文と教育

前節では、新出資料「択善居記」を用いて、天囚と資言との学術交流を抽出すると共に、同資料から読み取れる他の漢学者との交流についても指摘した。それを踏まえた上で、本節では、資言に関して新たな視座から検討する必要があることを指摘したい。

一節で述べた通り、資言の代表的な著作は『史記会註考証』である。よって、資言に関する研究の多くは、『史記会註考証』について論じたものである。資言は当時を代表する漢学者であるため、その学問的特徴や学術交流について明らかにすることは、近代初期の知の交流図とその様相を明らかにすることに繋がる。しかし、『史記会註考証』のみからこの点を窺うには限界がある。前節で「択善居記」を用いてその一端を明らかにしたように、今後、資言を対象とした研究を行う際には、『史記会註考証』以外の資料についても検討すべきと言えよう。そこで、『史記会註考証』から離れて資言の新たな学問姿勢を明らかにした研究として、本節では二点の先行研究を紹介したい。一点目が、池澤一郎「大須賀筠軒《いんけん》と瀧川君山との交遊――忘れられた日本近代文学(46)――」である。

大須賀筠軒（一八四一～一九一二）は、詩文・書画をよくした人物である。資言とは、第二高等学校で同僚として出会い、交流が始まった。池澤は、資言の筠軒宛書簡を読み解くことで、両者がそれぞれ専門とする文学者・歴史学者としての学識だけではなく、経史子集の知識が通底していたことの確認を目的に論を展開している。その中で、資言が詩学へも造詣が深かったことについて論じており、「瀧川も詩学に深く、かつ作詩の心得があったということは、筠軒の連作三十首の韻目が去声の三十韻を去声一送韻から去声三十陥韻をすべて列挙していることをさりげなく指摘することに充分に示されている」と述べ、資言が詩学について一家言を持っていたと指摘している(47)。

池澤のこの指摘は大変興味深い。何故なら、一節でも記したとおり、従来、資言は詩を好まなかったと評されているためである。なお、資言自身も詩について、大正十三年（一九二四）の講演の中で、次のように述べている（傍線は筆者による）。

詩の事について考えて見ます。文章を作る人は詩が下手でいらせられました。私の亡父の話では、先生（筆者注：雨森精斎を指す）は詩を直す事が非常に早いとの事でありました。それは亡父が勤めて居りました際、仲間同志或は若殿様たちと一緒に作って先生に直して貰うに十首、二十首位まであったそうですが、先生は待って居れという様な具合で直ぐ筆をとってお直しになる。真に迅速なものであり、話し乍らお直しなさったがそれが一々肯綮に中って居ったと云う様な事を承って居ります。先生の御詩作を拝見致しますと、古詩、近体、五言、七言、種々ございますが、私は実際詩を作りませんから、無論解りませんけれども、先生は御上手な中に二十字の長城とも申上ぐべきか。[48]

詩を好まなかったと言う後世の評は、おそらく傍線部の言葉に基づくものであろう。また、資言自作の漢詩はほぼ無いことも[49]、評に大きな影響を与えていたと思われる。だが、池澤が挙げていた韻を指摘する資言の言葉からは、詩に対する学識の深さと興味関心の高さとが窺える。このことを踏まえ、改めて傍線部の言葉を考えると、「詩を作りませんから、無論解りません」と述べたのは、詩への造詣が深いからこそ、納得出来るような詩が作れない自分を謙遜したためと捉えた方が自然であろう。つまり、詩を好まなかった、と言う後世の評に繋がったこの発言は、寧ろ資言の詩への造詣の深さを示したものであり、池澤が目的とする「経史子集を貫く鬱然たる学識を備えた人物」であることを確認できる発言と解釈できる。

二点目が、教科書検定を通じた木村淳の研究である[50]。木村は、明治期の漢文教科書編集、漢文教材選択の可否を判断した検定者に漢学者が多く携わっていたことに注目し、教育分野における漢学者の活躍と、漢文教材の変遷に果たした役割について論及している。

一節で紹介した通り、資言は、文部省大臣官房秘書課と図書課とを兼任した明治二十七年（一八九四）から翌年八月まで教科書調査の嘱託を受け、中学校用漢文教科書の検定に携わった。木村はその点に着目し、「（資言は）『史記会註考証』一〇冊で知られるが、漢文教育史においては高等学校や中学校用の教科書を編集していることも注目してよいだろう」と述べ、資言の出した修正意見を数点示し、当時の検定制度は本来統制を強化するという意図があったが、資言はそのような意図とは無関係に、教材や訓点が適切か否かという漢文教授を重視して選定していたことが窺えると指摘している。また、このような資言の姿勢が、「近代的な漢文教科書の発展に関わり、軽視できない足跡を残した」とも評している。

　木村の研究は、資言の漢文教育観だけではなく、漢文論に繋がる研究でもあり、資言の学問姿勢を検討する上で重要である。例えば、木村の挙げている修正意見の資料の内、署名はないものの、資言も検定を担当した書籍への修正意見として左のものがある（傍線は筆者による）。

> 此篇載スル所ノ文、スヘテ百余篇而して、服部元喬・菅亭《かんあきら》ノ文ヲ収ムルコト実ニ三十三篇ノ多キニ居ル。皆文字拙劣ニシテ、漢文ノ模範トスヘカラス。殊ニ服部ノ文ハ、所謂李王古文辞ノ体ニシテ、決シテ漢文ノ正体トイフベカラズ。又藤原粛・伊藤維楨《これさだ》ノ文ノ如キモ皆未タ和習ヲ脱セサルモノ、而シテ本書之ヲ収ムルコト亦若干篇ナリ。

　これが資言の意見であるかは定かではないが、この意見が提出された書籍が教科書として認可されなかったことから、この考え方が資言も含めた検定者間で、共通認識であったと捉えて良いであろう。資言の考える「漢文ノ正体」

や「和習」のしない漢文が、具体的にどのような漢文を指すか現時点では不明だが、これが明らかになれば、資言だけではなく、当時の漢学者たちが目指していた「漢文ノ正体」が描出されることにも繋がると予測される。今後の検討課題の一つとしたい。

以上、先行研究を二点紹介したが、いずれも『史記会註考証』以外の視座から資言の学問について新たな提言をしており、今後の資言研究、または近代初期の漢学者研究を進めていく上で、一考すべき内容である。このように、近代初期の学問の様相は未だ充分に明らかにされたとは言えず、検討の余地が残されている。

おわりに

ここでは、西村天囚と瀧川資言とに関連する新出資料を手がかりに、両者を中心とした近代初期における学術的交流の一端を明らかにした。併せて、資言の学問姿勢を検討する上で、今後は新たな視座が必要であることを先行研究を紹介しつつ、近代初期の知の様相には検討の余地が残されていることを指摘した。

最後に、「択善居記」以外の天囚と資言とに関連する新出資料を二点紹介したい。一点目は、二松学舎大学が収集した資料である。

天囚と資言、共に親交の深かった人物に、市村瓚次郎《さんじろう》（一八六四～一九四七）が居る。市村は東洋史の学者として著名な人物だが、漢文教育や漢詩などについても数多くの業績を残し、維新後の漢学を立て直した一人と称されている。三名の交流は古典講習科に始まり、その親交の深さは、風体に物申すほどであった。

昨冬、瀧川子信（筆者注：資言）にすゝめて鬚髯を剪れと申遣候処、未練有之と相見申候。老境ハ若々しきかよろし。我兄（筆者注：市村）ノ髯も白き也、可剪去也。(51)

右は、天囚が市村に送った書簡の一部である。天囚は資言のトレードマークとも言える見事な髭を剃れと言うだけで無く、まだ剃っていないことに不満を示し、しかも市村にまで髭を剃るようにと告げている。(52) このような忌憚の無い意見が言い合えるのは、学術面でも同様であったようである。市村が提出した大学の課題には、教官からの評だけではなく、同級生達からの意見も書き込まれているものがある。同級生の内、批評をもっとも書き込んでいるのが天囚と資言であると言う。(53)

さて、先程紹介した髭の話の直前には、斯文会と懐徳堂とに触れた次の記述がある。

斯文学会御刷新御計画、賛成に御座候。鄙名御加之事、毛頭異存無之、将来ハ懐徳堂と呼応して実効を期し度ものと存候。

天囚は、斯文会設立について賛成し、会員として名を連ねる事を承諾した後、将来的には斯文会と懐徳堂とが呼応して漢学振興を行っていきたいと述べている。斯文会と懐徳堂記念会との連携事業が実現したのか現時点では不明だが、一定の規模を誇る東西の漢学拠点が繋がろうとしていた形跡が見られるのは注目すべきである。このように、「日本漢学の命脈をつないだ」人々の繋がりを蓄積していくことで、最終的には近代初期の知のネットワークとその様相が明らかになると予測している。ここでの成果をもとに、他の漢学者についても今後検討していきたい。

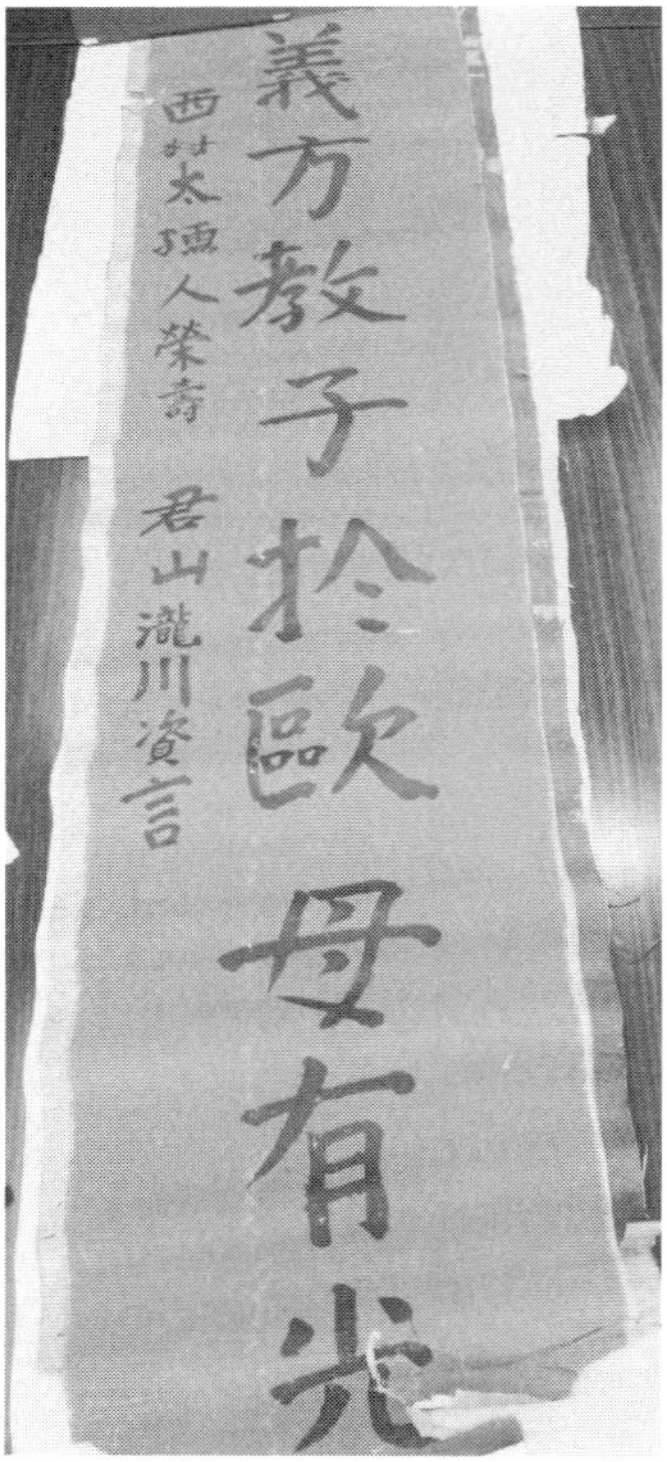

図３　寿聯

もう一点は、「択善居記」同様、西村家資料で発見した資料である。本資料は、資言が「初年と晩年」の中に挙げた大正九年（一九二〇）九月七日付けの天囚書簡に関するものである。まずは、書簡の一部を左に挙げる（傍線は筆者による。また、句読点を一部追加した）。

扨家母（浅子太孺人）今年八十一に相成候に付、陰暦八月二十三日の誕辰に小宴相催度、誠に恐縮に候得共、寿言一聯を賜り度奉希候。過日岡田君格より表聯一対小包にて御送申上候筈、是に御認被下候様奉願候。東京にては小牧、市村、萩野、岡田の諸老、京阪にては狩野、内藤、鈴木（豹軒）、長尾、磯野之諸君に依頼致居候。老兄の一聯なければ、藻飾不足の感有之、是非願上候。支那ニテハ寿聯が流行ニ御座候間真似申候。序又は詩は尚更可なれとも、面働の事故御願中兼候間寿聯に致候。

母の誕生日の祝いとして、天囚が資言に寿聯の作成を依頼していたことが傍線部から読み取れる。この依頼に対して、資言がどのように応じたかまでは「初年と晩年」に書かれていない。しかし、おそらくこの依頼で作成したであろう資料が、令和四年の西村家資料調査で発見された（図３）。経年劣化による破損は見られるが、幸いなことに文字は損なわれることなく残っている（書き下しは筆者による）。

義方教子於欧母有光
西村太孺人栄寿　君山瀧川資言　□□[54]
（義方もて子を教う於《ああ》欧母に光有り
西村浅子太孺の長命を言祝ぐ　君山瀧川資言　□□）

「義方教子」は竇燕山《とうえんざん》の故事を[55]、「欧母」はそのままでも「賢母」の意味でとれるが、おそらくは夫を早くに亡くしながら欧陽脩を立派に育て上げた欧陽脩の母と、天囚の母浅子との境遇を重ね合わせて用いているのであろう[56]。いずれにしても、天囚を育て上げた浅子を讃えた内容であり、赤い紙が用いられていることから、書簡での求めに応じて作成された寿聯であることは間違いない。天囚と資言との友情の深さが窺える資料である。

西村家資料だけではなく、先程紹介した二松学舎大学収集資料のように、近世初期の学術交流の示す資料は、未だその存在が明らかにされないまま各地に遺されている。これらの資料が、新たな近代初期の「知」の側面を伝えてくれる可能性は高い。今後も資料調査を行いつつ、近代初期の知の様相について研究を進めていきたい。

注

（1）『哲学年報』五十一（九州大学大学院人文科学研究院、一九九二年三月）。町田は、林泰輔『支那上代之研究』にある井上哲次郎の序の一節を引用し、それに賛同する形でこの言葉を述べている。

（2）古典講習科が廃止となった原因を一視点からのみ捉えることが困難であるため、以下、三氏の指摘を挙げておく。

町田は注1に挙げた論考の中で、「文学部附設「古典講習科」の運営費は、大学の通常経費の外に請求したものであったが、これが認められず学内経費で支弁することとなり、当初から経済的に維持の難しい状況にあった。こうした状況の中で、〔中略〕全廃に至った」と経済的な背景を挙げている。町泉寿郎は「幕末明治期における学術・教学の形成と漢学」（『日本漢文学研究』、二松学舎大学二十一世紀COEプログラム、二〇一六年三月）の中で、明治十九年（一八八六）の帝国大学令を挙げ、明治日本に須要な学問が吟味された結果、帝国大学設立を契機に古典講習科は官費支給の打ち切りや学士学位の不交付などの打撃を受けたことを指摘している。齋藤希史は「漢学の岐路」（『国書』の起源　近代日本の古典編成』第二章、新曜社、二〇一九年九月）において、「和漢文学科は和文学科と漢学科にわかれ、実質的な拡充を果たすことになった。時系列で見れば、古典講習科の設置、乙部（漢書課）の設置、和漢文学科の分割となり、この分割案が〔中略〕講習科の停止を前提として構想されたと推測しうる」と述べており、古典講習科の廃止について経済的な側面ではなく、和漢文学科の分割・拡充と深く関連するとの認識を示している。

（3）天囚の経歴は、後醍院良正編『西村天囚伝』上巻・下巻（一九六七年八月）に拠ったところが多い。

（4）号について、武内義雄「先生の遺訓」（『碩園先生追悼録』（『懐徳』第二号）、懐徳堂堂友会、一九二五年二月）に、次のようにある。

先生は初め天囚と号し後に碩園と改められた。私は或る時何故に有名な天囚をすて、碩園に換へられたのか御尋ねすると、先生は笑ひながら『そこが思想の変ったところさ、吾輩も少壮の頃は血気にかられてつまらぬ真似をしたものだ、当時は吾輩も性悪論者で人間は本来悪を働き度いものだが、天から囚られて牢屋に打ち込れて居るのだから仕方がないと思って居た、そこで自ら天囚と号したのだが、此頃では性善論者に成った、これが号を改めるに至った第一の理由。それから天囚といふ文字は我より古をなしたもので、古典に拠りどころはないと思って居たが、後に公羊伝の疏にある事を知った、而して公羊学は、吾輩大嫌、これが改名を促した第二の理由。この二つの理由で天囚の号が嫌になり郷里の大園村を取って碩園と号した』と語られた。

これによるならば、碩園を用いるべきかもしれないが、ここでは広く知られている「天囚」を用いることにした。

（5）このあたりの経緯については、竹田健二『市民大学の誕生——大坂学問所懐徳堂の再興』（大阪大学出版会、二〇一〇年二月）に詳しい。

（6）『懐徳堂記念会会務報告』第八章（懐徳堂記念会、一九一三年十月）及び『懐徳堂一覧』「財団法人懐徳堂記念会趣旨」・「財団法人懐徳堂記念会寄付行為趣旨」等（財団法人懐徳堂記念会、一九一九年十月）には、懐徳堂記念会と同一の目的の下に法人組織の懐徳堂記念会を創設することや、懐徳堂記念会より引き継いだ金六千円と有志の寄附金とを財団法人懐徳堂記念会の基本財産とすることが記されている。

（7）重建懐徳堂設立の経緯については、今井貫一「新懐徳堂建設まで」（『懐徳』第九号、懐徳堂堂友会、一九三一年十月）に詳しい。

（8）注3の『西村天囚伝』下巻「勅任待遇で宮内省御用掛となる」の「松方内府の懇望で宮内省出仕」による。

（9）現在の『懐徳』は、一般財団法人懐徳堂記念会が発行しているが、第五十号までは、懐徳堂堂友会（重建懐徳堂関係者による親睦切磋を目的として立ち上げられた組織。懐徳堂記念会の後援会的組織）によって刊行されていた。

（10）天囚の『楚辞』関連資料の多くは、大阪大学附属図書館懐徳堂文庫に収められている。これらは「楚辞百種」と称され、懐徳堂文庫の重要なコレクションの一つとされている。

（11）『懐徳』第五号（懐徳堂堂友会、一九二七年二月）に掲載された松山直蔵の教務報告による。なお、寄贈点数・冊数は、竹腰礼子「大阪大学懐徳堂文庫のなりたちと蒐集の経緯」（『懐徳』第七十号、二〇〇二年三月）によると、約二千九百点一万八千六百冊とされる。

（12）注11に挙げた『懐徳』第五号の松山直蔵の教務報告による。なお、「故西村博士記念会」については、本書第一部第一章の湯浅邦弘・竹田健二・佐伯薫「西村天囚関係資料調査報告——種子島西村家訪問記——」（初出は『懐徳』第八十六号、懐徳堂記念会、二〇一八年一月）にある竹田の報告書に詳しい。

（13）平成二十九年（二〇一七）十一月二十六日の読売新聞夕刊「明治～大正期論客の漢学者」や同年十二月十二日の朝日新聞夕刊「記者で漢学者　種子島に資料二〇〇〇点」など。

(14) この時の調査報告が、注12に挙げた「西村天囚関係資料調査報告――種子島西村家訪問記――」にまとめられている。

(15) 二種の目録は以下の通り（本書第二部に収載）。竹田健二・湯浅邦弘・池田光子「西村家所蔵西村天囚関係資料暫定目録（遺著・書画類等）」（初出は『懐徳堂研究』第十二号、大阪大学大学院文学研究科・文学部　懐徳堂研究センター、二〇二一年二月）、竹田健二「西村家所蔵西村天囚関係資料暫定目録（遺著・書画類等）補訂（拓本類）」（初出は『懐徳堂研究』第十三号、二〇二二年二月）。

(16) 本書第一部第七章の竹田健二「「碩園先生著述目録」と現存資料について」（初出は『懐徳堂研究』第十二号、大阪大学大学院文学研究科・文学部　懐徳堂研究センター、二〇二一年二月）参照。竹田は、種子島西村家に伝存している資料を何故故西村博士記念会が購入しなかったのか、何故「全て」が重建懐徳堂に寄贈されたとされたのかについては不明としつつも、現在の種子島に伝わる天囚の資料は、西村家が一度も手放すことなく保管していた天囚旧蔵資料であり、天囚の漢学の全容を解明するための貴重資料群であると指摘している。

(17) 本書収載の論考類のほか、湯浅邦弘『世界は縮まれり　西村天囚『欧米遊覧記』を読む』（KADOKAWA、二〇二二年二月）や竹田健二「西村天囚の懐徳堂研究と『拙古先生筆記』」（『懐徳堂研究』第十三号、大阪大学大学院文学研究科・文学部　懐徳堂研究センター、二〇二二年二月）等。

(18) 桐岳寺では、現在も瀧川家累代の墓と五輪の塔とが手厚く管理されている。

(19) 第二十五代・二十八代の内閣総理大臣。若槻は早生まれのため、資言と同期である。この頃は旧姓の奥村を名乗っていた（奥村礼）。「首位を競った」と言う記述は、資言の嗣子瀧川亮による（「父、瀧川亀太郎」、『二高尚志』二十二―四、二高尚志社、一九五六年七月）。なお、資言は和漢学を修める第一科（三年課程）、礼次郎は英学専攻の第二科（四年課程）である。

(20) 「この年九月の開校式に彼が生徒総代として述べた祝辞は、まれに見る名文といわれている。」（山岡栄市「瀧川亀太郎」、『明治百年島根の百傑』、島根県教育委員会、一九六八年十月）。この記述の「九月の開校式に〔中略〕述べた」には注意が必要である。資言の入学年である明治十二年（一八七九）は、九月から新校舎が用いられるはずであった。しかし、コレラの流行によって十日ほど延期となり、それに伴って開校式（新築落成式）と開業式（始業式）も先送りされ、最終的に開校式は十一月下旬に挙行するが、開業式は行われなかった。また、開校式の記録によると、開校式の祝辞を朗読したのは資言たち新入生ではなく、各科の三年生であったと言う。水澤利忠「瀧川亀太郎著『史記会註考証』(その七)」(『月刊国語教育』第七巻第七号、東京法令出版、一九八七年九月)には、その事を指摘した池橋達雄の文章を記載しており、おそらく資言が朗読しなかった可能性は高いと思われる。

(21) 水澤利忠「瀧川亀太郎著『史記会註考証』(その六)」(『月刊国語教育』第七巻第六号、東京法令出版、一九八七年八月)による。祝辞は次の通り(合字は開いて表記)。

明治己卯ノ夏中学校成ル　茲ニ良日ヲトシ開業ノ式ヲ設ケラル　生不肖ナレドモ諸生ノ後ニ列スルヲ得歓喜限リナシ乃チ聊蕪文ヲ綴リ以テ祝辞ヲ述フ
伏シ惟フ玉天質美ナレドモ之ヲ琢カサル瓦石ト何ニ択ハン人モ亦然リ天ノ性ヲ授クル億兆何ニ異ナランヤ　然ルニ其賢愚ノ分ル所以唯学フト学ハサルトニ在ルノミ　然ラハ則チ学盛ニセサル可カラサルナリ　県官夙ニ茲ニ見アリ乃チ中学校ヲ設ケ以テ小学ヲ卒フル者ヲ薫陶セシム　然ルニ校大ナラス生徒モ多カラス　此ニ於テ則テ新築ノ挙アリ以テ有志ノ者ニ校ニ入ルヲ得セシム　嗚呼県官ノ下民ヲ恵スル豈ニ之ヨリ大ナル者アランヤ　入校ノ諸生之ヨリ孜々勉々怠ラス琢磨研究シテ倦マサレバ則チ将ニ欧米ノ盛ニ愧チサラントス
是ヲ以テ観ル新築ノ挙啻ニ管下人民ノ幸ナルノミナラス亦天下万民ノ幸ナリ伏シテ願クハ此校ノ盛日月ト共ニ永ク天地ト共ニ久カランコトヲ

本校生徒　瀧川亀太郎

明治十二年九月十一日

(22) 資言の詩に対する評価として、次のものがある。「亀太郎は詩を好まず、よく文を書き、知人から碑文を頼まれると、昼夜を分かたず筆を走らせた。」(注20山岡栄市「瀧川亀太郎」)。「文章家をもって自他ともに任じた君山も、詩は苦手であったものか全く作らなかった。私の管見に入ったものは僅か両三篇のみにすぎない。」(水澤利忠「瀧川亀太郎著『史記会註考証』(その八)」、『月刊国語教育』第七巻第八号、東京法令出版、一九八七年十月)。なお、息子の瀧川亮も注19に挙げた

「父、瀧川亀太郎」の中で、「父は詩を好まず、よく文を書いた」と述べている。

(23) 水澤利忠「瀧川亀太郎著『史記会註考証』(その五)」(『月刊国語教育』第七巻第五号、東京法令出版、一九八七年七月)。

(24) 明治三十九年(一九〇六)に資言は長男を亡くしている。

(25) 経歴は、「瀧川亀太郎博士年譜」(水澤利忠『史記会註考証校補』巻九、史記会註考証校補刊行会、一九七〇年十月)を参考にした。なお、注19に挙げた瀧川亮「父、瀧川亀太郎」によると、昭和二十年の疎開は、資言の望むところでは無かったと言う。

(26) 顕彰碑「瀧川君山先生故居碑」の全文は次のとおり。漢字は現行字体に改め、句読点については、水澤利忠「瀧川亀太郎『史記会註考証』(その九)」(『月刊国語教育』第七巻第九号、一九八七年十一月)及び島根大学教育学部湯浅邦弘研究室が作成(作成年不明)した書き下し文を参考に付した。

有一代之書、有百代之書、有一邦之書、有万邦之書。司馬子長、継春秋作史記。撥乱世反之正、述往事思来者。来者習之、不独禹封。朝鮮而東、首推我邦。大宛而西、欧美近或習之。而凡習之者、莫不津逮於瀧川君山先生史記会註考証焉。蓋子長之書、発憤而作、辞或隠約。晋唐之間、為之注者、僅伝三家。降及近代、徳川与清学者以考拠名家、亦鮮及之。先生乃以二十年功、歴験衆説、網羅旧本、如百川之吸於海、群峰之小於岱。千年疑滞、発揮殆尽。宜乎東京始刻之後、海外逓有伝印之本。衣被之広、我邦儒者之業、罕見其匹。非先生之好学深思、心知其意而雄於文、孰能如此哉。先生諱資言、称亀太郎、松江人。此塩見畷宅、幼庭訓於此。中年教授仙台、懸車之後、帰於此而成其書、晩就養東京。天降喪乱、復帰於此而終焉。今距捐館適三十年。郷人景慕、立石紀之。哲人之所逍遙、帷席儼然。庶与先生之書共不朽焉。

昭和五十年歳在乙卯後学吉川幸次郎謹撰　小川環樹謹書

(27) 全文は次のとおり。

大正二年、予得史記正義遺佚於東北大学、始有纂述之志。編摩多年。仙台齋籐報恩会、捐財以充資料採訪之費。久保得二君校古鈔於秘閣、藤塚鄰君購新刊於燕京以贈、服部宇之吉・市村瓚次郎二郎君、謀之東方文化学院、刷印行世。校讐之労、前則安部吉雄君、後則勝又憲治郎君当之。諸君子之誼、不可諼也。昭和九年孟春　君山瀧川資言識。時年七十。

(28) 鉤括弧内は、注19に挙げた瀧川亮「父、瀧川亀太郎」からの引用。

(29) 注20に挙げた山岡栄市「瀧川亀太郎」による。

(30) 水澤利忠「『史記会註考証』の著者、瀧川亀太郎先生を偲ぶ」（『図書』第三百六号、岩波書店、一九七五年二月）。

(31) 但し、湯浅邦弘「西洋近代文明と向き合った漢学者――西村天囚の「世界一周会」参加――」（『大阪大学大学院文学研究科紀要』第六十巻、大阪大学大学院文学研究科、二〇二〇年三月）は、天囚の『欧米遊覧記』を用い、そこに見える漢学者としての天囚の姿勢を「中国古典を尊重しつつも、西洋近代文明に謙虚に接し、その良い点は高く評価し、また日本の良さも再発見している。」と述べており、世界一周以降は柔軟な態度であったことが窺える。

(32) 大正四年（一九一五）八月の文。『碩園文集』巻三（懐徳堂記念会、一九三六年十月）収載。古典講習科を設置した当時の東京大学総理であった加藤弘之の傘寿の祝いで古典講習科の同窓生が一堂に会した折の文章。

(33) 景社とは、天囚が設けた漢詩文鍛錬を目的とする結社。明治四十四年（一九一一）に発足。毎月二十五日に漢詩文を持ち寄り、互いに添削し合っていた。会の名前の由来は、メンバーが全員が大阪市北区の天満宮付近に住み、祭日（二十五日）に会合することに因むという。メンバーは狩野直喜や長尾雨山、内藤湖南、石濱純太郎、神田喜一郎、武内義雄と錚々たるものである。なお、西村家資料の中から景社に関する新資料が発見され、本書第一部第三章の湯浅邦弘「西村天囚の知のネットワーク――種子島西村家所蔵資料を中心として――」（初出は『懐徳』第八十七号、懐徳堂記念会、二〇一九年一月）に紹介されている。

(34) 「誠之者、択善而固執之者也。」（『中庸』第二十章）

(35) 「瓦缶」とは素焼きの缶《ほとぎ》。缶は口の部分が小さく、腹の部分が大きなかめ。

(36) 「心之所同然者、何也。謂理也、義也。聖人先得我心之所同然耳。故理義之悦我心、猶芻豢之悦我口。」（『孟子』告子上）

(37) 「孟子曰、鶏鳴而起、孶孶為善者、舜之徒也。」（『孟子』尽心上）

(38) 「浩生不害問曰、楽正子何人也、孟子曰、善人也、何謂善、曰、可欲之謂善、有諸己之謂信、充実之謂美、充実而有光輝之謂大、大而化之之謂聖、聖而不可知之謂神、楽正子二之中、四之下也。」（『孟子』尽心下）

(39) 初稿では「高橋柳渓」、『斯文』掲載稿では「高橋柳涯」となっているが、現時点では両名とも未詳。

(40) 「雕琢復朴。」（『荘子』応帝王篇）

(41) 「凡文字、少章時須令気象崢嶸、彩色絢爛、漸老漸熟、乃造平淡、絢爛之極也。」（蘇軾「与二郎侄書」）

(42) 水澤利忠「瀧川亀太郎著『史記会註考証』（その三）」（『月刊国語教育』第七巻第三号、東京法令出版、一九八七年五月）参照。

(43) 資言以外の作品は以下の通り。日下寛「中村伯実文集序」、佐倉孫三「紀漆崎大尉従卒為市事」、安井小太郎「書王父手録尚書後案後」、久保得二「詩十数首」。日下には天囚と資言の評が付されている。

(44) 本文でも触れているが、天囚は斯文会設立時より常議員を務めている。

(45) 『斯文』第一編第一号の彙報欄に記載の内容は次の通り。「以文会は詩文の振作を以て目的となし、明治三十四年の頃の創立にかゝり、綿々今に至て絶えず。毎月土曜日を会日と定め、順次会員の自宅にて開会す。毎回課題を定めず各自新得の詩文を持ち寄り廻覧批評をなす。会員は八九名に限られ、地方会員は限外なれども二人あるのみ。」この後には、設立時からの会員が列記されており（物故者・退会者も含む）、安井・牧野・日下・資言の名が確認できる。なお、資言は「地方会員」に分類されている。毎週土曜に開催されていた会に直接出席はできなかったであろうが、天囚に「択善居記」の初稿を送付したように、郵送などの手段によって参加していたのであろう。

(46) 『早稲田大学大学院文学研究科紀要』第六十七輯（早稲田大学大学院文学研究科、二〇二二年三月）。

(47) 池澤は、『緑筠軒詩鈔』巻八『猗々処吟稿』二の後序にある資言の「書題画六言三十韻後」を論拠として挙げている。

(48) 講演内容は、注22に挙げた水澤利忠「瀧川亀太郎著『史記会註考証』（その八）」に記載のものによる。

(49) 注22に挙げた水澤利忠「瀧川亀太郎著『史記会註考証』（その八）」参照。

(50) 「教科書検定に携わった漢学者――瀧川亀太郎と長尾雨山」（江藤茂博・加藤国安編『漢学と教育』（講座近代日本と漢学第五巻）第三部第三章、戎光祥出版、二〇二〇年三月）。

(51) この書簡は、二松学舎大学文学部の歴史文化学科解説を記念して開催した記念展示会（二松学舎大学大学資料展示室の企画展「歴史文化学科　開設記念展示　黎明期の歴史学――東洋史学者　石村瓚次郎資料から――」（会期二〇二二年三月十四日～五月十四日））の解説書である『黎明期の歴史学――東洋史学者　市村瓚次郎資料から――』（二松学舎大学附属図書館、二〇二二年三月）に「31　西村時彦書簡（一九一八年〈大正七〉三月六日、市村宛206」として収載されている。

(52)　髭の話については、「初年と晩年」に挙げられた大正六年（一九一七）十二月二十九日の書簡の中にも見られる。「吾兄（筆者注：資言を指す）美鬚髯、風貌有威、然白又添白、人視以為老翁、而又以老翁自居、弟（筆者注：天囚を指す）為献一策、不若剪去、以与年倶新其風貌、是化老為少之法也、少者往往欲風貌似老人、老人宜伍壮者以忘其老、則剪去白髯可也。不知高明以為何如。」

(53)　注51に挙げた『黎明期の歴史学――東洋史学者　市村瓚次郎資料から――』の「3　古典講習科在学中の市村瓚次郎の詩文稿」参照。

(54)　「□」は印記を表す。

(55)　「竇燕山、有義方、教五子、名倶揚。」（『三字経』）。また、『左伝』隠公三年の石碏が荘公諫めた時の言葉「臣（筆者注：石碏）聞、愛子教之以義方、弗納於邪。」もある。

(56)　欧陽脩の母鄭氏は、夫を早くに亡くしたが欧陽脩を立派に育て上げた。そのことを受け、「欧母」は「賢母」の意味で用いられている。なお、天囚の父城之助が亡くなったのは、天囚三歳の時である（城之助二十七歳）。

第二部　西村家・鉄砲館・黎明館所蔵西村天囚関係資料目録

解　説

竹田健二

本資料目録は、西村天囚の没後、その故郷・種子島（鹿児島県西之表市）の西村家に所蔵されていた西村天囚関係資料に関する目録、及び昭和五十八年（一九八三）に西村家から種子島開発総合センター鉄砲館と鹿児島県歴史資料センター黎明館（現・鹿児島県歴史・美術センター黎明館）とに寄贈された天囚関係資料の目録である。

同家所蔵の資料に関しては、平成十五年（二〇〇四）に宮内庁による調査が行われており、『西村家所蔵西村天囚関係資料目録』と題する目録（以下、「宮内庁目録」と略称する）、及び書簡類の画像を収めたマイクロフィルムが作成されている。しかし、この宮内庁の調査は、天囚関係の書簡類を中心に、晩年宮内省御用掛を務めた天囚と昭和天皇との関係等の解明を主な目的として行われたもので、天囚の遺著類等に関してはその対象から除外された。このため、宮内庁目録には記載されていない天囚関係の遺著類等が、西村家にはなお多数存在していた。

このため筆者らは、宮内庁目録に収録されていない資料を主な対象とした調査を、平成二十八年（二〇一七）八月以降、断続的に現地に赴いて実施した。その成果が、本目録の主要部分であるところの、「西村家所蔵西村天囚関係資料目録」である。天囚関係の遺著及び書画類を中心として、合計五八〇点余りに及ぶ資料についてまとめた。なお、印章については、画像③「西村天囚旧蔵印」の解説を参照されたい。また、アルバム・写真類については、抄本類の中に同梱されていたもの（④―90～93）を除いて、本目録には収録していない。

筆者らの調査は、基本的に、各資料に仮番号を付し、それぞれその形状・外寸・内容等を確認した上で、凡例に述べる形でそれらを分類し、改めて資料番号を付す、という形で進めた。もっとも、調査対象となった資料には、虫損等による損傷が激しいために、資料名や内容等を十分に確認することのできないものも多く含まれていた。

本稿執筆の時点では、整理後の資料は、基本的に分類・資料番号の順に、合計十個の段ボール箱等に収納されて、種子島開発総合センター（通称「鉄砲館」。以下、鉄砲館）に収蔵されている。

西村家所蔵資料の調査の開始直後、現在の西村家の当主・西村貞則氏から、天囚旧蔵の資料の一部を鹿児島県歴史資料センター黎明館（現・鹿児島県歴史・美術センター黎明館。以下、黎明館）に寄託していることをお聞きした。また、調査を進める中で、昭和五十八年（一九八三）に当時の西村家の当主・西村時昌氏が鉄砲館、及び黎明館に対して、西村天囚関係資料を寄贈もしくは寄託していたことが判明した。そうした西村家から鉄砲館・黎明館に入った資料は、基本的にすべて天囚旧蔵のもので、天囚の遺著・遺稿の類を多数含む。この西村家から鉄砲館・黎明館に入った資料と西村家所蔵資料とを合わせることにより、天囚の没後碩園記念文庫に収められずに西村家に伝わった天囚の遺著・遺稿の全容を概ね把握することができると考えられることから、西村家所蔵資料目録をいわば補完するものとして、西村家から直接鉄砲館・黎明館に入ったことが確実である資料についての目録を作成した。これが「鉄砲館所蔵西村天囚関係資料目録」、及び「黎明館所蔵西村天囚関係資料目録」である。但し、鉄砲館・黎明館の収蔵する天囚関係資料の中には、西村家以外から寄贈等によって収蔵されたものも存在する。本書の目録にはそれらについて記載していない点には十分に留意されたい。

本目録を作成するための調査を実施するにあたっては、西村貞則氏・久美夫人・令嬢の矢田睦美氏をはじめ、鉄砲館関係者各位、黎明館関係者各位に多大なる御協力を賜った。また、調査には、一般財団法人懐徳堂記念会事務局主事の佐伯薫氏にも御協力いただいた。ここに特に記して、深甚の感謝を申し上げる。

（竹田健二）

凡　例

・目録は、「西村家所蔵西村天囚関係資料目録」（一七三～一九四頁）、「鉄砲館所蔵西村天囚関係資料目録」（一九五～二一四頁）、「黎明館所蔵西村天囚関係資料目録」（二一五～二一九頁）の三部からなる。それぞれについては、解説を参照されたい。

・資料は、①書籍・②雑誌・③その他印刷物・④スクラップ類・⑤抄本・⑥器物に分類し、それぞれに資料番号を付して配列した。なお、西村家の⑥器物については、１（軸）・２（拓本）・３（額・その他）に分けたが、鉄砲館・黎明館の器物は分けていない。

・各資料について、資料番号・資料名・点数・備考・外寸（縦・横。単位cm）を記載した。なお、鉄砲館の資料については、鉄砲館が付与した資料ＩＤ・大分類・中分類・小分類を、黎明館の資料については、黎明館が付与した台帳番号・枝番を、それぞれ資料番号に続けて示した。

・各分類の資料番号は、西村家の資料については、基本的に後述する資料名に基づき、あいうえお順に付し、①書籍の中の英語名の資料については、末尾に付して、アルファベット順に配列した。また、⑥器物１（軸）については、天囚関係のもの・前田豊山関係のもの・天囚の交流が窺えるもの・その他貴重と思われるものに分類し、それぞれ資料番号に見出しを付して示した。なお、鉄砲館・黎明館の資料については、鉄砲館・黎明館の付与した資料ＩＤ・台帳番号の順に従って資料番号を付した。

・西村家の資料について、①書籍・③その他印刷物において、同一の資料が複数ある場合、基本的に同じ資料番号を親番号とし、各資料に子番号を付したものがある。①『懐徳堂考』については、版の異なるものに、それぞれ別の資料番号を付した。なお、黎明館の資料について、黎明館が枝番を付したものは、それぞれに別の資料番号を付した。

・資料名については、基本的に内題もしくは外題に基づく。内題・外題ともに存在する場合は基本的に内題を優先したが、複数の資料が合冊とされている資料の場合、外題が資料名としてふさわしい場合が認められる。このため、一部について外題を採用した場合がある。

・内題・外題が確認できないなどの理由により、資料名の確定が困難な資料については、便宜的に仮称を付すこととし、それらは資料名の先頭に「(仮)」と付して明示した。仮称を付した資料については、確定的な資料名を有する資料の後に配列した。なお、⑥器物の資料名は、基本的にすべて仮称であることから、「(仮)」と付していない。

・黎明館の台帳番号２４６９の四点については、厳密にはその中の三点は抄本、一点はスクラップ類に分類すべきであるが、黎明館において同一の台帳番号が附されていることから、⑤抄本のところに一括して記述した。

・備考には、確認された印記、用箋、及び資料の内容等に関する情報を記述した。なお、鉄砲館・黎明館の資料については、西村家から入った経緯等についても記述した。また、③その他印刷物・④スクラップ類・⑤抄本に関しては、「碩園先生著述目録」(『懐徳』第二号　碩園先生追悼録〔懐徳堂堂友会、一九二五年〕所収)に掲載されている資料に該当すると考えられるものについて、その情報を備考に記した。

西村家所蔵西村天囚関係資料目録

竹田健二・湯浅邦弘・池田光子

①書籍

資料番号		資料名	点数	備考	縦	横
親番号	子番号					
1		居酒屋之娘	1	同盟分舎、明治21年（1888）。カバーには「西村天囚居士著／居酒屋之娘／東京金盛堂蔵版」。扉には「西村天囚居士著／居酒屋の娘／同盟分舎発行」。	18.5	12.0
2		上野理一伝	1	朝日新聞社史編纂室編、朝日新聞社、昭和34年（1959）。索引有り（「西村天囚」の項目頁多数あり）。箱入り。	21.8	15.8
3	1	延徳本大学	1	大正13年（1924）。帙なし。奥付左に「第四號」の印記有り。	27.0	18.8
	2		1	大正13年（1924）。帙あり。奥付左に「第八九號」の印記有り。		
	3		1	大正13年（1924）。帙あり。奥付左に「第八六號」の印記有り。		
	4		1	大正13年（1924）。帙あり。奥付左に印記有るも虫損のため判読不能。		
4		尾張敬公	1	名古屋開府三百年紀年会、明治43年（1910）。	22.5	15.0
5	1	懐徳堂考	上巻・下巻各1	上巻明治43年（1910）。下巻明治44年（1911）。上巻の序文の上に印記「天囚書室」、上巻の初めの所々に朱筆の書き入れあり。上巻目次の前の白紙の頁に、「懐徳堂先賢伝」と墨書し、更に主で見せ消ち。また目次及び第1頁の「懐徳堂考上巻」を「懐徳堂先賢伝上巻」に朱筆で修正。書名の変更を意図したことを示す。また本文にも修正を加えた痕跡あり。	17.0	13.0
	2		1	明治44年（1911）。上巻欠、下巻のみ。	17.0	12.5
6	1	懐徳堂考	6	財団法人懐徳堂記念会、大正14年（1925）。ペーパーバック版。	22.1	15.0
	2					
	3					
	4					
	5					
	6					
7		懐徳堂考	1	発行者・発行年不明。明治44年版でも大正14年版でもない線装本。上巻欠、下巻のみ。本文第1葉表に印記「天囚書室」。	24.0	16.2
8	1	学界乃偉人	1	杉本梁江堂、明治44年（1911）初版。箱なし。	22.7	15.5
	2		1	明治44年（1911）再版。箱なし。		
	3		1	明治44年（1911）再版。箱あり。		

9	1	紀行八種	2	誠之堂書店、明治32年（1899）、再版。	22.0	14.6
	2			誠之堂書店、明治32年（1899）、3版。	22.0	14.7
10		志能布久佐	1	刊行年等不明。第1葉表に印記「天囚書室」有り。他にも蔵書印有り。	17.5	12.0
11		邵青門文鈔	1	西村天囚・長井吉徳編、出版人：須原鐵二、明治16年（1883）。「重野安繹先生校閲　門人西村時彦・長井吉徳編」。全6巻のうちの「巻之四」のみ。他は欠。	12.5	9.5
12		精神振作詔書謹解	1	田中常憲（京都府立福知山中学校長）著。博文堂、大正13年（1924）。序文は前文部大臣・岡野敬次郎と西村時彦。仮152-2『朝見式勅語謹解』（宝文館、昭和2年（1927）発行）と同一著者。岡野は「はしがき」において西村を「我が師西村天囚博士」と呼んでいる。	19.0	13.0
13		征清戦報	1	刊行年不詳。「征清従軍記」「従軍日記」「奉天府志」「従征録」「入清日記」「戦陣見聞録」「山東観戦記」「牛荘紀要」。表紙に「征清戦報」と打ち付け書き。第1葉表に「天囚書室」の印記あり。	30.5	23.0
14	1	碩園先生遺集	全5冊各1	財団法人懐徳堂記念会編、全5冊、昭和11年（1936）。第一「碩園先生文集巻一」、第二「碩園先生文集巻二」、第三「碩園先生文集巻三」、第四「碩園先生詩集」、第五「屈原賦説巻上」。帙なし。	26.4	18.0
	2		1	財団法人懐徳堂記念会編、昭和11年（1936）。「碩園先生文集巻一」のみ。	26.5	18.0
	3		1	財団法人懐徳堂記念会編、昭和11年（1936）。「碩園先生文集巻二」のみ。		
	4		1	財団法人懐徳堂記念会編、昭和11年（1936）。「碩園先生文集巻三」のみ。		
	5		1	財団法人懐徳堂記念会編、昭和11年（1936）。「碩園先生詩集巻一」～「巻三」のみ。		
	6		1	財団法人懐徳堂記念会編、昭和11年（1936）。「屈原賦説巻上」のみ。		
15		朝見式勅語謹解	1	田中常憲（京都府立福知山中学校長）著。宝文館、昭和2年（1927）。	18.6	12.8
16		南島偉功伝	1	誠之堂書店、明治32年（1899）。	22.1	14.6
17		西村天囚伝	1	後醍院良正著、西之表市、昭和42年（1967）。上巻のみ、下巻欠。種子島西之表市が島民（教職員及び有志者）に頒布するために、朝日新聞社の許可を得て、別途印刷したもの。	24.4	17.4
18		日本宋学史	1	朝日新聞社、昭和26年（1951）。朝日文庫12。	18.5	13.0
19		老媼物語	1	西之表市立図書館、昭和63年（1988）。昭和9年（1934）の榕城尋常高等小学校発行本を復刻したもの。	25.8	17.8
20		BOSTON OLD AND NEW	1	THE G.W. ARMSTRONG D.R. & N. CO、明治37年（1904）。写真集。表紙に「ボストン日本人會」の打ち付け書き。寄贈されたものか。	17.0	23.5
21		WASH-INGTON	1	THE WILLIAMSON-HAFFNER CO.、明治40年（1907）。DENVER, - COLORADO	24.5	30.0

②雑誌

資料番号		資料名	点数	備考	縦	横
親番号	子番号					
1		懐徳　第1号	1	懐徳堂堂友会、大正13年（1924）。	22.6	15.2
2		懐徳　第2号　碩園先生追悼録	1	懐徳堂堂友会、大正14年（1925）。	22.0	15.1
3		なにはかた第8冊	1	浪華文学会、明治24年（1891）。表紙剝落。印記「天囚居士」。秋渚生「小春天」、桃蹊隠士「一釣竿」、紫芳散人「郷心」、霞亭主人「紅葉時」、好尚堂主人「善女人」収録。	19.0	12.8
4		なにはかた第9冊	1	浪華文学会、明治25年（1892）。表紙剝落。霞亭主人「初空」、圭圓子「マーザー夢物語」、仰天子「うづみ火」、天囚居士「十文字香」、「雑録」所収。冒頭葉右下印記は不鮮明だが「天囚居士」か。	18.5	12.5
5		なにはかた第15冊	1	浪華文学会、明治25年（1892）。表紙剝落。仰天子「女ごころ」、磯野秋渚「蒹葭堂」、枯川漁史「肥えた旦那」、紫芳散人「おぼこ娘」、霞亭主人「孕雀」、「雑録」所収。	18.6	12.6
6		なにはかた第18冊	1	浪華文学会、明治25年（1892）。半牧居士「忍び車」、武富瓦全「月桂冠」、「当世品定」枯川漁史、「油画師」欠伸居士、「葦の葉分」故荻原廣道翁遺稿／小田清雄訂正傍註、「雑録」所収。会員名簿有り。	19.0	12.5
7		文芸倶楽部第3巻第5編	1	博文館、明治30年（1897）。文芸倶楽部臨時増刊小説八家選。表紙は剝落。天囚の小説「薩摩心中」を収録。	22.5	15.0

③その他印刷物

資料番号		資料名	点数	備考	縦	横
親番号	子番号					
1	1	岩倉公神道碑	3	「岩倉／島津　二公神道碑考定本　各五通」と打ち付け書きされた紙包みに、③-8-1～4「島津公神道碑」と同梱。3本うちの1本には表紙に「時彦私印」の印記あり、他の2本には印記無し。印刷されたものを仮綴じ。	28.0	20.1
	2					
	3					
2	1	影印延徳本大学縁起	3	仮綴。	28.0	20.0
	2					
	3					
3		教育勅語下賜三十年記念 文学博士西村時彦先生講演速記	1	有隣会、高津・日本橋両小学校、高津軍人分会、大正9年（1920）。「碩園先生著述目録」「六、講演」中の「五、教育勅語下賜三十年記念講演速記　大正八年」に該当。	19.0	12.9
4		桂庵筆ニ関スル所見	1	「桂庵筆ニ関スル所見　碩園」と記された題簽剝落。印刷された同一の葉（前半を欠くもの）を多数綴じたもので、各葉の末尾に「大正癸亥六月後学大隅西村時彦書」。印記無し。「大	26.5	19.0

				正癸亥」は大正 12 年（1923）、内容・表現から、『延徳本大学』（大正 13 年〔1924〕）出版時に天囚が附した跋文の一部と見られる。但し、『延徳本大学』の跋文とは字句に異同がある。出版された跋文の附記によれば、『延徳本大学』は大正 12 年夏に印刷を終えるも、9 月関東大震災により焼失、そのゲラに基づいて翌大正 13 年春に再度印刷・出版された。本資料は、焼失を免れた大正 12 年版の跋文の一部で、出版時に加筆修正が加えられる前のものと推測される。		
5		古典聚目庚申号外	1	松雲堂・鹿田静七、大正 9 年（1920）12 月。鹿田が北京より将来した「古唐本類の特に良本」の目録。表紙に「西村様」の付箋貼付。謄本。	24.5	16.8
6		後藤碩田伝・大化帖跋	1	「後藤碩田伝」は天囚撰、磯野秋渚書。「天囚居士」・「紫駿」の印記有り。「大化帖抜」は、後藤碩田の画集『大化帖』の跋文。明治 44 年（1911）10 月、天囚撰。「天囚居士」・「乾坤亦天獄」の印記有り。	38.0	45.9
7		故西村博士記念会会務報告書	1	故西村博士記念会、大正 14 年（1925）。	19.0	13.1
8	1	島津公神道碑	4	「岩倉／島津　二公神道碑考定本　各五通」と打ち付け書きされた紙包みに、③-1-1～3「岩倉公神道碑」と同梱。4 本のうちの 1 本には表紙に「時彦私印」の印記あり、他の 3 本には印記無し。印刷されたものを仮綴じ。	28.0	20.1
	2					
	3					
	4					
9		種子屋久碑文集録	1	熊毛郡教育会、発行年不明。謄写版。表紙に「西村」・「野間口」の印記あり。「鉄砲伝来紀功碑」・「豊山前田先生紀徳碑」などを含む。返り点・語釈・通読が付いている。35 葉。序文は「八板康紀」。	26.5	19.0
10		典礼文字	1	表紙に「典礼文字」と打ち付け書き。第 1 頁の「立證趣旨」及び目次によれば、本来の書名は『辯第一號證』（白虹事件の裁判における弁護資料）。第 1 頁に「碩園珍蔵」の印記、及び「予手ニ成ル」の墨筆の書き込み有り。本文に朱筆による修正等を指示する書き入れ有り。明治 22 年（1889）2 月 12 日～大正 7 年（1918）10 月 30 日の大阪朝日新聞の記事 110 編を集めて改めて印刷したもので、「碩園先生著述目録」「十二、鈔録」中の「典禮文字」に該当。	24.5	17.0
11		敦煌石室の遺書（懐徳堂夏期講演）	1	石濱純太郎著、大正 14 年（1925）12 月。非売品。	19.0	12.8
12		中井履軒関雎一首并反歌　古都多飛／草場佩	1	1 葉。天囚との関係については不明。	22.7	31.5

		川鵲巣三章 百舌鳥の囀				
13	1	西村博士十年祭記念	7	昭和9年（1934）か。	24.2	16.5
	2					
	3					
	4					
	5					
	6					
	7					
14		駢文引例	1	表紙に「駢文引例」と打ち付け書き。謄写版。印記「天囚書室」。一部朱筆の書き込みあり。「碩園先生著述目録」「三、講義底稿」中の「二、駢文引例　一冊」に該当。	26.5	20.0
15		南満洲鉱山一覧	1	「遼陽附近礦山」・「鉄嶺附近礦山」からなる。謄本。仮綴。	24.5	16.0
16		力士西海報恩碑・故岩崎男爵晩年右文ノ事歴	1	「力士西海報恩碑」と「故岩崎男爵晩年右文ノ事歴」との合冊。「力士西海報恩碑」は大正6年（1917）3月の撰。西ノ海の写真・天囚の撰による漢文の原文（返り点付）・その書き下し文を収める。「故岩崎男爵晩年右文ノ事歴」は明治41年（1908）、静嘉堂文庫員識、漢字片仮名交じり文。両者とも朱筆による書き入れ有り。	22.3	15.7
17	1	（仮）延徳版大学送付状	7	大正13年（1924）9月付。西村時教名のもの。『延徳本大学』を関係者に送付する時のもの（文中に同年7月に没した天囚に言及あり）。	23.3	9.8
	2					
	3					
	4					
	5					
	6					
	7					
18		（仮）「典礼文字」からの抽出	1	③―10「典礼文字」に収録されている大阪朝日新聞の記事のうち22編を抽出して仮綴じにしたもの。但し、記事の排列は「典礼文字」における排列と同じではなく、また発表時間順でもない。一部朱筆による加筆修正有り。	24.5	17.0

④スクラップ類

資料番号		資料名	点数	備考	縦	横
親番号	子番号					
1		朝日新聞二十五年誌	1	「朝日新聞二十五年周（ママ）紀念発行／貴重なる記念品なり／保存すべし」と朱筆で記された封筒に入れられた、朝日新聞二十五周年記念特集の「朝日新聞二十五年誌」一面（明治37年〔1904〕1月25日付）、及び切り抜かれた新聞記事（天囚他の漢詩）。	24.5	8.5
2		支那広告備考	1	表紙に「支那広告備考」と打ち付け書き。表紙書付題の下に印記「天囚居士」。書籍や山水画の新聞広告のスクラップ。版心に「景社文稿」とある用紙（天囚が書いた「立皇太子賀	24.5	17.0

				表」・「力士西海報恩碑」などの草稿の反故）の裏紙を使用。仮綴。		
3		世界一周勝地	1	表紙に「世界一周勝地」と打ち付け書き。「第二回本社世界一周會員」（一）～（五）・「世界一周畫報」ほか、第二回世界一周会に関して新聞に掲載された写真や絵を中心とした新聞記事のスクラップ。今井貫一から西之表の天囚に当てた封書が挟み込まれている。	28.0	20.0
4		大典文例	1	表紙に「大典文例」と打ち付け書き。大正天皇即位に関する新聞記事のスクラップ。「勅語」・「寿詞」（大正4年〔1915〕11月10日）・「京都帝国大学の賀表」・「登極頌」など。仮綴。	24.5	16.5
5		浪華画人略	1	表紙に「浪華画人略」と打ち付け書き。新聞記事「大阪画壇の今昔　緒言」・「藩政時代」・「維新前後時」のスクラップ。朱筆の書き入れ有り。「碩園先生著述目録」「七、伝記年譜」中の「五、浪華画人略　朝日新聞所載」に該当。	27.6	19.5
6		話草　第一	1	表紙に「話草第一」と打ち付け書き。仮綴。「貞女の亀鑑」「陛下の御倹徳」などの新聞スクラップ。	24.0	16.5
7		笠鞋漫録	1	表紙に「笠鞋漫録」と打ち付け書き。「笠鞋漫録」の新聞スクラップ。表紙に「天囚居士」の印記有り。仮綴。「碩園先生著述目録」「八、雑著」中の「笠鞋漫録　東北方面漫遊紀行」に該当。	24.0	15.8
8		論文　自三十九年至四十年	1	「海防調査復命書　巻之一　第二編」を台紙に、新聞記事「戦時習慣の性成」「憲政本党と政友会」「伊藤統監の演説」等を貼り付けたスクラップ。表紙に「論文／自三十九年／至四十年」と打ち付け書き。また「天囚居士」の印記有り。「碩園先生著述目録」「五、論文」中の「三、論文（新聞論説）自明治三十九年至同四十年」に該当。	24.0	15.0
9		論文　自三十七年至三十八年	1	「海防調査復命書　巻之三　第一編」を台紙に、新聞記事「決裂の機」「李鴻章の密電／密約案を読む」等を貼り付けたスクラップ。表紙に「自三十七年／至三十八年／論文」と打ち付け書き。また「天囚居士」の印記有り。「碩園先生著述目録」「五、論文」中の「二、論文（新聞論説）自明治三十七年至同三十八年」に該当。	24.0	15.0
10		（仮）新聞記事スクラップ	1	新聞記事「第二回世界一周会」。一面に「詩集／歌集」（朱筆）、一面に「十三日／西村講師／支那文学二講試験問題」及びその上面に「拙稾」（いずれも墨筆）と書かれた紙袋（虫損激しく表裏の判別不能）入り。	30.0	21.0
11		（仮）新聞記事スクラップ	1	新聞記事「豊後路」・「九州巡礼」のスクラップ。	28.9	22.0

12		（仮）新聞記事スクラップ	1	新聞記事「清国内乱史話」のスクラップ。表紙右上に「中井□□（竹山か）蕉園／中井履軒」と打ち付け書き。本文第1葉のみ『懐徳堂考』下巻の清書原稿用紙。	27.0	19.5
13		（仮）新聞記事スクラップ	1	新聞記事「清国内乱史話」・「清国文学の獄」（籾山衣洲著）のスクラップ。	13.5	20.0
14		（仮）新聞記事スクラップ	1	新聞記事「学界の偉人」・「南国記」のスクラップ。朱筆入り（出版用原稿か）。	27.8	19.5
15		（仮）新聞記事スクラップ	1	新聞記事「亀門の二廣」・「広瀬旭荘」・「広瀬淡窓」のスクラップ。綴じ糸が切れ、各葉の配列が乱れている。「碩園先生著述目録」「七、伝記年譜」中の「二、龜門之二廣」に該当。	26.2	19.4
16		（仮）新聞記事スクラップ	1	新聞記事「老骨張」（「酔奴伝」に朱筆で改題）・「君が代」（「狂人」に朱筆で改題）のスクラップ。朱筆による削除・書き込み・ルビあり。出版用の原稿としたものか。新聞社不明。表紙・裏表紙に「内大臣府」の罫紙使用。	24.5	31.5
17		（仮）絵葉書スクラップ	1	ロンドン・アメリカ・ハワイなどの絵葉書をスクラップしたもの。世界一周旅行関係か。	28.0	22.5

⑤抄本

資料番号		資料名	点数	備考	縦	横
親番号	子番号					
1		愛牡丹説・奉日下勺水先生書	1	石濱純太郎が天囚に批正を乞うたもので、「愛牡丹説」1葉（24.5×33.5）と「奉日下勺水先生書」2葉（同）とを仮綴じ。「景社文稿」の原稿用紙使用。	24.5	16.8
2		朝日新聞記者足下	1	1葉。朝日新聞記者に対して意見を述べた文の一部（未完）。	24.0	33.0
3		尼崎修斎・大坂尼崎屋又右衛門清孝壙誌・大坂尼崎屋又右衛門清孝婦人伊藤氏壙誌	1	「道学淵源録増補」より「尼崎修斎」を、また「大坂尼崎屋又右衛門清孝壙誌」・「大坂尼崎屋又右衛門清孝婦人伊藤氏壙誌」を「続垂加文集巻中」より抜粋。仮綴じ。4葉。	24.4	16.5
4		一夜六十二首	1	巻物。「平山武経」が一夜に漢詩62首を詠んだもの。	25.5	163
5		妹か記念	1	歌集。第1葉表に「最愛の妻にわかれし夜」と題して天囚の和歌二首が記され、以下「あさ子」「ゆふ子」他の和歌が記されている。天囚の先妻・タカが明治25年（1892）に亡くなった時のものか。	27.0	19.5
6		売渡証書	1	4葉。大正7年（1918）1月26日付。松ヶ枝町の家を天囚が8,200円にて、棚橋松太郎より購入した時のもの。浪速銀行が抵当権を設定。	27.8	20.0

7		延徳版大学寄贈ニ対スル礼状入	1	「延徳版大学寄贈ニ対スル礼状入」と墨筆で打ち付け書きされた包み紙のみ。朱筆で「保存」・「28.9」とも記されている。⑤-73が入っていたものか。	27.8	37.5
8		大阪阿倍野墓地許可証入　重要書類	1	袋のみ。「亡祖浅子／亡時彦／亡幸子」、3人の墓についての許可証を入れていた紙袋。袋のみ現存。	28.6	16.0
9		懐徳堂考之一	1	版心に「村山合名大阪朝日新聞会社」とある用紙を使用。『懐徳堂考』上巻のもととなった、大阪人文会第二次例会の講演原稿を含むものと思われる。2020年1月に修復作業済み。資料名は修正後の内題による（もとは「懐徳堂研究之一」）外題は虫損により判読困難だが、内題同様に「懐徳堂研究」から「懐徳堂考」に修正されていると推測される。	27.0	20.0
10		懐徳堂ノ沿革	1	罫紙4葉仮綴。朱筆書き入れ有り。	24.2	17.0
11		解約証	1	1葉。大正8年（1919）7月12日付。天囚と浪華銀行（取締役は愛甲兼達）との間で結ばれた、大阪市北区松ヶ枝町の宅地の抵当権の解約証。	24.4	33.3
12		漢文総説	1	内題「漢文總説」。墨筆・朱筆による修正・書き込みが全面的に加えられた草稿。「漢文総説草稿」との外題が記され、「天囚居士」の印記のある題簽が剝落して挟み込まれている。表紙には紺色の七宝繋ぎの模様のものを使用。ほぼすべての葉が裏紙を使用。「碩園先生著述目録」「三、講義底稿」中の「六、漢文總説草稿　一冊」に該当。	27.0	18.4
13		漢文體製槩説	1	表紙に外題「漢文体制概説」と打ち付け書き。資料名は内題による。「漢文體製（或いは制）槩説」一～五を収録。大正6年（1917）7月17日付の自序によれば、同年7月に文部省が京都帝国大学において、師範・中学・女学校等の教員向けの講習会を開催した際の、天囚の講義原稿。天囚は修訂を加えた上での出版を考えており、朱筆の修正が加えられている。「景社文稿」の原稿用紙使用。「碩園先生著述目録」「三、講義底稿」中の「五、漢文體別槩説　三冊」のすべて、或いは一部に該当。	25.0	17.5
14		戯曲解題	1	目録1葉、本文部分は8葉のみで以下余白。本文第1葉表の内題「戯曲解題」の下に「小天閣主人週目即録」。	29.5	18.0
15		曲部解題	1	内題「曲部解題」。「天囚居士著」。但し、冒頭の「琵琶記」2葉半の記述があるのみで、以下記述なし。「天囚居士稿本」の用箋を使用。	30.7	17.5
16		曲目索引	1	内題「曲目索引」。「天囚居士稿本」の原稿用紙を使用。冒頭の2葉に索引の「あいうえを」部分の記述があるのみで、以下記述なし。「碩園先生著述目録」「十四、目録索引」中の「五、曲目索引　一冊」に該当。	26.0	19.0

17		紀和紀行	1	16葉仮綴。①-12・15の著者・田中常憲が天囚に批正を乞うたもの。漢文の紀行文。	24.2	16.5
18		金圓拝借証	1	百円の借用書。抵当は種子島の土地。明治29年（1896）。	24.0	16.5
19		敬公資料	1	版心に「村山合名大阪朝日新聞会社」とある罫紙を使用。尾張家（徳川義直）に関する記録。「碩園先生著述目録」「十三、研究資料」中の「敬公資料一冊」に該当。	27.0	19.5
20		京阪神三鱗会員	1	京阪神在住の種子島出身者の会「三鱗会」の会員名簿（27名）。筆頭が八坂千尋、天囚の名は無く、西村時教が含まれている。	19.0	51.5
21		芸文談資	1	「芸文談資　巻一」と記された題簽が剝落し挟み込まれている。表紙には、紺色の七宝繋ぎの模様のものを使用。「詩問」・「小竹文藁」・「冠辭考」・「昏辭考」・「桐城派師友淵源考」を収録。墨筆・朱筆の書き込み等あり。「碩園先生著述目録」「二、編著」中の「九、藝文談資一冊」に該当。	26.0	18.5
22		元曲琵琶記	1	内題「元曲琵琶記」。「天囚西村時彦」著。「朝日新聞合資会社」の罫紙使用。記述は第1葉のみにあり、以下は記述無し。表紙に紺色の七宝繋ぎの模様のものを使用。	27.0	18.5
23		講案	1	「尚書論文自序」・「紀年書法考」・「岡島君寿像記」・「瑠璃寺山林記」・「高野山金石図説序」・「貴族院議員従二位勲一等高崎君墓石文」・「貴族院議員正三位勲一等高崎君墓石銘」などの草稿の類の雑纂。墨筆・朱筆による多数の修正・書き込み等有り。すべての葉が裏紙を使用。題簽の外題は修正（胡粉を塗り上書き）が加えられているが、「講案　大正九年九月」か。また題簽には「天囚居士」の印記有り。表紙には紺色の七宝繋ぎの模様のものを使用。大正9年（1920）12月の西村時彦宛大阪朝日新聞社の印刷物（京都ホテルにて開催された「小宴」出席者への記念品贈呈の添え書き）が挟み込まれている。「碩園先生著述目録」「三、講義底稿」中の「一、講案一冊　大正九年九月」に該当。	26.0	18.5
24		江漢遡洄録・通志堂経解總目録・宋元資治通鑑評語	1	表紙に「江漢遡洄記／通志堂経解目録／資治通鑑評語」と打ち付け書き。「江漢遡洄録」・「通志堂経解總目録」・「宋元資治通鑑評語」の合冊。「江漢遡洄録」は罫紙を、後二者は「景社文稿」の原稿用紙を使用。「江漢遡洄録」、あるいは全体が、「碩園先生著述目録」「四、遺稿」中の「三、江漢遡洄録　明治三十一年」に該当。	25.0	17.3
25		杭州紀行	1	表紙に「杭州紀行」と打ち付け書き。本文には総ルビ。一部朱筆修正有り。「碩園先生著述目録」「八、雑著」中の「杭州紀行」に該当。	28.0	19.8
26		古文辝論畧巻中	1	内題「古文辭論畧巻中」（修正の痕跡有り）。「古文辞論畧　巻中」と記した題簽が剝落して	27.2	18.3

				挟み込まれている。西村時彦述。抄本。朱筆・墨筆の書き入れや、圏点等多数有り。先頭にある「集部第一」の冒頭部の本文は、⑤-13「漢文體製槩説一集部第一」の冒頭と内容が重複し、⑤-13に認められる朱筆の加筆に従う。表紙には紺色の七宝繋ぎの模様のものを使用。		
27		雑纂	1	表紙に「雑纂」と打ち付け書き。青柳秋堂の死を悼む文、「君子名義考」（西村時彦撰、「碩園文稿」の原稿用紙を使用）・「露紙と世界一周会」・「淀川改良工事沿革略史」・「浪華文学伝目録」（天囚西村時彦／秋渚磯野秋渚　同編）等を含む雑纂。各種の原稿用紙・罫紙を使用。	28.6	20.0
28		鮫島宗哲君墓誌銘	1	全3葉。仮綴の草稿。全面的に朱筆による修正有り。	24.0	16.0
29		重野先生直詩草稿	1	包み紙1枚のみ。	26.0	17.0
30		詩集	1	表紙に朱筆にて「詩集」と打ち付け書き。表紙右上に別に「詩」（朱筆）と打ち付け書き。雑纂。巻末に「故豊山先生ニ関スル義捐金収支調書」あり。	28.0	20.0
31		詩文集	1	表紙に墨筆で外題「詩文集」と打ち付け書き。また朱筆で表紙右上に「詩」と打ち付け書き。雑纂。「紀災後事詩」・「西京游話」・「登霧島山四十韻」・「天囚游草叙」などを収める。「碩園文稿」「天囚書室」等の各種の罫紙・原稿用紙を使用。	28.5	20.5
32		自明治三十八年五月十五日至同二十一日一週間朝毎東電比較概説	1	仮綴。「村山合名　大阪朝日新聞会社」の罫紙等を使用。	24.5	16.5
33		狩猟史料	1	「天囚居士稿本」の原稿用紙を使用。日本の狩猟の歴史について記す。	30.6	17.3
34		松鶴荘間話	1	「景社文稿」の原稿用紙を使用。「松鶴荘間話」・「芝尾君墓誌銘」・「紀宇都宮由的事」・「紀金蘭斉事」を収録。7葉のみ書込があり、以下すべて余白。	25.0	18.0
35		尚書異読	1	表紙に「尚書異読　全」と打ち付け書き。本文第1葉第1行に「西村時彦学」。『尚書』の句読等に関する注等を集めたもの。未完。「碩園先生著述目録」「一、撰著」中の「尚書異讀一冊未刊」に該当。同目録に「孔傳蔡傳及清儒江聲、段玉裁、王引之、孫星衍、黄式三、皮錫瑞、王先謙、呉汝綸等に至るまでの諸儒の異讀を明かにせられ、間々附するに按語を以てせらる。」とある。	28.0	20.0
36		尚書文義	1	上・中・下、各1冊。内題は、上・中は、「尚書論文」から「尚書文義」に修正（見せ消ち・加	28.0	19.0

				筆)。下は当初から「尚書文義」。上巻第1葉には「西村時彦撰」、中巻・下巻は「西村時彦学」。「碩園先生著述目録」「一、撰著」中の「尚書文義三巻初藁未刊」に該当。同目録に「初尚書論文と題せられ、後文義と改めらる。博く皇漢学者の説に渉りて、其の精粋を採り、尚書の文と義とを説かれたるものなり。」とある。		
37		小説傳奇目録	1	表紙に「書目」と打ち付け書き。「景社文稿」や「天囚書室」などの原稿用紙・罫紙を使用した抄本「小説伝奇目録」・「中華書局」の他、刊本の「昌平叢書書目」など雑多な書目の合冊。「碩園先生著述目録」「十四、目録索引」中の「三、小説傳奇目録　一冊」に該当。	26.5	19.0
38		小天地閣襍攷	1	雑纂。「儒仏関係大略」と題する講演（7月12日、大阪西本願寺別院）の原稿・「儒教不亡論」・「海東君子国」・「道並行而不相悖論」など。「朝日新聞合資会社」の罫紙使用。「小天地閣襍攷　壬子夏」との外題が記され、また「天囚居士」の印記のある題簽が剥落し挟み込まれている。表紙に紺色の七宝繋ぎの模様のものを使用。「碩園先生著述目録」「十一、随筆」中の「小天地閣襍攷　壬子夏」に該当(壬子は明治45年・大正元年〔1912〕)。	26.8	18.5
39		小天地閣雑攷	1	雑纂。抄本。地には「天囚雑攷」。「朝日新聞合資会社」の罫紙を使用。「小天地閣雑攷」・「漢文不可廃論」・「大阪市史」・「讀大阪市史」等を収録。表紙には紺色の七宝繋ぎの模様のものを使用。	27.0	18.5
40		小天地閣文艸	1	表紙に「小天地閣文艸　辛亥九月」（辛亥は明治44年〔1911〕）と打ち付け書き。「古處山人遺集序」・「懷德堂報告書」・「決死隊鐵牌記」「懐徳堂記念会趣旨」の草稿などを収録。「天囚書室」・「景社文稿」などと記された原稿用紙の裏紙を使用。	25.0	17.5
41		詩話中論文・全唐文記事抄	1	「詩話中論文」（「歴代詩話」・「歴代詩話続篇」を収録、いずれも「碩園　村彦輯」）と「全唐文紀事抄」との合冊に表紙を付けたもの。「歴代詩話」第1葉表右下に印記「碩園珍蔵」。小口に「三　詞章学彙編　詩話　全唐文記事」。「碩園先生著述目録」「十二、鈔録」中の「詩話中論文」に該当。	27.3	17.8
42		清国職制並文稿	1	表紙に「清国職制並文稿」と打ち付け書き。雑纂。草稿類と見られるが、虫損・圧着が激しく、内容の確認困難。	26.0	19.5
43		正六位上野君墓志・弔辞	1	1葉。「景社文稿」の原稿用紙を用いて、表面に上野理一の墓志の草稿、裏面に弔辞の草稿をそれぞれ記したもの。修正多数。	25.0	33.5
44		先考告文	1	天囚の亡父・時樹への告文の草稿（朱筆有り）。大正5年（1916）8月7日付。	39.5	52.0
45		宋学淵源研究	1	資料名は表紙に打ち付け書きされた外題による。抄本、草稿。朱筆有り。未刊。虫損甚大。	27.5	19.4

				「碩園先生著述目録」「十三、研究資料」中の「宋学淵源研究一冊」に該当。		
46		蔵書幅目録	1	外題（打ち付け書き）は「蔵書幅目録」だが、宮内省の罫紙を用いた「太政官日誌」、重建懐徳堂の定日講義と日曜講演や懐徳堂の「本領」に言及した文章・「懷德堂定期講演規定」・瀧川資言の「纂標論語集註自序」・「清朝人文集目録」・「西村先生蔵幅目録／編纂所在庫」・「軸物目録」・「茶祖珠光伝」ほかの雑纂。	26.5	19.3
47		第二回世界一周（三十五）米國游程回想	1	第二回世界一周の原稿草稿。船の便箋「Onborard R・M・S “BALTIC”」（商船バルチック号船内）9枚を使用。	20.2	25.0
48		擇善居記	1	2葉仮綴。冒頭の題目の下に「瀧川資言初稿」、また文末に「大正十二年二月十六日」（1923）とある。島田篁村の雙桂精舎で瀧川と共に学んだ高橋柳渓と瀧川との間で交わされた、高橋の書室を篁村に「擇善居」と命名してもらった経緯についての問答を漢文で記したもの。瀧川が天囚に批正を乞うたか。	24.8	17.0
49		弾詞小説・□曲目録	1	表紙に「弾詞小説・□（邦か）曲目録」と打ち付け書き。第1葉下に印記「天囚居士」。弾詞小説の目録と「曲目」の目録。すべて「天来生」の原稿用紙を使用。「碩園先生著述目録」「十四、目録索引」中の「四、弾詞小説目録　一冊」に該当か。	22.6	13.0
50		哲学源委	1	新旧の表紙があり、新しい表紙には「哲学源委」と打ち付け書き。古い表紙には「西村天囚刪潤／著／哲学源委」「計三十二枚」と墨筆の打ち付け書きと、朱筆の「希臘諸□古代哲学」など打ち付け書き。漢字仮名交じり文による西洋（ギリシア）哲学に関する論考。	24.5	17.0
51		天囚曲話	1	内題は「天囚曲話　巻四」。巻四以外の部分は欠。外題は「支那戯□篇資料巻下」。虫損・圧着激し。「天囚居士稿」の原稿用紙使用。演劇に関する資料を蒐集したものか。「碩園先生著述目録」「二、編著」中の「八、天囚曲話　一冊」に該当か。	31.0	17.5
52		天囚曲話巻一	1	内容確認困難。⑤-33・94・95と同じ装訂で、いずれも「天囚居士稿本」の罫紙を使用。「碩園先生著述目録」「二、編著」中の「八、天囚曲話　一冊」に該当か。	31.0	17.5
53		天囚雑記	1	雑纂。外題なし。資料名は小口に書き入れられたものを採用。「天囚居士稿本」の原稿用紙を使用。明治41年（1908）2月21日からの帰郷を綴った日記・「大阪の威厳」・「文字之伝来」・「朱子学派の史学」などを含む。挟み込まれた四つ折りの半紙（「歴史と儒教」等と記してあり、講義・講演のメモか）あり。表紙には紺色の七宝繋ぎの模様のものを使用。「碩園先生著述目録」「十二、鈔録」中の「小天地	26.0	17.0

				閣雑記　戊申歸郷時」に該当か。		
54		天囚雑抄	1	表紙に「天囚雑抄」と打ち付け書き。「天囚居士稿本」の原稿用紙を使用。雑纂。謡曲関係の書目類、狩猟関係の書目類、戦国大名の城攻めに関する文章などを含む。冒頭の12葉のみを使用し、以下は記述なし。	26.3	19.0
55		天長節祝日	1	3葉。いずれも「景社文稿」の原稿用紙の反故紙を使用し、裏面に「天長節祝日」と題された、新聞記事の草稿。いずれも未完。	25.0	33.5
56		時紹	1	大正10年（1921）4月19日。天囚が孫の時紹出生の時に命名した際のもの。時紹の由来（詩経・大雅）とあわせて、臍の緒有り。※現在は西村家の神棚に保管（2019年8月22日調査時）		
57		時彦翁の幼時	1	2葉仮綴。表紙に「時彦翁の幼時　母上淺子刀自詠草」と打ち付け書き。	25.1	16.5
58		時教推定家督相続人廃除届に関する件	1	天囚が時教を養子に迎えた件に関する記録。西村時三から長崎控訴院への申請書の写し、長崎控訴院発行の証明書の写し、西村時三の推定家督相続人廃除届の控え、西村時彦・サチ夫妻の時教養子縁組届の控え、各1通。	29.0	20.0
59		西村天囚先生梧陰	1	仮綴。中村締梁が天囚に就職の世話を求めるために送った漢文の手紙。中村の作った漢文・漢詩、履歴書を含む。「梧陰」は「梧下」と同じく宛名の脇付。	27.0	18.0
60		日記帳	1	表紙中央に「日記帳」と打ち付け書き。寛政元年から大正13年（1924）まで、編年体で家の歴史や自身の来歴について記したもの。冒頭部は、後に12月25日から27日の日記に転用（冒頭部の1葉半のみ）。また、後半部には延徳本大学頌贈名簿などを含む。日記帳というよりは雑記帳。	11.5	15.5
61		鄙稿	1	2葉仮綴。波多野七蔵が天囚に批正を乞うたもので、「広瀬淡窓南陔両先生贈位奉告祭文」。版心に「景社文稿」とある原稿用紙を使用。	24.4	16.7
62		武家の教育	1	「碩園文稿」の原稿用紙の反故紙の裏を表紙・裏表紙に使用。その表紙に「重野博士　武家の教育」と打ち付け書き。明治28年（1895）10月26日の大日本教育会第12回総集会における演説の筆記。	24.5	16.8
63		不忍焚稿	1	上表文四通の草稿。墨筆・朱筆等による修正有り。「景社文稿」と記された原稿用紙をはじめ、各種の罫紙・原稿用紙を使用。仮綴。外題の脇に「上表文四通毎篇改稿少三四回多八九回」と朱筆の書き込み有り。	24.8	17.0
64		文士略歴	1	表紙に「文士略歴」と打ち付け書き。「景社文稿」の原稿用紙の裏紙を使用。三宅石庵・中井藍江・三輪執斎・伊藤東涯・並河誠所などの概略を記す。第2葉表右欄外に「（懐徳堂先賢墨迹小伝）」。また、各葉表左上欄外に「先	25.3	17.5

				賢墨迹小伝」の印記あり。『懐徳堂先賢墨迹』（今井貫一編、隆文館・文教社、1912年）所収の「懐徳堂先賢墨迹小伝」の草稿か。		
65		辨妄	1	仮綴。第1葉1行目「辨妄」の下に「参考／秘密」と朱書。11月3日付（年不詳）の大阪朝日新聞に掲載された、船舶「第一さくら・第二梅が香」に関する記事に対して、批判を述べた文。「帝国海事協会」の罫紙を使用。	24.0	16.3
66		亡弟遺筆	1	「遺□（送か）中□／亡弟遺筆／明治廿七年十二月卅一日□天囚」と墨筆で打ち付け書きされた包み紙のみ。時輔の遺稿の包み紙。	24.5	32.9
67		亡時彦草案	1	「亡時彦草案」と朱筆で打ち付け書きされた包み（再利用の帛製）のみ。		
68		文選箋證巻二十四・文選李注補正巻三	1	「文選箋證巻二十四」と「文選李注補正巻三」との合冊。表紙に「文選選箋注（正しくは文選箋證）　胡紹英（正しくは胡紹煐）／文選李注補正　孫志祖輯」と打ち付け書き。「天囚居士」の印記有り。	28.2	20.5
69		与李大使札	1	1葉。末尾に、「明治二十八年三月二十五日各新聞特派記者」、「朝日新聞社」の罫紙を使用。「清国頭等欽差全権大臣李君閣下」宛。李鴻章に宛てたもの。	27.8	38.6
70		呂氏春秋正誤	1	仮綴。清・陳昌斉撰。表紙打ち付け書きの外題「呂氏春秋正誤」の下に「天囚居士」の印記あり。	28.0	20.3
71		旅中見聞録	1	新しい表紙に「旅中見聞録」と表紙打ち付け書き。古い表紙に「旅中見聞録　口碑之部　天囚□□」と打ち付け書き。但し「旅中見聞録」は冒頭の4葉のみ。以下は「浪華先賢伝」など雑纂。	24.0	16.3
72		（仮）荒木又衛　封書	1	大阪の荒木又衛から西之表の西村時教宛の封書。昭和26年（1951）12月18日消印。内容は阿倍野の天囚墓継続使用について。	20.3	8.4
73		（仮）延徳本大学寄贈に対する礼状　一式	23	全て西村時教宛。発信者は宇野哲人・今井貫一・神田喜一郎・鈴木虎雄・狩野直喜・宮内大臣牧野伸顕・懐徳堂記念会・住友吉左衛門執事・磯野惟教・大阪府立図書館他。		
74		（仮）「大阪朝日新聞略史」草稿三種	1	表紙に「大阪朝日新聞略史」と打ち付け書き。明治12年（1879）から大正5年（1916）までの「大阪朝日新聞略史」の2種の草稿と、「朝日新聞略史　四十二年より大正五年迄」との合冊。いずれも「朝日新聞合資会社」の罫紙を使用。	29.5	21.0
75		（仮）画幅等売却記録	1	画幅の購入者・金額・画幅名の一覧が5葉、西村幸子の領収書が8葉。いずれも「財団法人懐徳堂記念会」の罫紙（罫線が両面に印刷されたもの）を使用。	24.0	16.8
76		（仮）「寒山詩碑」送付封筒	1	西村時教宛。差出人は古藤嘉吉。西村家所蔵資料の一つに兪樾「寒山詩碑」の拓本有り（⑥器物2（拓本）-19・20）。	34.7	17.5

77		（仮）木村畊巖翁碑草稿	2	2葉。木村畊巖翁碑の撰文の草稿。版心に「景社文稿」とある原稿用紙を使用。⑥–拓本19は作成された石碑の拓本。天囚による撰文は大正3年（1914）。	25.5	17.0
78		（仮）「講義草稾」その他	1	雑纂。表紙に「講義草案／上櫻泉先生書」と打ち付け書き。「講義草稾」・「書経解題」・「質疑」・「松琴濤鼓録」・「上櫻泉先生書」等を含む。墨筆・朱筆による修正・書き込み多数。「上櫻泉先生書」は『碩園先生文集巻二』に収録。	25.5	17.8
79		（仮）祭文・短冊	1	祭文1通（昭和10年〔1935〕、西村久満子・〔親族の〕千代比咩の1年遅れの50年祭）。短冊5枚（昭　和2年〔1927〕4月3日。内1枚は天囚〔「時彦」〕が「先師豊山先生の為に服せし心喪の期みちける時」に詠んだもの）。	36.0	6.0
80		（仮）雑記	1	仮綴、草稿。「左宗棠」・「中山信女事略」等。朱筆による修正有り。天囚の署名はないが、用紙や筆跡から天囚の手による可能性が高い。	25.0	16.0
81		（仮）雑稿（天囚以外）一式	14	中に、明治42年（1909）1月27日付大阪朝日新聞に掲載された天囚の「宋学の首唱」に対する批判を述べた文1通・重野安繹が「陳先生大人」に西村天囚を紹介する書状1通・及び「陳先生大人台啓」の封筒1枚を含む。		
82		（仮）雑纂	1	「鄙稿」（天囚に批正を乞うたもので、版心に「景社文稿」とある原稿用紙を使用。⑤–61と同筆。おそらくは波多野七蔵）・「資言」（瀧川君山の記したもの）・「貝塚種子島家由緒」・「貝塚種子島氏略譜」等を仮綴。	24.5	16.8
83		（仮）雑纂	1	雑纂。「纈錦録」（明治29年〔1896〕2月の天囚自識の序のある、諸子（尸子・賈子など）に関する批評）・「楠家系図」（別筆）・「若武者」などを収録。ほとんどが「池田製」の罫紙・原稿用紙を使用。原稿用紙の挟み込み（銀行に関する連載か）あり。表紙には題簽の剝落した痕跡があるが、題簽の所在は不明。	25.8	18.5
84		（仮）雑纂	1	表紙は紺地・七宝繋ぎの模様の紙を、また本文には版心に「朝日新聞合資会社」とある用紙を使用。天囚筆の可能性大。「国号考」・「蛮夷滑夏考」・「漢民族」・「歴代詔勅」・「大坂三町人　尼崎又右衛門」等、雑多な研究雑記。	27.0	18.6
85		（仮）雑纂	1	仮綴。表紙には版心に「景社文稿」と入った原稿用紙を使用、本文には版心に「碩園文稿」と入った用紙の反故紙を使用。天囚筆の可能性大。「隼人」、「近衛氏と島津氏」、神社や寺、山川など、鹿児島の歴史や文化等に関する雑記を収録。	25.0	17.0
86		（仮）雑録	1	仮綴。版心に「朝日新聞合資会社」とある罫紙を一部に使用しており、天囚筆の可能性大。冒頭2葉は大阪朝日新聞社社員の入退社・逝去年月の一覧。以下、何かの名簿などを含む。	24.0	16.0

87		（仮）重野安繹関連原稿	1	綴紐切により、冒頭部欠落。仮綴。版心に「天囚書室」とある原稿用紙を使用。一部新聞の切り抜き（明治43年〔1910〕12月8日～20日に大阪朝日新聞に連載された「重野成齋先生」）を貼り付け、一部は直接書き込み。朱筆の加筆修正有り。重野安繹の生涯・業績を述べたもの。天囚の執筆した「成斎先生行状資料」（『重野博士史学論文集』上巻〔雄山閣、1938年〕所収）の草稿か。	27.5	19.5
88		（仮）渋谷精一からの書簡（西村時教宛）一式	15	全て西村時教宛。渋谷氏は大阪において、西村家と関係者との間の中継役を担っていた模様（裁判や資料等）。葉書2通。封書13通（内12通は「至急親展」）。		
89		（仮）写真帳西村家	1	「日本古代語音総識考」を台紙にして貼り付け。	44.0	36.0
90		（仮）写真類1　一式	47	46枚と紙片（写真が羽生達子の満十歳の誕生日記念であることを示すもの）1枚。天囚関連のものなど。		
91		（仮）写真類2　一式	72	写真72枚。西村浅子宛葉書1枚。印刷物（葉書や肖像画など）4枚。「辛丑六月十一日清国金陵に於てうつしぬ傍に立ちたるに下人趙以貴なり。天囚居士しるす」と記した紙片1枚有り。		
92		（仮）写真類3　一式	18	キャプション付き天囚関連写真5枚。天囚写真1枚。由来不明の集合写真1枚。「大正十二年四月七日島津家編輯所親交会」集合写真1枚。西村浅子関連写真10枚。		
93		（仮）写真類4　一式	29	ガラス乾板4枚（豊山の物1枚含む）。写真16枚。天囚写真2枚。時輔遺影5枚（印刷物含む）。天囚遺影印刷物1枚（『懐徳』第2号の追悼録で使用したものか）。青銅器印刷物1枚。		
94		（仮）狩猟関係詩抄	1	版心に「天囚居士稿本」と入った原稿用紙を使用。虫損が激しく、外題不明だが、天囚筆の可能性大。第1葉表冒頭は「天皇遊猟内野之時中皇命使間人連老献歌（万葉集一雄略）」とあり、以下狩猟に関する和歌をまとめたもの。⑤-33・52・95と装訂が同じ。間には「尚武由来考」「生麦事件の始末」の切り抜きをスクラップにした紙を挟み込んでいる。	30.8	17.5
95		（仮）狩猟関係史料	2	2冊。いずれも「天囚居士稿本」の罫紙を使用。1冊目の表紙に打ち付け書きの外題「□猟□料」（「狩猟史料」か）2冊目表紙に印記「天囚居士」あり。2冊目の外題の存否は虫損により不明。2冊とも、書き込みのない余白部分がある。⑤-33・52・94と同じ装訂。	31.0	17.5
96		（仮）狩猟に関する雑纂	1	外題無し。「鶴」・「鵠」・「雉」・「鶉」の項目を立てて、『年山紀聞』や『甲子夜話』などから抜き書きしたもの。	23.8	16.2
97		（仮）抄詩	1	仮綴。版心に「景社文稿」と入った原稿用紙の反故紙の裏を使用。おそらくは天囚の雑記	25.0	17.0

				帳。表紙に「山本三省」とあるが、三省筆の可能性は低い。韋應物「滁州西澗」・劉禹錫「金陵五題・石頭城」などの詩が抜き書きされている。冒頭の7葉のみ記述され、以下は余白。		
98		（仮）書籍価格表	1	5葉仮綴。罫紙に記された書物の売買記録。天囚との関連については不明。	24.0	16.3
99		（仮）書籍目録	1	仮綴。版心に「朝日新聞合資会社」とある罫紙を使用。天囚筆か。唐本・日本・狂詩の三部＋補遺からなり、書名・冊数を記す。所蔵書の目録と思われるが、詳細は不明。	24.5	16.5
100		（仮）「成齋先生行状資料」草稿	1	表紙に「先師行状資料」と打ち付け書き。抄本。「天囚書室」の原稿用紙を使用。仮綴。但し、表紙・目次部分（1葉）・本文冒頭の2葉のみ現存し、完本ではない。『重野博士史学論文集』（雄山閣、1938–39年）所収の「成齋先生行状資料」の草稿。「碩園先生著述目録」「十三、研究資料」中の「先師行状資料　一冊」の一部に該当か。	27.0	19.8
101		（仮）尺牘楷式	1	題簽が剥がれて、外題不明。表紙には、紺色の七宝繋ぎの模様のものを使用。「尺牘楷式」・「墓誌楷式」・「枢密顧問官従一位勲一等杉公墓誌」・「辭章論略補」を収録。墨筆・朱筆の書き込み多数。「碩園先生著述目録」「三、講義底稿」中の「七、辭章論畧三巻同補一巻」の一部に該当か。地には「辭章論畧補」と書き入れ。	26.3	18.5
102		（仮）楚辞関係書目類雑纂	1	表紙に「楚騷□□　彣菴手□」と外題を打ち付け書き。表紙には他にも打ち付け書きあり。「楚詞類書目　彣菴輯」・「九歌譜」・「叢書挙要楚辞書目」等の雑纂。	28.0	20.5
103		（仮）手帳	1	スケッチ・住所録等を含む雑多な内容のメモ書き。明治37年（1904）4月頃からの記述あり。	15.0	9.5
104		（仮）天囚宛書付類一式	35	差出人は中国の知人・友人か（すべてが天囚宛かは不明）。		
105		（仮）天囚宛書簡・記事原稿	1	半葉2枚。手紙の上欄外に朱筆で「急」。記事の原稿は、「木像」・「五剣山」。	25.0	17.5
106		（仮）天囚宛封書	1	大阪・住吉公園の鈴吉亭から、東京の天囚宛に送られた封書の封筒。大正12年（1923）12月15日の消印付の封筒のみ。	26.1	19.4
107		（仮）天囚に贈る漢文・漢詩	1	小牧昌業が『南島偉功伝』に関して書いた漢文（3葉）と、七言絶句4句（各1葉）。	23.0	12.5
108		（仮）天囚和歌紙片	2	天囚の和歌を記した紙片。2枚とも同内容。	23.0	12.5
109		（仮）同人詩集	1	漢詩の草稿類。仮綴じした各種の罫紙・原稿用紙（「碩園文稿」・「天囚居士稿本」とあるものを含む）に記されている。仮綴。書き入れ有り。	28.2	18.5

110		(仮) 並河総次郎受取証	1	1葉。並河総次郎が (1) 並河誠所『擬集古録』3冊 (2) 新井鳴門『遷都前後金石遺文』1冊について、天囚からの返却を受け取ったことを証するもの。大正11年 (1922) 9月付。	23.3	32.3
111		(仮) 西村幸子宛書簡一式	6	大正13年 (1924) の消印のもの。差出人は武内義雄・伊地知季珍・日高実容・小牧健夫・市嶋謙吉・大森鍾一。『延徳本大学』の礼など。		
112		(仮) 西村幸子作文	1	表紙に「明治卅七年四月／作文／佐知子」と打ち付け書きされたものと、「大正拾年四月／作文帳／西村幸子」と打ち付け書きされたものとの合冊。仮綴。	24.7	17.0
113		(仮) 西村家資料	1	大福綴じ資料が主。1式。「明治二十七年十二月三十日亡弟遺品始末　大坂西村時彦」「明治三十九年十一月二十九日所有地収納帳　西村時彦」「大正十五年九月二十九日　故時彦三年祭控」など計26冊。ほか、「先人五十年祭」と題した紙片1枚（斎主に時彦・幸子・時教が挙がっている）を含む。	40.0	14.0
114		(仮) 西村時彦　書状	1	己酉（明治42年〔1909〕）4月26日付。墨筆による修正があることから、浄書前のものか。書状の包み紙には、墨書で「越前時安君追遠祭文書」、朱書で「必要」と打ち付け書き。また「西村」の印記有り。種子島家の祭祀に西村時安を加えるとの知らせが、種子島守時から届いたことに対する礼状。	18.0	76.0
115		(仮) 西村時彦・時教連名葉書	1	時紹誕生の祝いに対する礼と、宮参りをすませ内祝いを送ったこととを、西之表の西村家親戚である「むら」（時教の実姉。宛名は「西村おむら様」）に伝えるもの。	14.2	9.0
116		(仮) 年譜草稿	1	仮綴。第1葉右下に「天囚居士」の印記有り。発表した著作を含む天囚の年譜。	27.2	20.0
117		(仮) 早川兼揚　書状	1	島津家臨時編纂所編纂長であった天囚の没後、島津家より未亡人・幸子に対して、金一千円を送金した通知。差出人の早川兼揚は、公爵島津忠重家令心得。大正13年 (1924) 12月4日付。	19.5	87.0
118		(仮) 不明資料・楚辞関係資料	1	前半は、絵入りの資料（内容不明）。後半は、楚辞関係資料の目録類で、末尾に「内閣文庫所蔵楚辞類唐本書目」を含む。合冊では無く、虫損等により、二つの資料が張り付いたもの。	27.0	19.0
119		(仮) 文章論五種合冊	1	(1)「魏文帝典論論文」・「摯虞文章流別論」・「陸士衡文賦并序」・「顔子家訓文章篇」を収録したもの、(2)「人文化成論」・「文章論」・「編年紀伝論」他を収録したもの、(3)「文章正宗綱目」・「古文奇賞略記」・「四六法海編輯大意」・「論文四則」を収録したもの、(4)「黄梨洲論文」、(5)「方望溪古文約選序例」・「海峯論文偶記」・「初月楼古文緒論」を収録したもの、合計5種の合冊。(1) の表紙には「典	24.5	16.0

				論論文／文章流別論／文賦／顔子家訓文章篇」と打ち付け書き。本文第1葉表右下に「碩園珍蔵」の印記有り。(2) の表紙には「唐人論文」と打ち付け書き。(3) の表紙には「文章正宗綱目／古文奇賞略記　俗言也（この3字のみ朱書）　論文四則／四六法海編輯大意」と打ち付け書き。(4) の表紙には「黄梨洲論文」と打ち付け書き。(5) の表紙には「方氏約選序序例　年譜末段附／海峯論文偶記／初月楼古文緒論」と打ち付け書き。		
120		(仮) 牧野篤好　書状	1	牧野篤好（初代熊毛郡長）から天囚への書状。明治27年（1894）12月12日付。冒頭部と末尾とが欠損。	19.2	54.0
121		(仮) 松山直蔵／西村母平山氏八十晉一壽序	1	巻子本。	21.2	169 (最終行の箇所までの長さ)

⑥器物１（軸）

資料番号	資料名	点数	備考	縦	横
天囚 1	「生財有道」	1		40.0	145.0
天囚 2	「勿道書」書幅	1	壬寅の記有り	154.0	40.0
天囚 3	「留（？）朝五十六云々」書幅	1	吉野山十終二（？）之一と記有り。天囚2と同一箇所に破損。	136.0	34.0
天囚 4	「辛盤献寿云々」書幅	1	丙午元旦の記有り。	137.0	40.0
天囚 5	「凡為人子之礼云々」書幅	1	曲礼之語の記有り。	138.0	34.0
天囚 6	短冊一式（天囚以外も含む）	1	天囚のものは2枚（内1枚裏有り）。ほか20枚の内1枚は絵のみ。内3枚は「西村時彦」と印刷された葉紙。外寸は、最も縦が長い短冊を採寸したもの。	37.0	6.0
天囚 7	「明治天皇誄辞」	1		138.0	61.0
天囚 8	「敖不可長欲不可従云々」書幅	1	戊辰春日の記有り。	140.0	68.0
天囚 9	「春（？）風云々」書幅	1	帰省出懐の記有り。布。	135.0	68.0
天囚 10	「暁牽黄犬云々」書幅	1	猟帰有の記有り。布。	136.0	37.0
天囚 11	「蓼〻復殷〻云々」書幅	1	銭塘観潮歌。布。	126.0	37.0
天囚 12	「別才出天稟云々」書幅	1	今戸（？）君一周忌云々と記有り。大正庚申十月の記有り。布。	55.0	47.0
天囚 13	「□□（自倹か）入奢易於下梯自奢反倹難於上天」	1	丙午六月の記有り	34.0	112.0
天囚 14	「西村子所墓誌銘」「先考行実」	1	箱書き有り。外寸は、本紙のみ。	22.5 22.5	65.0 131.0
天囚 15	「後世忝厥先唯云々」書	1	帰郷書歳之一の記有り。断裂あり。外寸は本紙のみ。	118.0	30.0

天囚 16	「人生無根帯云々」	1	己未夏日云々の記有り。断裂あり。晩年の書か。劣化酷い。外寸は本紙のみ。	130.0	41.5
天囚 17	「蓬生麻中不扶而直」書幅	1	甲子夏日の記有り。	130.5	33.5
天囚 18	「天塹砥平車云々」軸	1	人吉車中作記有り。外寸は本紙のみ。	111.0	51.0
天囚 19	「養気堂」書幅	1		131.0	34.0
天囚 20	「已倫至楽在游観云々」書幅	1	野山襍詩之一と記有り。	138.0	35.0
天囚 21	「烟波浩云々」軸	1	修復済み。明治 21 年（1888）の作品。外寸は本紙のみ。	101.0	39.0
天囚 22	「千里観光云々」書幅	1	清国両湖書院公讌席上と記有り。	148.0	41.0
豊山 1	「百事無能愧犬云々」書幅	1	明治 33 年（1900）5 月 9 日。	152.0	42.0
豊山 2	「安楽菴」	1		35.0	71.0
豊山 3	豊山四字書	1	末尾二文字は「貞鴻」か。	151.0	41.0
豊山 4	豊山四字書	1		34.5	104.0
豊山 5	「人無信不立」書	1		151.0	42.0
豊山 6	豊山先生寄せ書き	1	寄せ書き。上部が欠けているため、読解できないが、四字のタイトルを豊山が書いている。下に寄せ書き。要修復。	141.0	80.0
天囚交流 1	「景社題名第三」	1	狩野直喜題。会員連名。	34.0	131.0
天囚交流 2	「大礼記念章之証」	1	大正 4 年（1915）11 月 10 日。	33.0	42.0
天囚交流 3	「送鶴操」書	1	大正 10 年（1921）9 月に天囚が東京に向かうにあたり贈った歌。中井木菟麻呂（天生）筆。	136.0	32.0
天囚交流 4	「或問子能無心乎云々」書幅	1	張之洞筆。布を軸装した形跡有り。外寸は本紙のみ。	69.0	33.0
天囚交流 5	「春申江上云々」書幅	1	蔣黼筆。光緒癸卯五月（明治 36 年〔1903〕5 月）の日付あり。布。	36.0	76.0
天囚交流 6	「遍遊中外地」「曠観山水図」	2	五字。聯。蔡衛生書。	67.5	18.0
天囚交流 7	「風月一江春水濶」「詩情両地遠人親」	2	七字。聯。揚子筌筆。	67.5	18.0
天囚交流 8	「聊将筆墨酬知己」「定是文章有夙縁」	2	七字。聯。楊樹山筆。	67.5	18.0
天囚交流 9	「此間難時云々」幅	1	書簡を軸装したものか。筆者未詳。外寸は本紙のみ。	27.0	43.0
天囚交流 10	「訳書会章程」「擬合同稿艸」	2	亜東訳書会。	24.0	95.0
その他貴重 1	「送日東正使了庵和尚帰国序」幅	1	明正徳 8 年（1513）、王守仁筆のレプリカ。	33.0	97.0

⑥器物 2（拓本）

資料番号	資料名	点数	備考	旧整理番号
1	「木村耕厳翁碑」拓本まくり	1	西村天囚撰。『碩園先生文集巻二』第 35 葉所収。	拓本 19

2	「柿本定観墓碣」拓本　まくり	1	西村天囚撰。『碩園先生文集巻二』第50葉所収。	拓本25
3	「伊集院五郎墓誌」拓本　まくり	1	西村天囚撰。D17『碩園先生文集巻二』第58葉所収の「元帥海軍大將伊集院公墓志」に該当（墓は青山霊園に現存）	拓本24
4	「霊松碑」拓本　まくり	1	西村天囚撰。『碩園先生文集巻二』第60葉所収。上部破損。	拓本9
5	「貴族院議員従二位勲一等高崎君墓碑銘」拓本　まくり	1	西村天囚撰。『碩園先生文集巻二』第63葉所収。	拓本2・8
6	「適斎高野先生碑銘」拓本　まくり	1	西村天囚撰。『碩園先生文集巻二』第69葉所収。「前田豊山先生」と記した紙片が添えられていたが、豊山と直接には関係がない。	拓本1
7	「贈正四位藤井君旧蹟碑」拓本　まくり	1	西村天囚撰。『碩園先生文集巻二』第71葉所収。	拓本14
8	「岳陽牧野君碑銘」拓本　まくり	1	西村天囚撰。『碩園先生文集巻二』第73葉所収。冒頭の一字欠。	拓本15
9	「大阪木綿業記念碑」拓本　まくり	1	西村天囚撰。『碩園先生文集巻二』第74葉所収。	拓本23
10	「文学博士萩野君墓志」拓本　まくり	1	西村天囚撰。冒頭部分の1面のみ。『碩園先生文集巻二』には収録されていない。萩野由之は東京大学古典講習科卒。	拓本11
11	「錦鶏間祗侯藤原朝臣親章墓誌」拓本　まくり	1	冒頭部分の一面のみ。おそらく西村天囚撰。『碩園先生文集巻二』には収録されていない。阿倍野墓地六区警察墓地に現存か？	拓本12
12	「文学博士西村君墓誌」拓本　まくり	4	内藤湖南撰。冒頭部分の1面のみ。4枚の墨の濃さにはばらつきがあり、それぞれ別に作成されたものか？	拓本3
13	岳飛「前後出師表」拓本　まくり	1		拓本4・5・6・18・20・21
14	「遺教経」拓本　まくり	1	一部のみ。	拓本10
15	「楠木正成墓碑文」拓本　まくり	1	徳川光圀の建立したもの。碑文の文字は、朱舜水のものが用いられた。	拓本13
16	「老子道徳経」碑文拓本　まくり	2	大唐景龍2年（708）正月碑文。道経1点と徳経1点。	拓本16
17	宋湘「琴台題壁詩」拓本　まくり	1	武漢の古琴台にあるものの拓本。	拓本17
18	「濃州養老泉碑銘」拓本　まくり	1	要修復。	拓本22
19	「寒山寺楓橋夜泊詩」拓本　まくり	1		拓本7
20	「寒山寺楓橋夜泊詩石刻」拓本　軸	1		拓本27

21	謁菅廟二十一韻	2	原稿用紙を使用。「好蔵」撰。未定稿に西村天囚が朱筆にて修正を加えたものと、その修正を参考にしつつ浄書したもの。これ自体は拓本ではないが、拓本類の中に入っていた。	拓本26

⑥器物３（額・その他）

資料番号	資料名	点数	備考
1	シルクハットケース	1	英国・リンカーンベネット社製
2	シルクハット	1	英国・リンカーンベネット社製
3	ポーラーハット	1	英国・リンカーンベネット社製
4	ポーラーハット	1	日本・大徳社製
5	扁額「松籟」	1	本誌部分　縦 27.5 cm × 横 46.5 cm 額全体　縦 39.5 cm × 横 77.5 cm
6	扁額「読騒廬」	1	本紙部分　縦 30.0 cm × 横 130.0 cm 額全体　縦 38.0 cm × 横 158.0 cm

鉄砲館所蔵西村天囚関係資料目録

竹田健二・湯浅邦弘・池田光子

①書籍

資料番号	資料ID	大分類	中分類	小分類	資料名	点数	備考	縦	横
1	8346	家別資料	西村		尾張敬公	1	昭和58年（1983）に西村時昌氏が寄贈。名古屋開府三百年紀年会、明治43年（1910）。「碩園先生著述目録」「一、撰著」中の「三、尾張敬公」に該当。	22.4	15.0
2	8347	家別資料	西村		精神振作詔書謹解	1	昭和58年（1983）に西村時昌氏が寄贈。田中常憲（京都府立福知山中学校長）著。博文堂、大正13年（1924）。序文は前文部大臣・岡野敬次郎と西村時彦。『朝見式勅語謹解』（宝文館、昭和2年（1927）発行）と同一著者。岡野は「はしがき」において西村を「我が師西村天囚博士」と呼んでいる。	18.7	12.8
3	8348	家別資料	西村		豊山遺稿	1	昭和58年（1983）に西村時昌氏が寄贈。森友諒、鹿児島県教育会印刷部、大正15年（1926）。版心に「前田豊山遺稿」とあり。	19.5	11.8
4	8349	家別資料	西村		南島偉功伝	1	昭和58年（1983）に西村時昌氏が寄贈。誠之堂書店、明治32年（1899）。「碩園先生著述目録」「一、撰著」中の「一、南島偉功伝」に該当。	22.1	14.6
5	8354	家別資料	西村		学界乃偉人	1	昭和58年（1983）に西村時昌氏が寄贈。杉本梁江堂、明治44年（1911）再版。「碩園先生著述目録」「一、撰著」中の「五、学界偉人」に該当。	22.7	15.4
6	8355	家別資料	西村		懐徳堂考	1	昭和58年（1983）に西村時昌氏が寄贈。財団法人懐徳堂記念会、大正14年（1925）。ペーパーバック版。	22.1	15.2

7	8356	家別資料	西村		紀行八種	1	昭和58年（1983）に西村時昌氏が寄贈。誠之堂書店、明治32年（1899）。「碩園先生著述目録」「八、雑著」中の「紀行八種」に該当。	22.1	14.8
8	8357	家別資料	西村		大正重刊屑屋の籠	1	昭和58年（1983）に西村時昌氏が寄贈。博文堂、大正13年（1924）「碩園先生著述目録」「十、小説」中の「一、屑屋の籠　明治二十年」に該当。	23.0	16.7
9	8358	家別資料	西村		天囚遊草	1	昭和58年（1983）に西村時昌氏が寄贈。外題は「清国遊草」。天囚の漢詩集。扉・序2葉・本文14葉の版心に、すべて「天囚遊草」とあるが、後半は友人の詩を集めた部分で、「苔岑集」として葉数を一～八に改めている。四冊が合冊されており、それぞれに朱筆・墨筆の書き込み多数。天囚が知人に批正を乞うて返送されたものか（2冊目は磯野秋渚）。明治30年（1897）～31年（1898）作、明治31年刊。書簡の挟み込みあり。「碩園先生著述目録」「四、遺稿」中の「四、天囚遊草」に該当か。	23.0	15.7
10	8364	家別資料	西村		薩摩嵐	1	昭和58年（1983）に西村時昌氏が寄贈。図書出版会社、明治24年（1891）12月。「碩園先生著述目録」「十、小説」中の「一三、薩摩嵐　明治二十四年十二月」に該当。	18.4	12.5
11	8366	家別資料	西村		居酒屋之娘	1	昭和58年（1983）に西村時昌氏が寄贈。同盟分舎、明治21年（1888）。カバーには「西村天囚居士著／居酒屋之娘／東京金盛堂蔵版」。扉には「西村天囚居士著／居酒屋の娘／同盟分舎発行」。「碩園先生著述目録」「十、小説」中の「三、居酒屋之娘　明治二十一年十二月」に該当。	18.5	13.0
12	8367	家別資料	西村		奴隷世界	1	昭和58年（1983）に西村時昌氏が寄贈。有文堂、明治21年（1888）4月。「碩園先生著述目録」「十、小説」中の「二、奴隷世界　明治二	18.7	12.3

							十一年四月」に該当。		
13	8368	家別資料	西村		聾評閨怨	1	昭和58年（1983）に西村時昌氏が寄贈。東雲堂、明治21年（1888）12月。表紙に「天囚居士」の印記有り。	18.6	12.6
14	8372	家別資料	西村		単騎遠征録	1	昭和58年（1983）に西村時昌氏が寄贈。奥付無、和綴じ。金川書店版（明治27年（1894）6月）とは版自体が異なる。「碩園先生著述目録」「八、雑著」中の「福島中佐単騎遠征録　明治二十六年」に該当。	23.9	16.4
15	8374	家別資料	西村		天囚聞書　維新豪傑談	1	昭和58年（1983）に西村時昌氏が寄贈。春陽堂、明治25年（1892）4月。三版。	22.4	14.8
16	8375	家別資料	西村		老媼物語	1	昭和58年（1983）に西村時昌氏が寄贈。現在は所在不明。「碩園先生著述目録」「八、雑著」中の「老媼物語」に該当か。		
17	8380	家別資料	西村		北白川の月影	1	昭和58年（1983）に西村時昌氏が寄贈。大阪朝日新聞、明治28年（1895）。もとの表紙の題簽に天囚居士の印記有り。	22.6	15.2
18	8382	家別資料	西村		碩園先生遺集第五屈原賦説巻上	2	昭和58年（1983）に西村時昌氏が寄贈。財団法人懐徳堂記念会、昭和11年（1938）。	26.4	18.0
19	8392	家別資料	西村		碩園先生遺集第三碩園先生文集巻三	2	昭和58年（1983）に西村時昌氏が寄贈。財団法人懐徳堂記念会、昭和11年（1938）。	26.4	18.0
20	8394	家別資料	西村		碩園先生遺集第四碩園先生詩集巻一～三巻	2	昭和58年（1983）に西村時昌氏が寄贈。財団法人懐徳堂記念会、昭和11年（1938）。	26.4	18.0
21	8406	家別資料	西村		碩園先生遺集第一碩園先生文集巻一	2	昭和58年（1983）に西村時昌氏が寄贈。財団法人懐徳堂記念会、昭和11年（1938）。	26.4	18.0
22	8409	家別資料	西村		碩園先生遺集第二碩園先生文集巻二	2	昭和58年（1983）に西村時昌氏が寄贈。財団法人懐徳堂記念会、昭和11年（1938）。	26.4	18.0
23	8414	家別資料	西村		延徳本大学	1	昭和58年（1983）に西村時昌氏が寄贈。扉裏に「大正甲子碩園景印百部」。奥付なし。大正13年（1924年）か。	27.2	19.8
24	8415	家別資料	西村		延徳本大学	1	昭和58年（1983）に西村時昌氏が寄贈。奥付・天囚の跋文の後に岡田正之の識語あり。博文堂、大正14年（1925）。扉裏に「大正甲子初夏碩園再印百部」。	26.7	19.4

25	8417	家別資料	西村		訳本琵琶記	1	昭和58年（1983）に西村時昌氏が寄贈。天囚が大正2年（1913）4月16日〜6月20日に大阪朝日新聞に連載した「南曲琵琶記」の紙型を用いて50部出版したもの。序文は王国維。昭和女子大の著作年表には記載なし。	23.5	16.2

②雑誌

資料番号	資料ID	大分類	中分類	小分類	資料名	点数	備考	縦	横
1	8365	家別資料	西村		なにわがた 第16冊	1	昭和58年（1983）に西村時昌氏が寄贈。浪華文学会、明治25年（1892）8月。表紙・裏表紙剥落。	18.8	12.7

③その他印刷物

資料番号	資料ID	大分類	中分類	小分類	資料名	点数	備考	縦	横
1	8342	家別資料	西村		西村博士十年祭記念	1	昭和58年（1983）に西村時昌氏が寄贈。(1) 写真（①文学博士西村時彦先生遺影、②文学博士西村先生墓〔題表〕、③文学博士西村君墓表、④淀川改修紀功碑手稿〔朱筆の句点・修正、墨筆の修正あり〕）、(2) 写真②・③の翻刻、(3) 淀川改修紀功碑の翻刻（末尾に「［原本、木崎好尚氏所蔵］とあり」）を収録。昭和9年（1934）発行か。	24.3	16.6
2	8350	家別資料	西村		教育勅語下賜三十年記念 文学博士西村時彦先生講演速記	1	昭和58年（1983）に西村時昌氏が寄贈。有隣会、高津・日本橋両小学校、高津軍人分会、大正9年（1920）。「碩園先生著述目録」「六、講演」中の「五、教育勅語下賜三十年記念講演速記　大正八年」に該当。「碩園先生著述目録」「六、講演」中の「五、教育勅語下賜三十年記念講演速記　大正八年」に該当。	18.8	12.9
3	8376	家別資料	西村		薩摩琵琶歌　武石浩波	1	昭和58年（1983）に西村時昌氏が寄贈。大正2年（1913）。昭和女子大の著作年表には記載なし。「碩園先生著述目録」「八、雑著」中の「薩摩琵琶歌　武石浩波」に該当。	22.1	14.9

④スクラップ類

資料番号	資料ID	大分類	中分類	小分類	資料名	点数	備考	縦	横
1	8369	家別資料	西村		天囚雑纂	1	昭和58年（1983）に西村時昌氏が寄贈。資料名は外題による。表紙には外題の他に「随筆　伝記／紀行　琵琶歌」と打ち付け書き。新聞記事のスクラップ。「横臥縦談・倪雲林・劉峴帥伝・四日路・海風・風流羽書・化物・猟話・猟師の新年・猟師の新年・兎狩・初狩・猟味・長岡子と智識君・遠征の遺蹟・願ほどき・あづま日記抄・新作薩摩琵琶歌武士道・同　受降が岡・同閉塞隊・同　上村艦隊英雄の大著述」。「碩園先生著述目録」「八、雑著」中の「天囚雑纂　随筆伝記紀行琵琶歌自明治三十五年七月至明治三十九年五月」に該当。	26.9	19.2
2	8377	家別資料	西村		時彦時輔関係記録	1	昭和58年（1983）に西村時昌氏が寄贈。外題は「時彦時輔関係記録」。新聞記事のスクラップ。時輔死去関連の記事が中心。西村家資料「⑤−66 亡弟遺筆」の中身か？	30.7	17.7
3	8378	家別資料	西村		天囚論文　明治二十七八年中所作	1	昭和58年（1983）に西村時昌氏が寄贈。資料名は外題による。明治27年34篇、明治28年14篇の新聞記事を収録。題簽に天囚居士の印記有り。「碩園先生著述目録」「五、論文」中の「一、天囚論文」に該当。	26.5	19.3
4	8379	家別資料	西村		天囚襍文　明治二十七八年中所作	1	昭和58年（1983）に西村時昌氏が寄贈。資料名は外題による。剝落した題簽に天囚居士の印記有り。「碩園先生著述目録」「九、襍文」中の「天囚雑文　明治二十七八年中所作」に該当。	26.4	19.1
5	8431	家別資料	西村		日本小史	1	昭和58年（1983）に西村時昌氏が寄贈。資料名は外題による。明治42年（1909）大阪朝日新聞掲載のスクラップ。冒頭部分には加筆・修正を大量に加えている。尾張敬公。	29.0	20.0

⑤抄本

資料番号	資料ID	大分類	中分類	小分類	資料名	点数	備考	縦	横
1	8334	家別資料	西村		「枢密顧問官海軍大将従一位大勲位功二級伯爵樺山資紀ニ賜フ誄」草稿	1	昭和58年（1983）に西村時昌氏が寄贈。鹿児島県出身の軍人・政治家である樺山資紀に送られた誄（死者の生前の功徳・徳行を整理してほめたたえる言葉・文章）の草稿。内大臣府の罫紙を使用。	28.2	40.1
2	8335	家別資料	西村		勅語及令旨、誄詞	1	昭和58年（1983）に西村時昌氏が寄贈。資料名は外題による。勅語や令旨を含む、皇室関係の文書の草稿類や、賀表のスクラップ等の雑纂。大正3年（1914）11月に財団法人懐徳堂記念会の永田理事長が大正天皇に『懐徳堂紀年』を献上した時の表の草稿を含む。内大臣府・宮内省の罫紙等、多様な用紙を使用。重野安繹の書き込みのある草稿類もあり。	20.8	20.1
3	8336	家別資料	西村		詔勅草案	1	昭和58年（1983）に西村時昌氏が寄贈。関東大震災に言及する文言を含む。無罫の紙を使用。	28.3	20.1
4	8337	家別資料	西村		詩経大雅仮楽篇講義艸案	1	昭和58年（1983）に西村時昌氏が寄贈。資料名は内題による。外題は「進講録擬稾」。碩園文稿の原稿用紙を使用。末尾に「宮内省御用掛文学博士西村時彦恭撰」。大正13年（1924）1月16日の語講書始の儀に際し、天囚は漢書の進講者である狩野直喜博士の控えの任に就いた。	24.8	16.9
5	8338	家別資料	西村		精神振作の詔書を捧読して	1	昭和58年（1983）に西村時昌氏が寄贈。資料名は内題による。外題は「精神振作の詔書に就きて」。碩園文稿の原稿用紙を使用。「碩園先生著述目録」「六、講演」中の「六、精神振作の詔書を捧読して　大正十二年」に該当。	24.8	16.8
6	8339	家別資料	西村		詩経大雅仮楽篇講義	1	昭和58年（1983）に西村時昌氏が寄贈。無罫の紙を使	28.3	20.0

							用。末尾に「宮内省御用掛臣西村時彦（大正12年1月記）」。		
7	8340	家別資料	西村		豊山前田先生碑銘草案（校正刷）	1	昭和58年（1983）に西村時昌氏が寄贈。現在は所在不明。		
8	8341	家別資料	西村		詩稿	1	昭和58年（1983）に西村時昌氏が寄贈。資料名は外題による。漢詩・漢文の草稿類。萩野由之（和菴・礼卿）の「禹域遊草」（活字本）・「紀災二十絶句・癸亥感晩作」（碩園文稿の原稿用紙を使用、末尾に「西村時彦未定稾」。「災」は関東大震災を指す）・小松崎亮太郎「祭天智天皇文」・重野安繹「殉難盛烈碑」・前田宗恭「詩稿」他。	26.3	19.5
9	8343	家別資料	西村		漢書進講大要	1	昭和58年（1983）に西村時昌氏が寄贈。無罫の紙を使用。末尾に「大正十三年一月十六日宮内省御用掛西村時彦」。朱筆の修正有り。資料ID8337・資料番号4「詩経大雅仮楽篇講義艸案」の関連資料。	28.2	20.0
10	8344	家別資料	西村		賀表　草案	1	昭和58年（1983）に西村時昌氏が寄贈。資料名は外題による。「賀　東宮成婚進瑞彩帖牋　為東京府知事甲子一月」・「賀　東宮成婚牋　為斯文会長作甲子一月」・「松方公寿序跋」（いずれも碩園文稿の原稿用紙を使用）、また「登極賀表」（景社文稿の原稿用紙を使用）など、主に賀表の草稿類。	25.3	17.7
11	8345	家別資料	西村		「故内閣総理大臣大勲位原敬ニ賜フ誄」草稿	1	昭和58年（1983）に西村時昌氏が寄贈。原敬に送られた誄の草稿。内大臣府の罫紙を使用。資料ID8335・資料番号4「勅語及令旨、誄詞」関連資料。	28.1	40.0
12	8352	家別資料	西村		教学史論資料	1	昭和58年（1983）に西村時昌氏が寄贈。主に『日本書紀』の中から教学に関連する記述について抄出したものか。	23.4	15.9
13	8353	家別資料	西村		前田豊山七十寿言	1	昭和58年（1983）に西村時昌氏が寄贈。外題は「豊山	24.6	16.5

							先生七十寿詞」。前田豊山の古稀を祝い、関係者が文章・漢詩・和歌を寄せた文集の稿本か。冒頭に「前田豊山先生小伝」あり。		
14	8359	家別資料	西村		天囚雑綴十種	1	昭和58年（1983）に西村時昌氏が寄贈。序文・目次・内題に「天囚雑綴十種」とあるが、実際には「天縁・無鏃箭・狐法師・浮浪人・深山木・義人譚・博奕寺・女文王・乞丐児」の九種。目次に項目として「十」は記されているが題目は無く、本文も無い。明治22年(1889）大阪公論に掲載された小説。「天囚居士」の印記有り。	27.0	19.0
15	8360	家別資料	西村		清国近世偉人	1	昭和58年（1983）に西村時昌氏が寄贈。外題は「小天地閣私記」（「碩園先生著述目録」の十二、鈔録には「小天地閣私記二冊」とあり）。曾国藩・胡林翼・江忠源・羅沢南・駱秉章・左宗棠・沈葆楨について。「碩園先生著述目録」「十二、鈔録」中の「小天地閣私記」に該当か。	29.5	18.3
16	8361	家別資料	西村		資料雑綴　一・二	1	昭和58年（1983）に西村時昌氏が寄贈。「資料雑綴一」・「資料雑綴二」の合冊。本書内に挟みこまれていたメモ（付箋を貼り付けたもの？）あり。景社文稿の原稿用紙・臨時編輯所の罫紙・鹿児島区裁判所西ノ表出張所の罫紙等を利用。「碩園先生著述目録」「十三、研究資料」中の「資料雑綴」に該当か。	25.0	17.4
17	8362	家別資料	西村		儒文源委　巻上	1	昭和58年（1983）に西村時昌氏が寄贈。「碩園珍蔵」の印記有り。『史記儒林伝自序』以下、歴代の正史の儒教関係の記述部分を抄出して、加筆用のスペースをあわせて印刷したものか。書き込み・修正有り。「碩園先生著述目録」「二、編著」中の「三、儒文源委」に該当。	27.7	18.8

18	8363	家別資料	西村		「修辞学之将来」他雑纂	1	昭和58年（1983）に西村時昌氏が寄贈。大正11年(1922)6月の斯文会研究部における講演「修辞学之將來」の原稿（碩園文稿の原稿用紙を使用）・「岩倉公神道碑校訂」（同）・「島津公神道碑校訂」（同）・「影印延徳本大学跋」（同）・「精神振作詔書謹解序」（同）・「老子略論」（景社文稿の原稿用紙を使用）・「中庸解題稿」（同）・「正五位勲三等土居君墓誌丁巳九月定稿」・「故衆議院議員勲四等柚木君碑」（同）2本・「故鹿児島県市議会議長染川君碑」（同）2本・「校訓」（同）・「校訓漢訳」（同）3本・「校訓三則」（同）。「碩園先生著述目録」「三、講義底稿」中の「八、中庸解題稿」に該当するものを含むか。	24.9	17.8
19	8370	家別資料	西村		小説　狂女原稿	1	昭和58年（1983）に西村時昌氏が寄贈。資料名は外題による。「広告　鉄砲伝来史」、以下目次（第一回～第廿回）、「阿母」「狂女（其六）」「狂女（其八）」他。	28.3	18.5
20	8371	家別資料	西村		羽越遊記・藤島武彦事蹟・懐徳堂沿革	1	昭和58年（1983）に西村時昌氏が寄贈。資料名は外題による。「羽越遊記」（東京朝日新聞原稿用紙を使用）・「藤島武彦ノ事」・「懐徳堂沿革略」（天囚書室の原稿用紙を使用）他。	24.9	17.5
21	8373	家別資料	西村		文章二篇	1	昭和58年（1983）に西村時昌氏が寄贈。資料名は外題による。「新旧文明の調和を論ず」「蘇東坡の哲学を叙ぶ」。	24.5	16.7
22	8381	家別資料	西村		天囚菴茶話・梧桐夜雨樓漫筆	1	昭和58年（1983）に西村時昌氏が寄贈。「碩園先生著述目録」「六、講演」中の「十一、随筆」に記載されている「天囚菴茶話」と「梧桐夜雨楼漫筆」とに該当。「碩園先生著述目録」「十一、随筆」中の「天囚菴茶話」・「梧桐夜雨樓漫筆」に該当。	22.8	12.9
23	8383	家別資料	西村		懐徳堂記念講演他雑纂	1	昭和58年（1983）に西村時昌氏が寄贈。外題は「懐徳	24.7	17.2

							堂記念講演」。「懐徳堂記念講演　大正三年十月五日於大阪府立図書館」（景社文稿の原稿用紙を使用）・「琉球志料書目」（同）・「講演手稿　大正二年十月五日於天王寺公園公会堂」（同。財団法人懐徳堂記念会の趣旨を論ずるもの）・「尚書故」（同）・「伝献懐徳堂年表表」（同）他。		
24	8384	家別資料	西村		懐徳堂資料	1	昭和58年（1983）に西村時昌氏が寄贈。題簽は剝落しており、外題は不明。下小口（地）に「懐徳堂資料」と墨書あり。朝日新聞合資会社の罫紙を使用。中井竹山・履軒の著述や、頼春水・猪飼敬所・山田三川らが二人に言及した資料からの抄出・要約を羅列したもの。『懐徳堂考』下巻執筆の際の資料集と考えられる。全90葉の内、後半60葉は白紙。「左伝雕題略叙　丙午」（明治39年〔1906〕）・「懐徳堂扁□」等を記した「静嘉堂蔵梓」の罫紙3葉が挟みこまれている。	26.5	18.9
25	8385	家別資料	西村		天囚曲話	1	昭和58年（1983）に西村時昌氏が寄贈。天囚居士稿本の原稿用紙を使用。荻生徂徠・太宰春台の引用をもとに叙述。「碩園先生著述目録」「二、編著」中の「八、天囚曲話」に該当か。	26.3	19.1
26	8386	家別資料	西村		筆すさひ	1	昭和58年（1983）に西村時昌氏が寄贈。外題は「筆すさひ十種」。扉に「天囚居士著／筆すさび」、天囚居士の印記有り。続く葉の「筆すさひ目録」には、「島内裏の巻／御身代／古英雄／烈婦阿六／血刀の記／老媼物語／山分衣／金陵勝概／酔奴伝／狂人／俚歌評注（「俚歌評注」のみは墨線により見せ消ち）」とあるが、内容は「長寿院盛淳・甲斐宗運入道・烈婦阿六・血刀の記・老媼物語（むかしかたり・	26.3	19.1

							若狭・古田御前・千代女・時員母・浅山氏女・けさ・山田歌子・長野氏・つる女）・山分衣・金陵勝概・酔奴伝・狂人」。朱筆の句点や読み仮名の書き入れ・修正等あり。		
27	8387	家別資料	西村		五十壹番歌結		昭和58年（1983）に西村時昌氏が寄贈。もとの表紙に「大正五年□月十一日／五十壹番歌結／彩雲社」。	28.2	20.5
28	8388	家別資料	西村		狩猟関係論文	1	昭和58年（1983）に西村時昌氏が寄贈。外題は「西洋狩猟乃鷹書」。村山合名大阪朝日新聞社の罫紙を使用。本文第一葉に天囚書室の印記有り。「狩猟」・「鷹匠」を収録。	26.5	19.3
29	8389	家別資料	西村		支那政体論他	1	昭和58年（1983）に西村時昌氏が寄贈。朝日新聞合資会社の罫紙を使用。「支那政体論」・「史学之趣味　丹波史談会席上講演」・「帆足万里先生」・「日本人学新説」他収録。朱筆・墨筆の修正等書き入れあり。講演の原稿類。本書内に挟まれたメモ書き3書面有り。	27.1	18.8
30	8410	家別資料	西村		露西亜史	1	昭和58年（1983）に西村時昌氏が寄贈。外題は「露西亜史上巻」。例言・目次（第1章～第35章）・本文（第1章～第19章）。例言によれば、本書は東京専門学校が刊行した歴史叢書の第1篇。漢文で書かれたロシア史。	28.5	17.3
31	8411	家別資料	西村		儒文源委　巻下	1	昭和58年（1983）に西村時昌氏が寄贈。「碩園珍蔵」の印記有り。『後漢書文苑伝賛』以下、歴代の正史の儒教関係の記述部分を抄出して、加筆用のスペースをあわせて印刷したものか。「碩園先生著述目録」「二、編著」中の「三、儒文源委」に該当。	27.6	18.8
32	8412	家別資料	西村		儒文源委　附録	1	昭和58年（1983）に西村時昌氏が寄贈。儒文源委上巻附録と儒文源委下巻附録との合冊。もとの表紙に「儒文源委下巻」と打ち付け書	27.7	18.7

							き。儒文源委上巻附録の本文第一葉に「碩園珍蔵」の印記有り。『漢書芸文志』以下、歴代の正史の儒教関係の記述部分を抄出して、加筆用のスペースをあわせて印刷したものか。書き込み・修正あり。「碩園先生著述目録」「二、編著」中の「四、同（注…儒文源委を指す）附録」に該当。		
33	8413	家別資料	西村		文章本源・諸子論文	1	昭和58年（1983）に西村時昌氏が寄贈。文章本源と諸子論文（上下巻）との合冊。文章本源の本文第一葉に碩園珍蔵の印記有り。両者とも朱筆の書き込み・修正あり。「碩園先生著述目録」「三、講義底稿」中の「三、文章本源」に該当するものを含む。	27.0	18.0
34	8416	家別資料	西村		戊午消夏録	1	昭和58年（1983）に西村時昌氏が寄贈。資料名は、剝落して挟みこまれている題簽の外題による。目録に続いて「支那通俗史考」・「四六津筏」・「評点学」・「薩摩画人氏名」を収録。戊午は大正7年（1918）。「薩摩画人氏名」に「私案」の印記有り。表紙裏表紙には七宝つなぎの文様あり。「碩園先生著述目録」「十一、随筆」中の「戊午消夏録」に該当。	26.2	18.5
35	8418	家別資料	西村		国民道徳大本立証趣旨	1	昭和58年（1983）に西村時昌氏が寄贈。抄本「国民道徳の大本」と印刷物「立証趣旨」との合冊。外題は「国民道徳大本／立証趣旨」。「国民道徳の大本」は、天囚が豊岡において行った講演の草稿（『朝日講演集』〔朝日新聞、明治44年（1911）〕所収）。「立証趣旨」は、白虹事件の際の「辯一號證」。第一葉に朱筆で「大正七年編纂」の識語有り。	24.9	17.6
36	8419	家別資料	西村		資料襍綴　四・五	1	昭和58年（1983）に西村時昌氏が寄贈。「資料雑綴四」・「資料雑綴五」の合冊。「春海商店沿革」内に挟	24.8	17.0

							みこまれた春海家に関する書面（2枚）有り。「資料雑綴五」の表紙に天囚居士の印記有り。「碩園先生著述目録」「十三、研究資料」中の「資料雑綴」に該当か。		
37	8420	家別資料	西村		文藁	1	昭和58年（1983）に西村時昌氏が寄贈。資料名は外題による。「送武内宜卿遊支那序　己未三月景社」（大正8年〔1919〕。景社文稿の原稿用紙を使用）・米山宗臣「威尼西ノ古碑文ニ就テ」（天囚が明治43年〔1910〕の世界一周会に参加した際に執筆した記事に対し、読者が寄せた意見文）・「大阪公会堂壁記」6点（4点は景社文稿の原稿用紙を使用。2点は無罫の紙を使用）・「家蔵楚辞之属」（外題は「家蔵楚辞書目」。景社文稿の原稿用紙を使用）・「楚辞纂説自序」（景社文稿の原稿用紙を使用）3点・「楚辞纂説序　丁巳一月景社」（大正6年〔1917〕。景社文稿の原稿用紙を使用）等、天囚が景社で発表して参会者に批正を求めた文などの他、多種の草稿の雑纂。天囚以外の人物が書いたものも含む。「碩園先生著述目録」「十四、目録索引」中の「一、家蔵楚辞書目　一冊」に該当するものを含むか。	26.3	18.1
38	8421	家別資料	西村		清朝文派	1	昭和58年（1983）に西村時昌氏が寄贈。朝日新聞合資会社の罫紙を使用。墨筆・朱筆の書き込み・修正あり。表紙・裏表紙に七宝つなぎの文様あり。「碩園先生著述目録」「三、講義底稿」中の「四、清朝文派」に該当。	27.2	18.7
39	8422	家別資料	西村		古賦辯体巻之二他雑纂	1	昭和58年（1983）に西村時昌氏が寄贈。「屈原賦説下巻名字第一」（一葉のみ）・「古賦辯体巻之二」（墨筆の加筆あり）・「詩経大雅仮楽篇講義」（末尾に「仮楽四章章六句／進講候補／大正十三年一月　宮内省御用掛臣西村	28.4	20.0

							時彦」)・「乙巳二月十日与容所主人及撫山雲鵬二翁将遊函嶺出京口占」・「心之憂矣三首」「秋懐二十律」他の雑纂。		
40	8423	家別資料	西村		礼論資料他雑纂	1	昭和58年（1983）に西村時昌氏が寄贈。大阪市長池上四郎から住友男爵への感謝の語（大正11年〔1922〕)・「恭祝／正二位大勲位松方公八十八寿序」（大正11年）・「野山金石図説序」（大正10年〔1921〕、碩園居士の印記有り）・「東宮御慶典に就きて」・「贈右大臣大久保公先世記念碑」（大正11年）・「住友男爵閣下鈞鑒」（大正11年）・「三島開墾紀恩碑」（大正11年）・「礼論資料」・「伝献懐徳堂年表表」その他、各種原稿等の雑纂。	28.4	20.3
41	8424	家別資料	西村		五十以後文稿　第二・第三	1	昭和58年（1983）に西村時昌氏が寄贈。「五十以後文稿第二」・「五十以後文稿　第三」の合冊。前者は表紙に「大正四年旃蒙単閼七月至九月」と打ち付け書き（旃蒙は乙、単閼は卯)。「贈従五位安井道頓紀功碑記」・「贈従四位河村瑞賢紀功碑記」・「籾山季才先生寿序」・「懐徳堂記念祭典告文」他を収録。後者は表紙に「大正四年乙卯十月至十二月」と打付け書き。「大礼行幸を迎へ奉る」・「大礼近きぬ」他を収録。「景社文稿」の裏紙を使用。	25.2	17.5
42	8425	家別資料	西村		五十以後文藁　第六・第七	1	昭和58年（1983）に西村時昌氏が寄贈。「五十以後文藁第六」・「五十以後文藁　第七」の合冊。前者は表紙に「大正六年丁巳一月」と打ち付け書き、「大阪北区松枝町二一三西村時彦」の印記有り。「復神田生」・「伏見鳥羽役薩藩戦死者五十年祭祭文」・「南浦和尚書」などを収録。後者は、表紙に「大正七年戊午一月」と打ち付け書き。「答鈴木豹軒」・「薇山西先生墓表」・「天長節祝	25.3	17.4

							日」などを収録。本書内に挟みこまれていた書面一枚有り。		
43	8426	家別資料	西村		五十以後文稿　第四・第五	1	昭和58年（1983）に西村時昌氏が寄贈。「五十以後文稿巻四」・「五十以後文藁　巻五」の合冊。前者は表紙に「大正五年丙辰一月至二月」と打ち付け書き。「鉄砲伝来紀功碑」・「大田蘆隠墓碣」などを収録。後者は表紙に「大正五年丙辰三月」と打ち付け書き。「芳烈公手写学庸論語跋」・「神武陵行幸啓」・「重建懐徳堂上梁文」・「先考事畧」・「先考五十年祭告文」・「先師豊山先生祭告文」などを収録。	25.4	17.4
44	8427	家別資料	西村		臥読坐抄	1	昭和58年（1983）に西村時昌氏が寄贈。「楚辞書目」・「元人別集書目」・「蒹葭堂日記抄」などを収録。「碩園先生著述目録」「十二、鈔録」中の「臥読坐抄」に該当。	27.0	18.7
45	8430	家別資料	西村		尾藤二洲先生年譜藁・木村巽斎事略他	1	昭和58年（1983）に西村時昌氏が寄贈。「尾藤二洲先生年譜藁」・「木村巽斎事畧」・「木村巽斎資料」などを収録。「木村巽斎事畧」は表紙に「大正十年一月卅日」と打ち付け書き。「碩園先生著述目録」「七、伝記年譜」中の「四、二洲先生年譜藁」・「六、木村巽齋事略」に該当。	25.1	17.0
46	8432	家別資料	西村		経子簡編補注他	1	昭和58年（1983）に西村時昌氏が寄贈。「経子簡編上巻」（表紙には「経子簡編補注」と打ち付け書き、天囚居士の印記有り）・「詩説手藁」（「詩説」彣菴・「詩義」西村時彦）・「漢書進講大要」（「詩経大雅仮楽篇講義」を改題）・「経子簡編上巻」（印刷物。懐徳堂）の合冊。合冊したものに附された表紙に「経子簡編」と打ち付け書き。「碩園先生著述目録」「二、編著」中の「六、経子簡編」・「七、同補注」に該当するものを含む。	25.1	17.6

47	8433	家別資料	西村		論語集釈　巻一・巻二	1	昭和58年（1983）に西村時昌氏が寄贈。「論語集釈巻一」・「論語集釈巻二」の合冊。内題は「論語私案」から「論語集釈」に修正。外題の「論語集釈巻一」は誤り。題簽に天囚居士の印記有り。「碩園先生著述目録」「一、撰著」中の「一一、論語集釈」に該当。	27.4	18.5
48	8434	家別資料	西村		論語集釈　巻三・巻四	1	昭和58年（1983）に西村時昌氏が寄贈。「論語集釈巻三」・「論語集釈巻四」の合冊。外題の「論語集釈巻二」は誤り。「碩園先生著述目録」「一、撰著」中の「一一、論語集釈」に該当。	27.3	18.4
49	8435	家別資料	西村		辞章論畧　下巻		昭和58年（1983）に西村時昌氏が寄贈。資料名は外題による。冒頭の二十四葉が欠落し、内題不明の文章と、「評類第六」との合冊。両者とも、各葉表左下隅に葉数の書き込み有り。題簽に天囚居士の印記有り。「碩園先生著述目録」「三、講義底稿」中の「七、辞章論略三巻同補一巻上巻佚」に該当か。	27.3	18.4
50	8436	家別資料	西村		碩園襍記	1	昭和58年（1983）に西村時昌氏が寄贈。本書内に挟みこまれていた書面二枚有り。一枚に、大正七年一月と記載。表紙・裏表紙には七宝つなぎの文様あり。「碩園先生著述目録」「十二、鈔録」中の「碩園雑記　大正戊申一月以降」に該当か。	27.3	18.4
51	8437	家別資料	西村		屈原賦論　巻上	1	昭和58年（1983）に西村時昌氏が寄贈。内題は、「碩園賦説上巻」から修正。外題は「碩園賦説　己未九月起藁」、天囚居士の印記有り。目次も「屈原賦説上巻」。本文第一葉に「大隅西邨時彦初藁」。表紙・裏表紙には七宝つなぎの文様あり。「碩園先生著述目録」「一、撰著」中の「七、屈原賦説」に該当。	26.3	18.6
52	8438	家別資料	西村		漢詩	1	昭和58年（1983）に西村時昌氏が寄贈。所在不明。前田宗誠関係文書。29点（枚）		

							を一冊に綴じたものとのこと。		
53	8467	家別資料	西村		雑纂	1	昭和58年（1983）に西村時昌氏が寄贈。大阪に関係する文人の一覧（「国学之部」・「儒者之部」・「小説家の部」・「狂言作者之部」・「俳人之部」・「狂哥師之部」・「書画家」・「〇卜筮〇観相の部」・「雑之部」等に分類され見出し付きの一覧の他、「松茂山荘記　甲子三月」（大正13年〔1924〕。碩園文稿の原稿用紙を使用）、「尚古集成館設立趣旨」（碩園文稿の原稿用紙を使用）、「書五経正文後　壬戌九月」（大正11年〔1922〕。碩園文稿の原稿用紙を使用）、「修辞学上之一問題」（碩園文稿の原稿用紙を使用）、「創業百年志序」（景社文稿の原稿用紙を使用）、「胡適八事」（碩園文稿の原稿用紙を使用）、「周山末川君墓表」（同）、「松茂山荘記」（同）3本等の雑纂。鉄砲館作成の所蔵リストでは、資料ID8423が「礼論資料・その他（一号）」、この資料ID8467が「礼論資料・その他（二号）」とされており、昭和58年（1983）に西村時昌氏が寄贈した時は一つであったものが、後に二冊に分けて製本され、二つに分かれたと考えられる。	27.9	19.4
54	8478	家別資料	西村		懐徳堂記念会罫紙	1	昭和58年（1983）に西村時昌氏が寄贈。資料ID8352・資料番号19「教学史論資料」に挟み込まれていた1葉。日本歴史関係。「神功皇后／斉明天智／～」	24.3	32.9

⑥**器物**

資料番号	資料ID	大分類	中分類	小分類	資料名	点数	備考	縦	横
1	8439	家別資料	西村		大名行列絵図	1	昭和58年（1983）に西村時昌氏が寄贈。巻物	17.0	395.0
2	8440	家別資料	西村		書（訪萬里先生墓天囚生）	1	昭和58年（1983）に西村時昌氏が寄贈。	131.5	37.5

3	8441	家別資料	西村		書（題愚山先生□像　天囚生）	1	昭和 58 年（1983）に西村時昌氏が寄贈。	131.5	37.5
4	8442	家別資料	西村		書（明治天皇誄辞）	1	昭和 58 年（1983）に西村時昌氏が寄贈。西村時彦書。	128.5	46.0
5	8443	家別資料	西村		書（昭憲皇太后誄辞）	1	昭和 58 年（1983）に西村時昌氏が寄贈。西村時彦書。	142.7	57.0
6	8444	家別資料	西村		辞令	1	昭和 58 年（1983）に西村時昌氏が寄贈。「宮内省御用掛西村時彦殿」宮内省大臣子爵　牧野伸顕。	21.5	8.0
7	8445	家別資料	西村		辞令	1	昭和 58 年（1983）に西村時昌氏が寄贈。「宮内省御用掛西村時彦殿」宮内省大臣子爵　牧野伸顕。	24.0	9.0
8	8446	家別資料	西村		写真	1	昭和 58 年（1983）に西村時昌氏が寄贈。「福島大将と握手する西村天囚／兵庫県三田地方で大正四年三月写す」（1915）	47.2	35.2
9	8447	家別資料	西村		硯（円形 1・八角形 1・方形 1）	3	昭和 58 年（1983）に西村時昌氏が寄贈。円形 13.2 cm、八角形 13.2 cm、方形 18 cm		
10	8448	家別資料	西村		墨滴（真製）	1	昭和 58 年（1983）に西村時昌氏が寄贈。直径 5.8 cm		
11	8449	家別資料	西村		朱肉つぼ（箱入り）	1	昭和 58 年（1983）に西村時昌氏が寄贈。西冷印社製、縦 11.0 cm、横 9.7 cm、奥行き 9.0 cm		
12	8450	家別資料	西村		落款	11	昭和 58 年（1983）に西村時昌氏が寄贈。		
13	8451	家別資料	西村		朱肉つぼ	1	昭和 58 年（1983）に西村時昌氏が寄贈。縦 9.4 cm、横 9.4 cm、高さ 3.6 cm。堆朱。		
14	8452	家別資料	西村		大礼服	4	昭和 58 年（1983）に西村時昌氏が寄託。帽子・上衣・ズボン・式剣		
15	8459	家別資料	西村		勲章	2	昭和 58 年（1983）に西村時昌氏が寄託。勲四等瑞宝章		
16	8460	家別資料	西村		勲記	1	昭和 58 年（1983）に西村時昌氏が寄託。勲四等瑞宝章に関するもの。鉄砲館には、この勲記が入っていた紙筒と、同じ紙筒に入っていたと見られる「文学博士学位記」とがともに所蔵されている。	44.2	58.8
17	234	美術・工芸	絵画・書	油絵	西村天囚肖像画	1	昭和 58 年（1983）に西村時昌氏が寄託。大牟礼南塘画。宮内省勅任官大礼服姿の天囚の上半身を描いたもの。	65.5	53.3

18	8487	家別資料	西村		文学博士学位記	1	昭和58年（1983）に西村時昌氏から寄託・寄贈されたリストには記載がないが、ID8460・資料番号109の勲記と同じ紙筒に入れられた状態で西村家から鉄砲館に入ったものと推測される（鉄砲館には、勲記と学位記とが入っていた紙筒も所蔵されている）。	39.2	52.9
19	12777	家別資料	西村	その他	菅むく太夫図	1	令和元年（2019）に西村貞則氏から預って修復したもの。菅杢太夫の旗差物（因幡団子紋）を写した図。左下に「伝曰江北大岩山役所持蓋杢大夫者死之」（伝に曰はく、江北・大岩山の役に持つ所なり。蓋し杢太夫は之に死す。）とある。「大岩山の役」は賤ヶ岳の合戦の緒戦を指す。菅杢太夫は、秀吉側の武将・中川清秀の配下。	37.9	45.5
20	12778	家別資料	西村	その他	木狗（絵）	1	令和元年（2019）に西村貞則氏から預って修復したもの。木狗の絵。右上に「同社蔵木狗」、左上に「伝曰隼人帯官服形」（伝に曰はく、隼人　官服に帯るの形なり）とある。	37.9	45.3
21	12779	家別資料	西村	その他	火器（絵）	1	令和元年（2019）に西村貞則氏から預って修復したもの。火器の絵。右上に「同国森藩太夫久留嶋氏蔵／火器　大如図」（同国森藩太夫久留嶋氏蔵　火器　大いさ図の如し）、左下に「朝鮮之役明兵所用也家祖吉松市右衛門助国獲之／蓋武備志所載天墜砲之類歟　越智通尹記」（朝鮮の役に明兵の用ふる所なり。家祖・吉松市右衛門助国　之を獲たり。蓋し『武備志』載する所の天墜砲の類か。越智通尹記す）とある。	37.7	45.4
22	12780	家別資料	西村	その他	鰐口　裏（絵）	1	令和元年（2019）に西村貞則氏から預って修復したもの。「武男霜凝日子神社之神器」の鰐口の裏面の絵。全体の右半分が欠損。	37.8	27.6

23	12781	家別資料	西村	その他	鰐口　表（絵）	1	令和元年（2019）に西村貞則氏から預って修復したもの。「武男霜凝日子神社之神器」の鰐口の表面の絵。	37.9	45.3
24	12367	家別資料	西村	書簡・文書	帖佐彦左衛門覚書	1	令和元年（2019）に西村貞則氏から預って修復したもの。慶長16年6月。	24.5	16.9
25	12368	家別資料	西村	書簡・文書	古文書	2	令和元年（2019）に西村貞則氏から預って修復したもの。	25.5	38.2
26	12369	家別資料	西村	書簡・文書	古文書	1	令和元年（2019）に西村貞則氏から預って修復したもの。	27.0	18.9
27	12890	家別資料	西村	扁額	扁額「読騒廬」	1	令和元年（2019）に西村貞則氏から預って修復したもの。天囚の書斎に掲げてあった扁額。	29.1	129.9
28	未登録				月照上人の軸物	1	令和元年（2019）に西村貞則氏から預って修復したもの。	174.0	54.9

黎明館所蔵西村天囚関係資料目録

竹田健二・湯浅邦弘・池田光子

①書籍

資料番号	台帳番号	資料名	点数	備考	縦	横
1	2463	宋学伝来考	1	昭和58年（1983）西村時昌氏が寄贈。『鹿児島県歴史資料センター黎明館所蔵品目録（V）歴史』（鹿児島県歴史資料センター黎明館、1988年）に昭和54年（1979）購入とあるのは誤り。明治42年3月発行。同年1月から2月に天囚が大阪朝日新聞紙上に連載した「宋学の首倡」の活版を用い、題名を「宋学伝来考」と改めて20部印刷したものの一つ。扉に「同志者蔵版」とあり、非売品。表紙の題簽に記された外題は「宋学の首倡」。	28.5	20.0

⑤抄本

資料番号	台帳番号	枝番1	資料名	点数	備考	縦	横
1	2464		屈原伝考釋　其他	1	昭和58年（1983）西村時昌氏が寄贈。『鹿児島県歴史資料センター黎明館所蔵品目録（V）歴史』（鹿児島県歴史資料センター黎明館、1988年）に昭和54年（1979）購入とあるのは誤り。資料名の「屈原伝考釋　其他」は、後に加えられた仮表紙に打ち付け書きされた外題。「王邦采貽六撰／離騒彙訂（抄録）／天問箋略（全）」（九歌箋略・九章箋略・遠遊箋略・卜居箋略・漁父箋略・天問箋略）、各種異同表（「九章目次異同表」〔抄本・油印本〕・「楚辞篇第異同表」〔抄本・油印本〕、「屈賦用韻分段表」〔油印本〕）、「屈原伝考釋」、「屈原賦説資料」の合冊。	28.5	20.5
2	2465		楚辞及論文詩記その他雑纂	1	昭和58年（1983）西村時昌氏が寄贈。『鹿児島県歴史資料センター黎明館所蔵品目録（V）歴史』（鹿児島県歴史資料センター黎明館、1988年）に昭和54年（1979）購入とあるのは誤り。資料名の「楚辞及論文詩記」は、後に加えられた仮表紙に打ち付け書きされた外題。朝日新聞の罫紙を用いて	28.5	20.5

					記された雑纂、「論文詩紀」（天囚が構想した「浪花文学伝」のために集めた材料を本に、仁徳朝から当今に至る諸家の詩三十首を集めて評したもの。明治25年〔1892〕4月に前田豊山が記した評語等を含む）、「草稾」（仮表紙に「辛亥春日」とあり、明治44年〔1911〕のものか。「内大臣府」の罫紙の裏紙を使用）、「楚辞関係研究資料」、岡文一郎関係資料（和歌山県橋本市に現存する「岡翁旌徳碑」を天囚が撰した際の資料）等の合冊。		
3	2466		教育勅語私見	1	昭和58年（1983）西村時昌氏が寄贈。『鹿児島県歴史資料センター黎明館所蔵品目録（V）歴史』（鹿児島県歴史資料センター黎明館、1988年）に昭和54年（1979）購入とあるのは誤り。教育勅語に対して注解を加えたもの。末尾に大正9年（1920）10月27日の天囚の識語と「碩園」の印記あり。	26.5	18.5
4	2467		詔勅擬稿	1	昭和58年（1983）西村時昌氏が寄贈。『鹿児島県歴史資料センター黎明館所蔵品目録（V）歴史』（鹿児島県歴史資料センター黎明館、1988年）に昭和54年（1979）購入とあるのは誤り。大正12年（1923）11月10日に大正天皇の名で発せられた「国民精神作興に関する詔書」の草稿。	28.5	20.5
5	2468		教育勅語　戊申詔書覚書	1	昭和58年（1983）西村時昌氏が寄贈。『鹿児島県歴史資料センター黎明館所蔵品目録（V）歴史』（鹿児島県歴史資料センター黎明館、1988年）に昭和54年（1979）購入とあるのは誤り。仮綴じされた表紙に外題は無く、資料名の「教育勅語　戊申詔書覚書」は黎明館が附したものか。明治23年（1890）発布の教育勅語及び明治41年（1908）発布の戊申詔書等から抽出した漢語のメモ、「詔勅ニ関スル希望其一」、「其二」等からなる雑纂。「国民精神作興に関する詔書」の草稿構想メモ・第1稿にあたるものか。	28.5	20.5
6	2469	1	「宋学伝来考　附薩摩文学考略」・『日本宋学史』第1	1	昭和58年（1983）西村時昌氏が寄贈。『鹿児島県歴史資料センター黎明館所蔵品目録（V）歴史』（鹿児島県歴史資料センター黎明館、1988年）に昭和54年（1979）購入とあるのは誤り。旧資料名の「宋学伝来考一」は、後に加えられた仮表紙に打ち付け書きされた外題。旧表紙の外題は「宋学伝来考	23.0	16.0

					附薩摩文学略」。「宋学伝来考　附薩摩文学考略」と題された講演の原稿と、『日本宋学史』の原稿の第1分冊（目次を含む）との合冊。『日本宋学史』の原稿の部分は、「天囚書室」と印刷された原稿用紙に、明治42年（1909）3月発行の『宋学伝来考』（黎明館所蔵台帳番号2463と同じ、大阪朝日新聞に連載された「宋学の首倡」の活版を用いて印刷されたもの）を段ごとに切り抜いて貼付して加筆修正を加えており、更に別に原稿用紙を挿入して加筆したところがある。また目次を含めて、文字のポイント数の指示、各原稿用紙のノンブル、本文中に出版後のノンブルと見られる数字等が、いずれも朱筆で書き込まれている。		
7		2	『日本宋学史』第2	1	昭和58年（1983）西村時昌氏が寄贈。『鹿児島県歴史資料センター黎明館所蔵品目録（V）歴史』（鹿児島県歴史資料センター黎明館、1988年）に昭和54年（1979）購入とあるのは誤り。『宋学伝来考』のスクラップに加筆修正を加えた『日本宋学史』の原稿の第2分冊。旧資料名の「宋学伝来考二」は、後に加えられた仮表紙に打ち付け書きされた外題。	23.0	16.0
8		3	『日本宋学史』第3	1	昭和58年（1983）西村時昌氏が寄贈。『鹿児島県歴史資料センター黎明館所蔵品目録（V）歴史』（鹿児島県歴史資料センター黎明館、1988年）に昭和54年（1979）購入とあるのは誤り。『宋学伝来考』のスクラップに加筆修正を加えた『日本宋学史』の原稿の第3分冊。旧資料名の「宋学伝来考三」は、後に加えられた仮表紙に打ち付け書きされた外題。	23.0	16.0
9		4	「宋学の首倡」修訂版	1	昭和58年（1983）西村時昌氏が寄贈。『鹿児島県歴史資料センター黎明館所蔵品目録（V）歴史』（鹿児島県歴史資料センター黎明館、1988年）に昭和54年（1979）購入とあるのは誤り。明治42年（1909）1月から2月に天囚が大阪朝日新聞紙上に連載した「宋学の首倡」のスクラップに加筆修正を加えたもの。旧資料名の「校訂宋学伝来考」は後に加えられた仮表紙に打ち付け書きされた外題。『日本宋学史』の原稿第1～3分冊よりも古いものと見られる。	23.0	16.0

10	4699	1	常不久集（19～24巻、23巻欠）	1	平成24年（2012）西村貞則氏が寄託。天囚旧蔵の名越時敏関係資料。	26.0	20.0
11	4699	2	常不久集（27～28巻）	1	平成24年（2012）西村貞則氏が寄託。天囚旧蔵の名越時敏関係資料。	26.0	19.6
12	4699	3	常不久集（33～35巻）	1	平成24年（2012）西村貞則氏が寄託。天囚旧蔵の名越時敏関係資料。	25.8	19.7
13	4699	4	常不久集（38～41巻）	1	平成24年（2012）西村貞則氏が寄託。天囚旧蔵の名越時敏関係資料。	26.0	19.8
14	4699	5	続常不久集（12巻）	1	平成24年（2012）西村貞則氏が寄託。天囚旧蔵の名越時敏関係資料。	25.8	19.3
15	4699	6	続常不久集（13巻）	1	平成24年（2012）西村貞則氏が寄託。天囚旧蔵の名越時敏関係資料。	26.0	19.5
16	4699	7	続常不久集（14巻）	1	平成24年（2012）西村貞則氏が寄託。天囚旧蔵の名越時敏関係資料。	26.0	19.5
17	4699	8	続常不久集（15巻）	1	平成24年（2012）西村貞則氏が寄託。天囚旧蔵の名越時敏関係資料。	25.8	19.5
18	4699	9	岩瀬之玉（4・5巻）	1	平成24年（2012）西村貞則氏が寄託。天囚旧蔵の名越時敏関係資料。	25.8	19.5
19	4699	10	嘉多美農水（6・7巻）	1	平成24年（2012）西村貞則氏が寄託。天囚旧蔵の名越時敏関係資料。	25.8	19.8
20	4699	11	蒐集録（仰渡二之巻）（嘉永元年九月迄）	1	平成24年（2012）西村貞則氏が寄託。天囚旧蔵の名越時敏関係資料。	25.8	19.4
21	4699	12	名越左源太親族附帳	1	平成24年（2012）西村貞則氏が寄託。天囚旧蔵の名越時敏関係資料。	26.7	20.0
22	4699	13	常不久集（12巻）	1	平成24年（2012）西村貞則氏が寄託。天囚旧蔵の名越時敏関係資料。	26.0	19.7
23	4699	14	続常不久集（11巻）	1	平成24年（2012）西村貞則氏が寄託。天囚旧蔵の名越時敏関係資料。	25.7	19.6
24	4699	15	常不久集（31・32巻）	1	平成24年（2012）西村貞則氏が寄託。天囚旧蔵の名越時敏関係資料。	25.8	19.5
25	4699	16	常不久集（13・14巻）	1	平成24年（2012）西村貞則氏が寄託。天囚旧蔵の名越時敏関係資料。	26.0	19.7
26	4699	17	常不久集（25・26巻）	1	平成24年（2012）西村貞則氏が寄託。天囚旧蔵の名越時敏関係資料。	25.8	19.7
27	4699	18	常不久集（36・37巻）	1	平成24年（2012）西村貞則氏が寄託。天囚旧蔵の名越時敏関係資料。	25.7	19.7
28	4699	19	嘉多美農水（8・9巻）	1	平成24年（2012）西村貞則氏が寄託。天囚旧蔵の名越時敏関係資料。	25.7	19.7
29	4699	20	慎被仰付其後諸書留（「名越時敏謹慎竝遠島一件留」（東大史料編纂所所蔵本の原本）	1	平成24年（2012）西村貞則氏が寄託。天囚旧蔵の名越時敏関係資料。	25.7	19.7
30	4699	21	岩瀬之玉（6・7・8巻）	1	平成24年（2012）西村貞則氏が寄託。天囚旧蔵の名越時敏関係資料。	25.7	19.7

⑥器物（軸・拓本・まくり）

資料番号	台帳番号	資料名	点数	備考	縦	横
1	2462	西村天囚筆書幅明治天皇誄辞	1	昭和58年（1983）西村時昌氏が寄贈。絹本。まくり。「平時彦印」「子俊氏」の印記有り。本文の文字に、異体字が同筆の墨筆で書き添えられたものがあり、字体の修正を意図していると推測される。なお、西村家所蔵資料・鉄砲館所蔵資料にも「明治天皇誄辞」（まくり）がある。西村家のものは用紙に方眼の線が引かれており、印記は無い。また、やはり本文の文字に異体字が書き添えられたものがある。加えて、まくりの上下を示すためと見られる「天」「地」の文字の書き込みがある。鉄砲館のものは絹本で、墨筆の修正が一部認められるが、印記はない。黎明館所蔵のものが最も後に作成された、完成版に近いものと推測される。	145.0	61.0

第三部　画像

第一章　『懐徳堂考之一』

竹田健二

明治四十三年（一九一〇）一月二十九日に開催された大阪人文会の第二次例会において、西村天囚が五井蘭洲に関する講演を行ったことが、その後の懐徳堂顕彰運動の発端となったことはよく知られている。

この講演の速記録によれば、天囚は「実は未成品でございますけれども、（引用者注…懐徳堂について）取調べました草稿が約五十枚――漢文で書いたのが五十枚ございます、之を一々申上げるのは其の煩に堪えませぬから、極く略して申上げたいと思ひます」と述べている。(1) ここから、天囚がこの時までに懐徳堂について調査を行っており、その結果を漢文の約五十枚の「草稿」として執筆していたこと、講演はその草稿を「極く略して」述べたものであったことが窺える。もっとも、その「草稿」がその後どうなったのかについてはまったく不明であった。

平成二十九年（二〇一七）八月より調査を進めている西村家所蔵西村天囚関係資料の中から発見された資料の一つに、後に修復を加えた結果その内題が『懐徳堂考之一』であることの判明した、一冊の抄本（以下、『懐徳堂考之一』と呼ぶ）がある。この『懐徳堂考之一』の前半部（第一葉～第四十九葉）は、内容・表現等から判断して、天囚が大阪人文会での講演までに「漢文で書いた」という約五十枚の「草稿」に該当するものであり、(2) 後半部（第五十葉～巻末）

は基本的に、大阪人文会での講演終了後に天囚が蒐集して収録した関係資料群であると考えられる。(3) 従って、『懐徳堂考之二』は全体として、天囚が明治四十三年（一九一〇）二月七日から二月二十七日まで大阪朝日新聞に連載した、「懐徳堂研究其二」（完結時に『懐徳堂考』上巻と改題）の草稿に当たるものと見なすことができる。

発見された時点での『懐徳堂考之二』の保存状態はあまり良好ではなかった。特に表紙（表裏とも）と表紙に近い部分とは虫損が激しく、また葉と葉とが圧着してしまっている部分があった。所有者である西村貞則氏の諒解を得て修復を行った結果、虫損により文字の判読ができない部分はなお残るものの、その全容を概ね確認することが可能となった。(4)

本資料の基本的な書誌情報は、以下の通りである。

・縦二十七cm、横二十cm。一冊。半葉十二行の罫紙（版心に「村山合名大阪朝日新聞会社」と印刷されたもの）を使用した抄本。全九十九葉（綴じ糸のところで切断された二葉〈第三葉・第二十四葉〉を含む）。
・表紙左上に墨筆で打ち付け書きされている外題は、虫損のため判読困難だが、当初は「懐徳堂研究」と記されていたが、後に墨筆で「研究」が見せ消ちにされ、かつその右に「考」と書き添えられて、「懐徳堂考」と修正されたと考えられる。
・表紙右上から右下にかけて、外題よりやや小さな文字で「五井持軒　五井蘭洲　三宅石菴　三宅春楼」と一行記されていたと考えられる。
・本文第一葉一行目に記されていた内題は、もともと「懐徳堂研究之二」とあり、後に「研究」の上に墨筆の圏点が書き込まれて見せ消ちにされ、その右に「考」が書き添えられて「懐徳堂考之二」とされている。

・印記は確認できない。
・本文は主に墨筆で記されており、朱筆の部分が混在する。また、本文に対する加筆修正・注記等が、墨筆・朱筆によって大量に加えられている。加筆された文言は匡廓の内外に記されているものの外に、罫紙に別の紙片を貼附して記されているものがある。加筆修正がの加えられた詳しい経緯や時期は不明だが、天囚が繰り返し推敲を加えていたことを示すと考えられる。
・本文や注記には、朱筆・墨筆による傍点が附されている箇所がある。
・罫紙の上部に、朱筆で文字を記した附箋が貼付されている箇所がある。

明治以降、漢学が近代的学問として再構築される中、主に民間で活躍した西村天囚は、近代日本漢学において特異な地位を占める漢学者である。もっとも、その学問についての検討はこれまで十分には行われておらず、その懐徳堂研究の実態も、なお未解明の部分が少なくない。『懐徳堂考之二』の検討により、懐徳堂顕彰運動の起点となった天囚の懐徳堂研究の実態が明らかになることは確実であり、近代日本漢学において天囚の占める思想史的位置の解明に資すると期待される。

以下では、『懐徳堂考之二』の前半部から、表紙及び「叙論」・「五井蘭洲」・「三宅石庵」の三つの節（一部省略あり）の画像とその翻刻を示す。なお、原文の旧漢字はすべて現行の字体に改めた。□は不明字一字を、「……」は複数字の不明字を示し、【　】内のアラビア数字は葉数を示す。また「注」は匡廓の外側に天囚が書き込んだもので、便宜的に漢数字を附し、本文の関連する箇所を示した。「補注」㊜は竹田が加えたものである。

注

（1）　拙稿「資料紹介　西村天囚「五井蘭洲」（大阪人文会第二次例会講演速記録）」（『国語教育論叢』第十八号、二〇〇九年二月）参照。なお、『懐徳』第三十七号（懐徳堂堂友会、一九六六年）所収の「講演餘響」中の「五井蘭洲　西村天囚述」も、拙稿と同様に、現在一般財団法人懐徳堂記念会が所蔵する講演の速記録を翻刻したものであるが、句読点や改行等に原本と異なるところがある。

（2）『懐徳堂考之二』の前半部は、「叙論」・「五井持軒」・「五井蘭洲」とそれぞれ見出しの付けられた三つの章で構成されており、和文で記された資料を引用した箇所等を除き、基本的にすべて漢文で記されている。

（3）『懐徳堂考之二』の後半部に収録されている資料は、「石菴逸話」・「富永仲基」・「図書館所蔵」・「蘭洲答甃菴書」・「石菴答冨永吉左衛門国字牘」・「上本町実相寺五井蘭洲墓側有墓六」・「含翠堂関係資料」・「拙古先生筆記」・「見聞雑録抄」・「遥賀会序」・「文安詩哥合」・「町人文学・儒学神道関係」・「漢学之明効・歴代之文教・漢学盛衰・大阪文学」・「漢学の渡来・仁徳遷都浪華・王仁」であり、漢文で記されたものと和文で記されたものとが混在している。このうち、「石菴逸話」から「遥賀会序」（第七十一葉表一行目～第七十二葉表五行目）までの資料群は、『懐徳堂考之一』前半部と密接に関わる内容のものであり、おそらくは大阪人文会第二次例会後、「懐徳堂研究其一」の連載開始前、或いは連載中に天囚が蒐集し、書写したものと考えられる。「文安詩哥合」から末尾の「漢学の渡来・仁徳遷都浪華・王仁」までの資料群は、『懐徳堂考之一』の前半部とは直接には関わりがなく、何らかの事情で同一冊子に収められたに過ぎないものと推測される。拙稿「西村天囚の懐徳堂研究と『拙古先生筆記』」（『懐徳堂研究』第十三号、二〇二二年）参照。

（4）　この修復は、国立大学法人島根大学平成三十年度（二〇一八）「萌芽研究部門」研究プロジェクトに採択された「西村天囚関係新資料の研究」（代表者：竹田健二）により行ったものである。

図１　表紙（修復前）

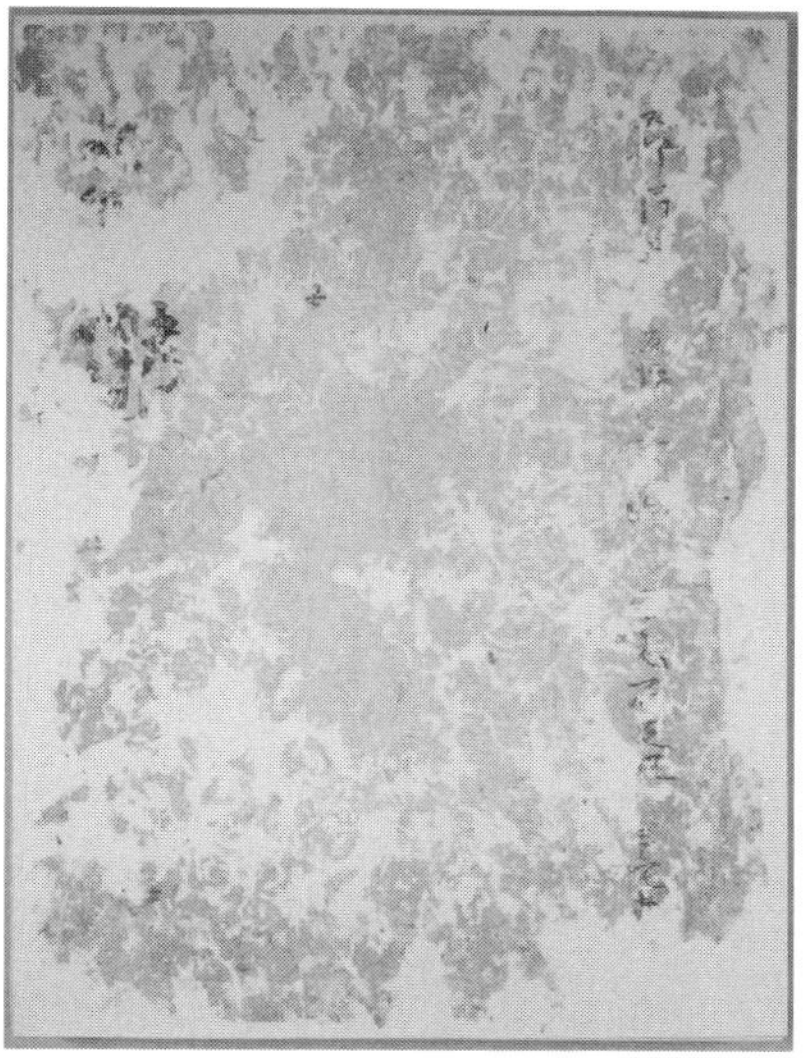
図２　表紙（修復後）

一、表紙

【翻刻】

五井持□（軒） 五井□（蘭）□（洲） □（三）□（宅）□

（石）□（菴） 三宅□（春）□（楼）[補1]

□（懐）□（徳）□（堂）考 [補2]

補注

1…表紙右側に一行で、墨筆により打ち付け書き。本資料全体の内容を示すために記されたものと考えられる。

2…外題。表紙左側に墨筆で打ち付け書き。虫損のため判読困難だが、本文第一葉第一行の内題に認められる修正等を踏まえるならば、当初は「懐徳堂研究」と記され、後に墨筆で「研究」が見せ消ちにされて、またその右に「考」と書き添えられたと考えられる。なお、見せ消ちになった「研究」の下に、「上」・「其一」・「巻上」といった文字が記されていた可能性も考えられる。

二、叙論

叙論

【01表】懐徳堂考之一［補1］〔注一〕

大阪儒学。□以懐徳堂為主。以混沌社為客。懐徳書院之盛。在竹山履軒兄弟之時。而混沌社亦□（鳴）□（盛）□（於）此。関西之文運隆ゝ乎起□（矣）。寛政三□。出於混沌社。而□□（学）一□於海内。士林教学。始普及□（於）列藩。是混沌社之異□（勲）而□排異獲朱之功也。関西鴻儒藪孤山。……山。帆足万里之徒。皆莫不□（受）竹□（山）……中興之佐藤一斎。出于竹山。山陽第一之山田方谷。出於一斎。懐徳堂之学行于当世。其□□矣。若……混沌之二大事蹟。則□□以来之儒学……子弟……。然是大事□（案）也。……懐徳堂……【01裏】懐徳書院事蹟。先着手於□（五）井父子者。抑有故也〔。〕元寛以後。我大阪学術未開……之受教者。蓋書法而已。所謂寺子屋教授美筆□□不乏□人。至儒者下帷授徒者。則以如竹散人為始。□□時代。或在寛永十四五年間。時□（室）□（鳩）巣之父亦在大阪。与如竹交。後告鳩巣曰。如竹此時年八十。然如竹居大阪。係自琉帰国以後之事。当不出六十七八。其事録于日本宋学史。不復贅焉［補2］。如竹在大阪。不過二三年。而応召帰国。其事蹟不詳。可惜之□（至）。如竹以後。寥ゝ無聞。国学則有□（貞）□（享）長流元禄契沖二家之同時崛起。為大阪吐気。而其徒［補3］【02表】相踵而出。如竹以後之儒者。其一井鳳梧乎。鳳梧出□（雲）人。師事羅山。歴游諸侯。後来大阪。不知在何年。従游者称千二百人。無著述。門人筆記曰鳳梧論説。亦不知存否。鳳梧百十六歳時。有妾歳十六。寿盃刻「百のけて相生年の片白髪」之句。以贈人云。其人可知而已。此歳歿。実享保十六年也。世或以此人為浪華講学之始。浪華人物志然人物之陋如彼。学問之

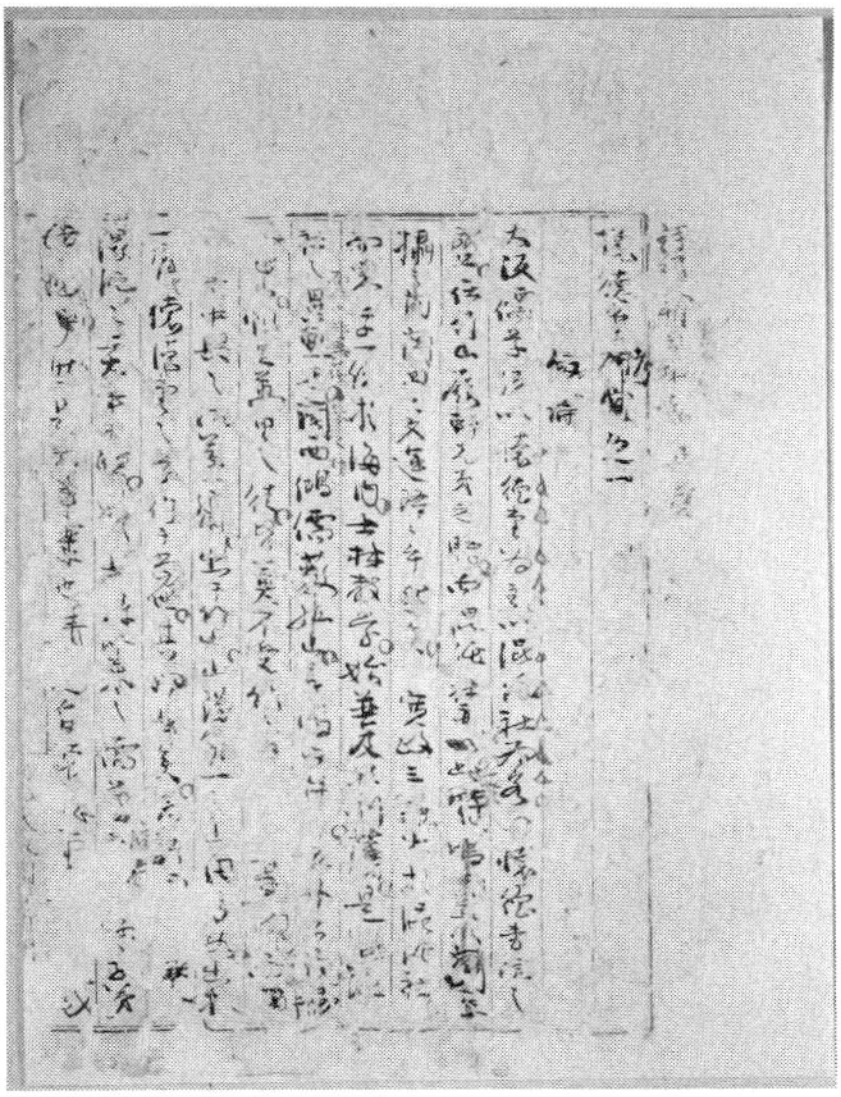

図３　叙論（第１葉表）

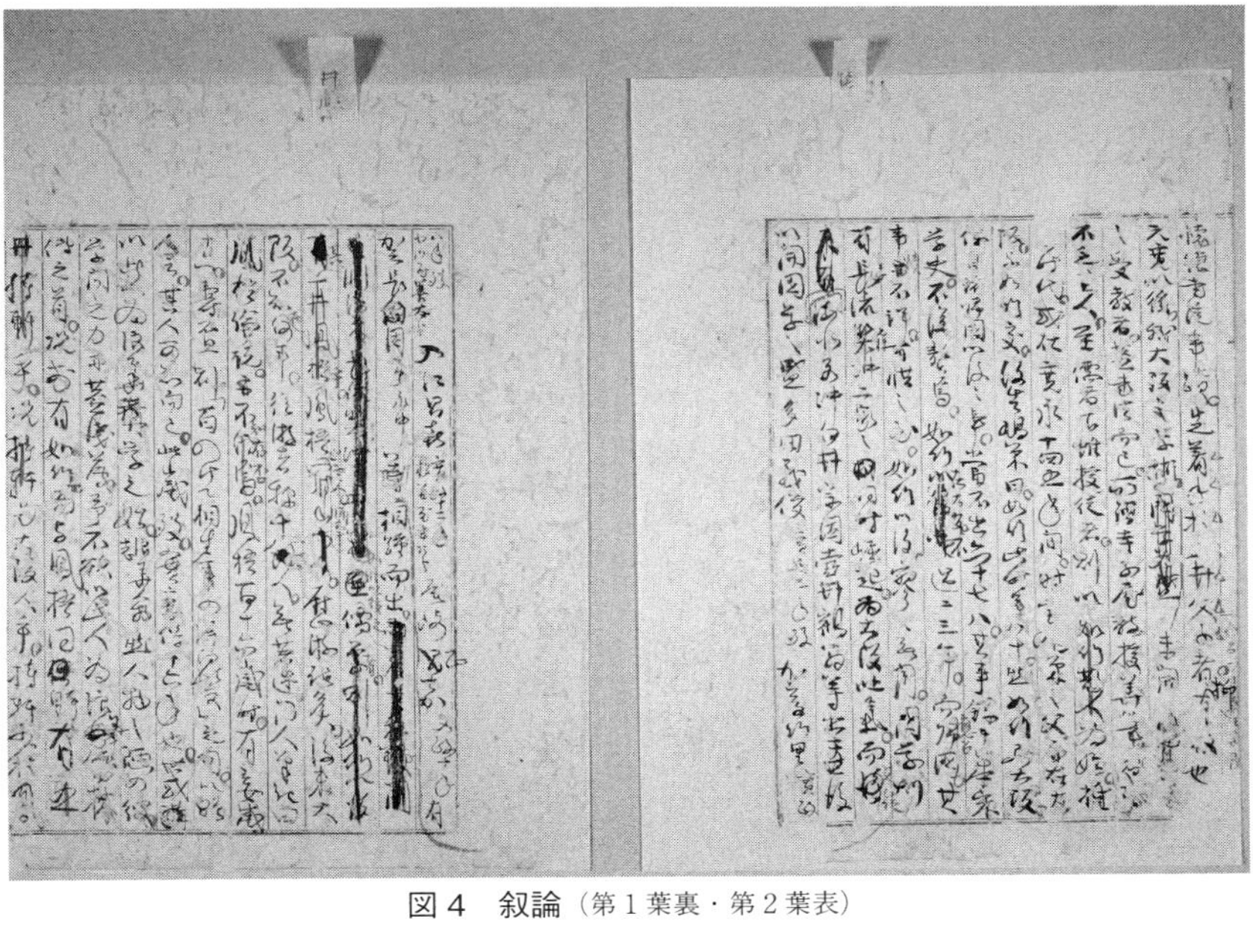

図４　叙論（第１葉裏・第２葉表）

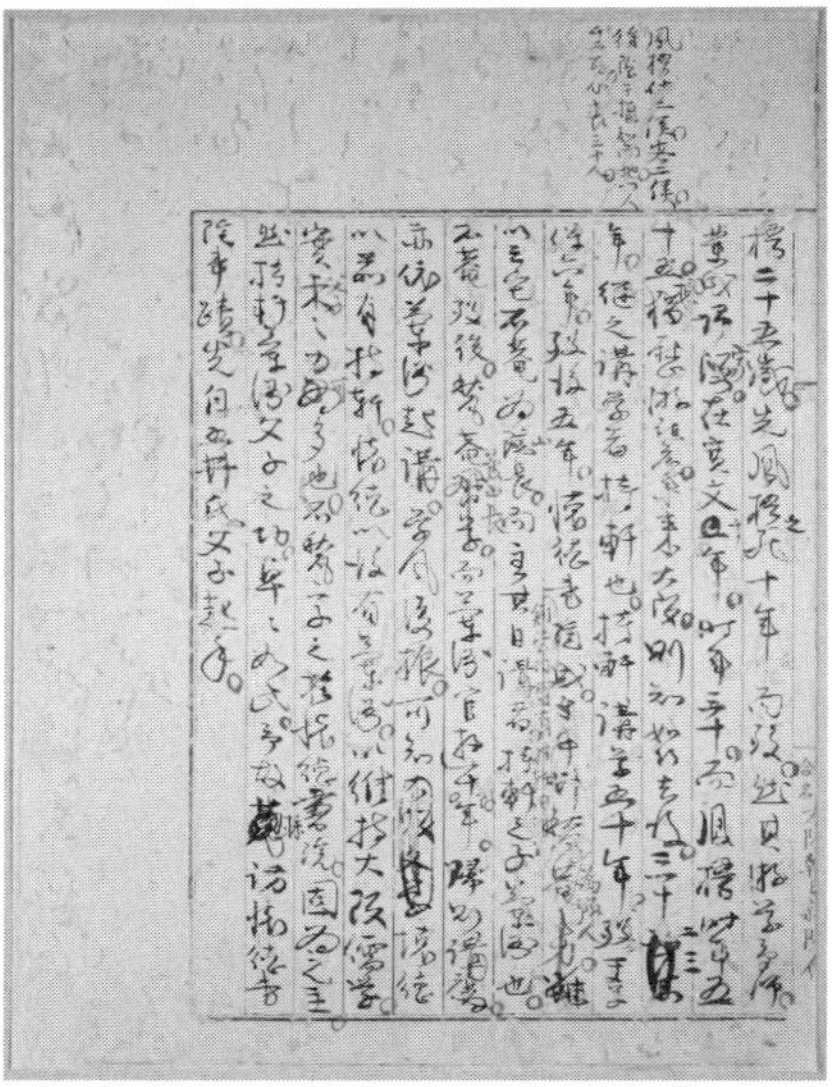

図５　叙論（第２葉裏）

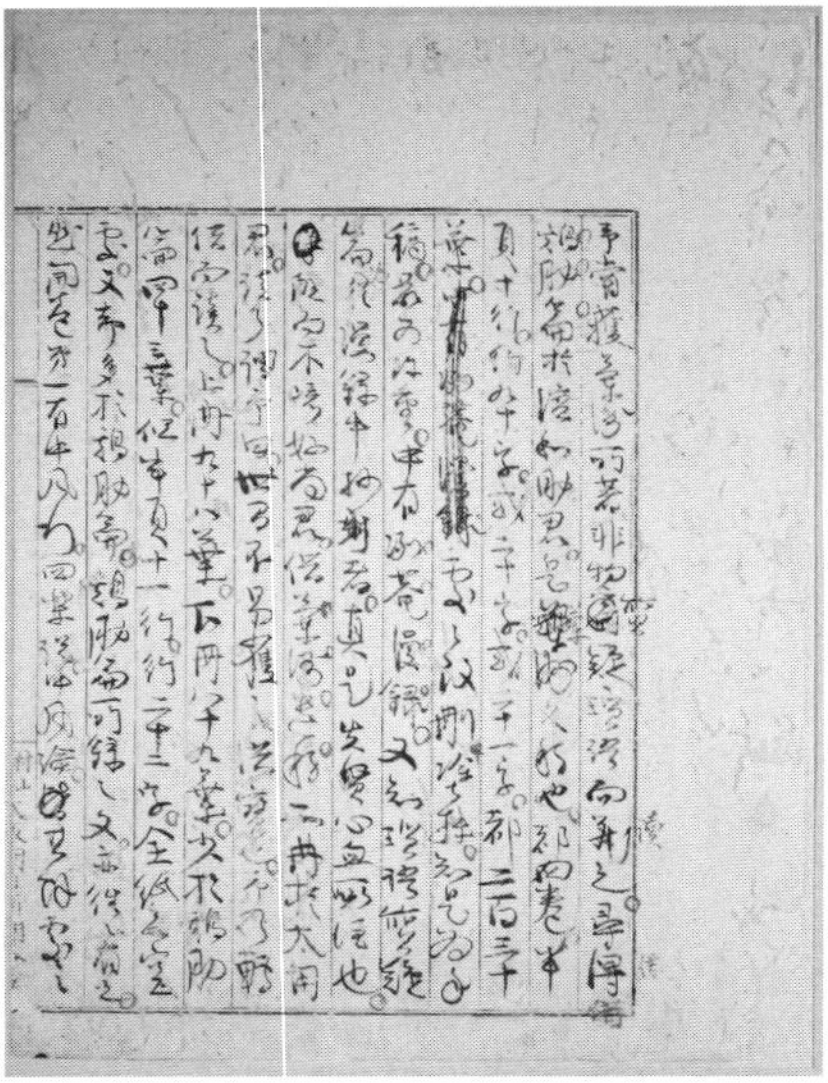

図６　叙論（第４葉表）

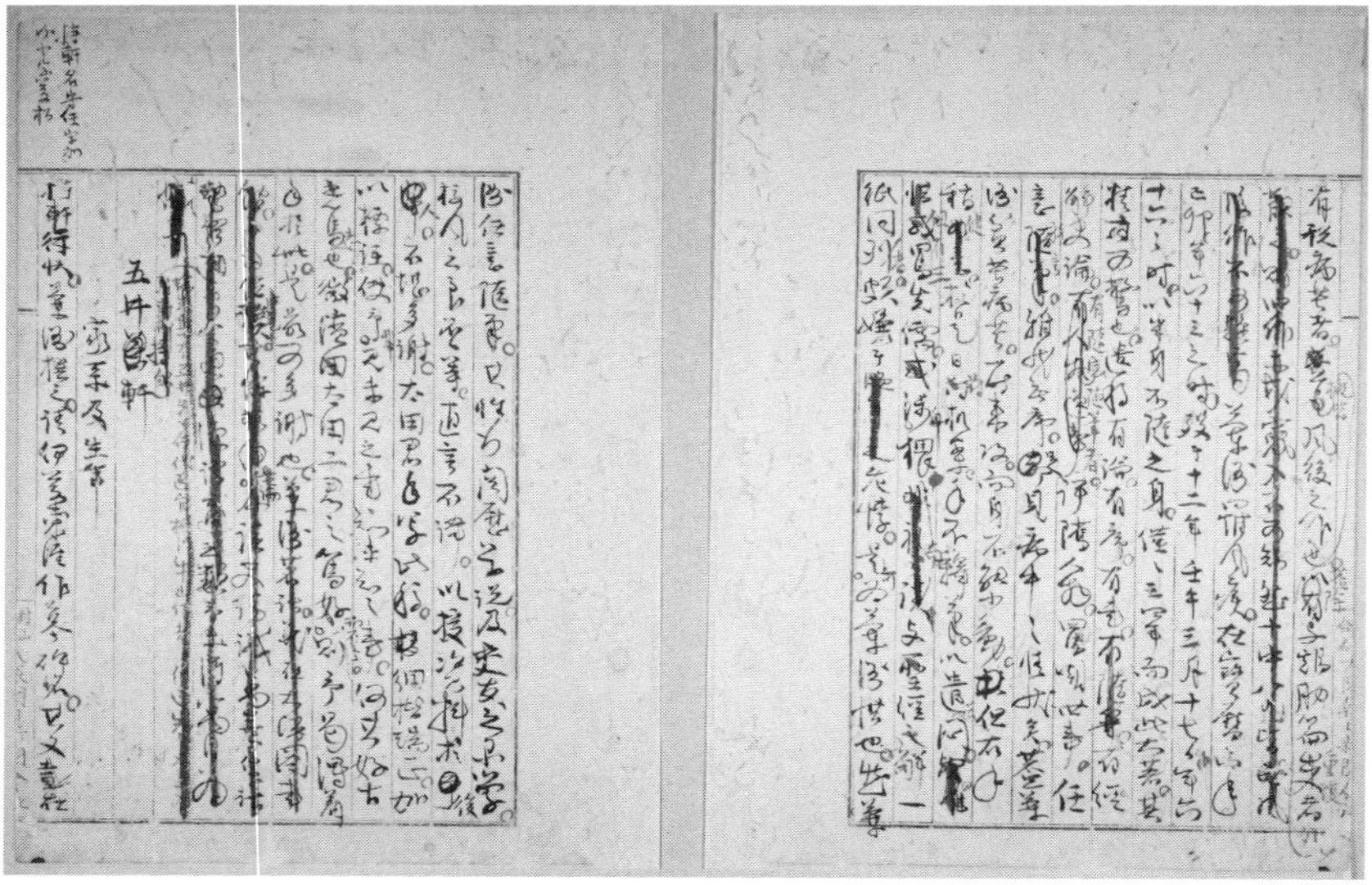

図７　叙論（第４葉裏・第５葉表）

力亦蓋浅薄。予不欲以此人為浪華儒林伝之首。況前有如竹。而与鳳梧同時有五井持軒乎。況又持軒是大阪人乎。持軒少於鳳【02裏】梧二十五歳。先鳳梧之死十年而歿。然其游学京師。業成帰家。在寛文十年。時年三十。而鳳梧時年五十五。□（想）猶歴游諸侯。未来大阪〔注二〕。則知如竹去後。三十二三年。継之講学者持軒也。持軒講学五十年。歿于享保六年。歿後五年。懐徳書院成。創学□□有持軒□□□。中井甃菴為預人。雖以三宅石庵為山長。而主其日講者。持軒之子蘭洲也。石庵歿後。甃菴兼山長。而蘭洲官遊十餘年。帰則講廃。亦依蘭洲起講。学風復振。可知懐徳以前有持軒。懐徳以後有蘭洲。以維持大阪儒学。実父子之力可多也。石甃二子之於懐徳書院。固為之主。然持軒蘭洲父子之功。卓々如此。予故採訪懐徳書院事蹟。先自五井氏父子起手。／〔補4〕

【04表】予嘗獲蘭洲所著非物質疑瑣語而読之。尋借鶏肋篇於濱和助君。是蘭洲文稿也。都四巻。半頁十行。約九十（ママ）〔補5〕字。或二十字。或二十一字。都二百三十葉。処々改刪塗抹。知是為手稿。最可珍重。中有冽菴漫録。又知瑣語質疑篇為従漫録中抄刻者。真是先賢心血所注也。既而木崎好尚君。借蘭洲遺稿二冊於太田君。読了謂予曰。世間不易獲之洪宝也。予乃転借而読之。上冊九十八葉。下冊八十九葉。少於鶏肋篇四十三葉。但半頁十一行。行二十二字。全紙無空処。文却多於鶏肋篇。鶏肋篇所録之文。亦往々有之。然開巻第一有中風行。四楽説。中風論。其餘処々【04裏】有説病苦者。蓋除与鶏肋篇重複者外、概皆風後之作也。蘭洲罹風疾。在宝暦六（ママ）〔補6〕年己卯。年六十三之時。歿于十二年壬午三月十七日。年六十六之時。以半身不随之身。僅々三四年而成此大著。其精力可驚也。遺稿有論。有序。有書。有経解史論。有随感随筆者。評隲人物。罵嘲世事。任意放言。雑然無序。是見病中之情状矣。蓋蘭洲貧苦病苦。一時来攻。而身不能少動。但右手稍健。於是日対机案。手不釈筆。以遣苦悶。但有三罵先儒。渉卑猥。而与経解一紙同列者。頗嫌于老悖。是以為蘭洲惜也。然蘭【05表】洲任意随筆。其性行閲歴学説。及交友之品学。校風之良否等。直言不諱。以授資料於後人。不堪多謝。太田君手写此稿。細楷端正。加以標註。使予輩見未見之書・知未知之

事。何其好古篤志也。微濱太田二君之篤好而不□（吝）。則予曷得着手於此。是最可多謝也。／

注

一…詩経大雅□（皇）□（矣）云□（我）□（懐）□（明）□（徳）[補7]

二…鳳梧仕三侯。客二侯。後隠于摂和□地。門人千二百。心喪三十人。

【書き下し文】

懐徳堂考之一

大阪儒学は、□懐徳堂を以て主と為し、混沌社を以て客と為す。懐徳書院の盛んなるは、竹山・履軒兄弟の時に在りて、混沌社も亦た此に鳴盛し、関西の文運隆〻乎として起こる。寛政三□は、混沌社より出でて、□学海内に一□す。士林の教学、始めて列藩に普及するは、是れ混沌社の異勲にして、排異獲朱の功を□するなり。関西の鴻儒・藪孤山、……、帆足万里の徒、皆竹山の……を受けざる莫し。……中興の佐藤一斎、竹山より出づ。山陽第一の山田方谷、一斎より出づ。懐徳堂の学の当世に行はるる、其……。混沌の二大事蹟……、則ち□□以来の儒学……子弟……、然して是れ大事案なり。……懐徳堂……懐徳書院の事蹟、先づ五井父子に着手するは、抑そも故有るなり。元寛以後、我が大阪の学術未だ開けず……教を受くる者、蓋し書法あるのみ。所謂寺子屋の美筆を教授する……。儒者の帷を下して徒に授くる者に至りては、則ち如竹散人を以て始めと為す。……時代、或は寛永十四・五年の間に在り。時に室鳩巣の父も亦た大阪に在りて、如竹と交はる。後に鳩巣に告げて曰はく、「如竹此の時年八十」と。然れば如竹の大阪に居ること、琉より帰国以後の事に係りて、当に六十七・八を出でざるべし。其の事『日本宋学史』に録す。復た焉に贅せず。如竹の大阪に在ること、二・三年に過ぎずして、召に応じて帰国するも、其の事蹟詳らかならず。惜しむ可きの至りなり。如竹以後、寥〻として聞こゆる無し。国学は則ち貞享長流・元禄契沖二家の時を同じくして崛起する有りて、大阪の為に気を吐きて、其の徒相ひ踵して出づ。如竹以後の儒者は、其れ一井鳳梧か。鳳梧は出雲人なり。羅山に師事して、諸侯を歴游し、後に大阪に来る。何の年に在るかを知らず。従游する者千二百人と称す。著述無し。門人の筆記を『鳳梧論説』と曰ふも、存否を知らず。鳳梧百十六歳の時、妾有り、歳十六なり。寿盃に「百のけて相生年の片白髪」の句を刻み、以て人に贈ると云ふ。其の人知る可きなるのみ。此の歳に歿す。実に享保十六年なり。世或は此の人を以て浪華講学の始と為す。浪華人物志然れども人物の陋なること彼の如し。学問の力も亦た蓋し浅薄ならん。予此の人を以て浪華儒林伝の首と為すを欲せず。況んや前に如竹有りて、鳳梧と時を同じくして五井持軒有るをや。況んや又た持軒是れ大阪人なるをや。持軒鳳梧より少きこと二十五歳にして、鳳梧の死に先んずること十年にして歿す。然して其の京師に游学し、業成りて家に帰るは、寛文十年に在り。時に年三十にして、鳳梧時に年五十五なり。想ふに猶ほ諸侯に歴游して、未だ大阪に来たらざるがごとし。則ち如竹去りし後の三十二・三年、之を継ぎて講学する者は持軒なるを知るなり。持軒講学すること五十年にして、享保六年に歿す。歿後五年にして、懐徳書院成る。創学□□持軒□□□有り。中井甃菴預人と為りて、三宅石庵を以て山長と為すと雖も、其の日講を主る者は、持軒の子の蘭洲なり。石庵の歿後、甃菴山長を兼ねて、蘭洲官遊すること十餘年、帰れば則ち講廃せられたるも、亦た蘭洲に依りて講を起し、学風復た振ふ。懐徳以前に持軒有り、懐徳以後に蘭洲有り、以て大阪の儒学を維持するに、実に父子の力多とすべきを知るべきなり。石・甃二子の懐徳書院に於ける、固より之が主為り。然れども持軒・蘭洲父子の功、卓〻たること此の如し。予故に懐徳書院の事蹟を採訪するに、先づ五井氏父子より起手す。

予嘗て蘭洲の著す所の『非物』・『質疑』・『瑣語』を獲て之を読む。尋《つ》いで『鶏肋篇』を濱和助君に借る。是れ蘭洲の文稿なり。都て四巻。半頁十行、約十九字、或いは二十字、或いは二十一字、都て二百三十葉。処々改刪・塗抹ありて、是の手稿為るを知る。最も珍重すべし。中に「冽菴漫録」有り。又た『瑣語』・『質疑篇』の「漫録」中より抄刻する者為るを知る。真に是れ先賢の心血の注がるる所なり。既にして木崎好尚君、『蘭洲遺稿』二冊を太田君に借り、読了して予に謂ひて曰く、「世間獲易からざるの洪宝なり」と。予乃ち転借して之を読む。上冊九十八葉、下冊八十九葉、『鶏肋篇』より少きこと四十三葉、但し半頁十一行、行二十二字、全紙空処無し、文却て『鶏肋篇』より多し。『鶏肋篇』録する所の文も、亦た往々にして之有り。然して開巻第一に「中風行」・「四楽説」・「中風論」有り。其の餘にも処々病苦を説く者有り。蓋し『鶏肋篇』と重複する者を除くの外は、概ね皆風後の作なり。蘭洲風疾に罹るは、宝暦九年己卯年、六十三の時に在り。十二年壬午三月十七日、年六十六の時に歿す。半身不随の身を以て、僅々三・四年にして此の大著を成す。其の精力驚くべきなり。『遺稿』に論有り、序有り、書有り、経解・史論有り、随感・随筆なる者有り。人物を評隲し、世事を罵嘲し、意に任せて言を放ち、雑然として序無し。是れ病中の情状を見す。蓋し蘭洲の貧苦・病苦、一時に来攻して、身少しも動く能はず、但だ右手稍《やや》健なるのみ。是に於て日び机案に対して、手筆を釈てず、以て苦悶を遣《や》る。但だ三たび先儒を罵り、卑猥に渉ること有りて、経解と一紙同列なるは、頗る老悖を嫌《うたが》ふ。是を以て蘭洲の為に惜しむなり。然れども蘭洲任意の随筆、其の性行・閲歴・学説、交友の品学・校風の良否等に及び、直言して諱まず。以て資料を後人に授くるは、多謝に堪へず。太田君此の稿を手写すること、細楷・端正にして、加ふるに標註を以てす。予輩をして未見の書を見、未知の事を知らしむ。何ぞ其の好古の篤志なるや。濱・太田二君の篤好にして吝まざること微《な》かりせば、則ち予曷ぞ此に着手するを得んや。是れ最も多謝すべきなり。

注

一…『詩経』大雅皇矣に云ふ、「我れ明徳を懐く。」と。

二…鳳梧三侯に仕え、二侯に客たり。後に摂・和の□地に隠る。門人千二百、心喪するもの三十人。

補注

1…内題はもと「懐徳堂研究之一」とあり、後に「研究」の上に墨筆の圏点が書き込まれて見せ消ちにされ、その右に「考」が書き添えられている。

2…「琉」とは、琉球のこと。天囚の『日本宋学史』（杉本梁江堂、明治四十二年〔一九〇九〕）には、「如竹藤堂氏を去りて一旦帰国し、年六十三の寛永九年（或十年）海に浮かんで琉球に游べり。」「如竹は二三年許りにして琉球より帰国し、更に大阪に游びて帷を垂れたり、想ふに是れ寛永十四五年の事にして、六十七八の比にもやあらん、鳩巣の父と交はりしは此の時なるが、鳩巣が父より聞けりとて作りし如竹伝には、此の時年八十に近しとあれど、伝聞の誤りなるべし」とある。

3…「而其徒」と「相踵而出」との間には、もともと「海北若沖向井宗因壺井鶴翁等出于世後以開国学之盛多田義俊寛延三年歿加藤竹里寛政【02表】八年歿小川屋善《ママ》［喜］太郎入江昌喜寛政十二年榎並屋半次郎□（辰?・尾?）岐正嘉文政十年有賀長因安永中等」（海北若沖・向井宗因・壺井鶴翁等世に出で、後に以て国学の盛を開く。多田義俊寛延三年歿・加藤竹里寛政八年歿小川屋喜太郎・入江昌喜寛政十二年榎並屋半次郎・□岐正嘉文政十年・有賀長因安永中等）と記されている。その上に線の上書きによる抹消は行われていないが、右の文字列の前後には朱筆による二重鉤括弧が記され、かつ文字列の直前と直後とを結ぶ線が記されている。このため、この文字列は削除されたと考えられる。なお、加藤竹里について天囚は「小川屋善太郎」と記しているが、「小川屋喜太郎」の誤り。

4…修復の際に、この後の一葉（第三葉）が綴じ糸のところから切断されていたことが判明した。翻刻の本文中に【03表】・【03裏】が存在しないのは、そのためである。第二葉の末尾と第四葉の冒頭との文意が問題なく通じることから、天囚が自ら切断したことは確実と考えられる。

5…「九十」は「十九」の誤り。

6…「六年」は「九年」の誤り。宝暦六年の干支は丙子。

7…ここで天囚が懐徳堂の名の由来とする『詩経』大雅皇矣篇には「予懐明徳」とあり、「懐徳堂研究其一」・『懐徳堂考』上巻において天囚は「始て名けて懐徳堂と云ひしは、詩の大雅皇矣の篇の我懐明徳の句に取りしにや」と述べている。なお、『懐徳堂考』下巻で天囚は、「論語の君子懐徳小人懐土の語を取り、懐徳堂と名け」たとしている。

三、五井蘭洲

【14表】五井蘭洲
蘭洲。名純禎。字子祥。号蘭洲。又梅塢［注一］。又冽菴［注二］［注三］。称藤九郎。持軒次子。以元禄十年生于大阪。
持軒時年五十七。

注
一…遠里正意六十寿序［補1］有梅塢印（非指天満梅枝町乎）
二…冽菴取于易井之卦。九五井冽之語。甃菴亦出井卦六四。竹翁別号渫翁。出于九三井渫而不食之語。
三…竹山答尾池加仲大書［補2］云先師五井蘭洲ハ井ノ卦ノ九五ノ井冽ヲ取テ別ニ冽菴ト号ス吾先子ハ六四ノ井甃ヲ取ル両人トモ此歳ヨリノ号ナリ予ハ老年九三井渫而不食ヲ取テ号トス蘭洲ハ五井姓ユヘ九五井冽ハ甚適当ナリ／水風井䷯九三井渫而不食為我心惻可用汲王明並受其福〇六四井甃无咎〇九五井冽寒泉食［補3］

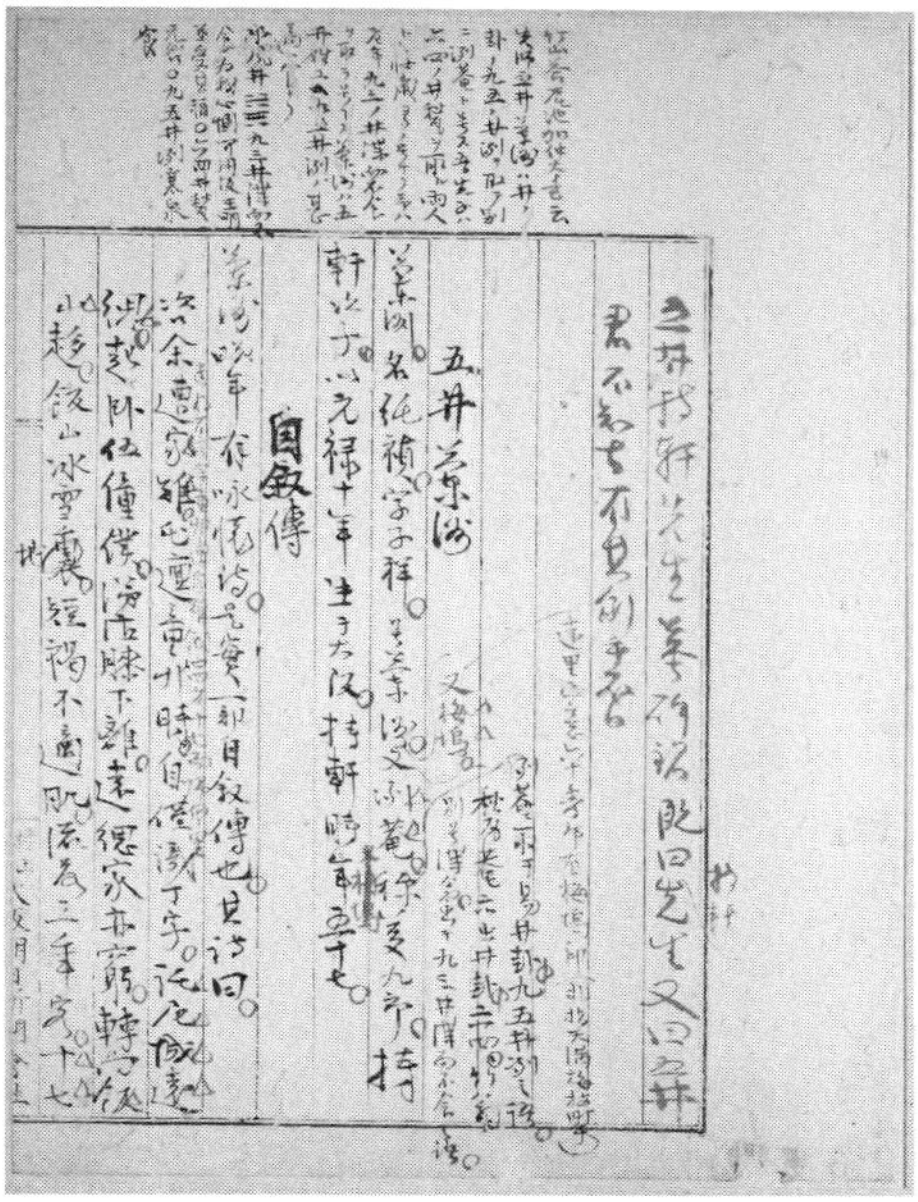

図８　五井蘭洲（第 14 葉表）

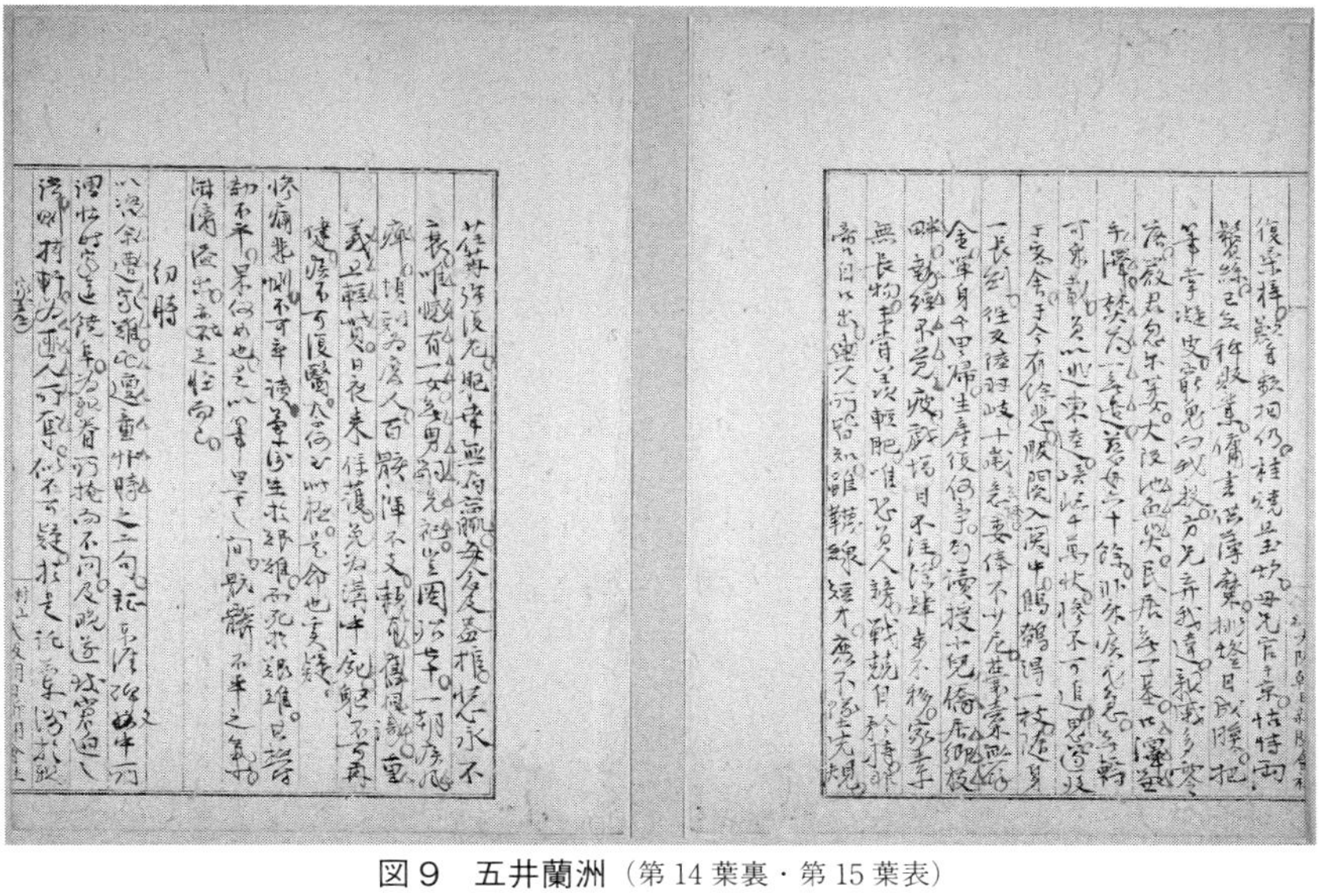

図９　五井蘭洲（第 14 葉裏・第 15 葉表）

【書き下し文】

五井蘭洲

蘭洲、名は純禎、字は子祥、号は蘭洲、又《ま》た梅塢、又た冽菴、藤九郎と称す。持軒の次子なり。元禄十年を以て大阪に生まる。持軒時に年五十七なり。

注

一…「遠里正意の六十寿の序」に「梅塢」の印有り（天満の梅枝町を指すに非ざらんか）。

二…「冽菴」、『易』井卦の「九五井冽」（九五、井冽す）の語より取る。甃菴も亦た井卦の六四より出づ。竹翁の別号「渫翁」、九三「井渫而不食」（井渫にして食《くら》はれず）の語より出づ。

三…竹山「尾池加仲大に答ふるの書」に云ふ、「先師五井蘭洲ハ井ノ卦ノ九五ノ井冽ヲ取テ別ニ冽菴ト号ス吾先子ハ六四ノ井甃ヲ取ル両人ト□（モ）壮歳ヨリノ号ナリ予ハ老年九三ノ井渫而不食ヲ取テ号トス蘭洲ハ五井姓ユヘ九五井冽ハ甚適当ナリ」と

水風井䷯、九三、井渫にして食はれず、我が心の惻《いた》みを為す。用て汲むべし。王明ならば、並びに其の福を受けん。○六四、井甃《おさ》にす。咎《とが》无《な》し。○九五、井冽して寒泉食はる。

補注

1…「遠里正意六十寿序」は、『蘭洲遺稿』巻坤と『鶏肋篇』巻七とに重出する「賀遠里正意六十寿序」（遠里正意の六十の寿を賀

するの序）を指すと思われる。もっとも、朝日新聞社文庫本の『蘭洲遺稿』・同『鶏肋篇』には、「梅塢」の印記は認められない。なお、以下『蘭洲遺稿』の葉数等を示す場合は、天囚が懐徳堂研究に用いたと見られる大阪府立中之島図書館朝日新聞社文庫のものによる。別本については、その都度示す。

2…蘭洲の号「洌菴」と甃庵とについて、天囚の『懐徳堂考』上巻には『竹山国字牘』からの引用として説明されている。竹山の「答尾池加仲大書」は、懐徳堂文庫・碩園記念文庫・小天地閣叢書乾集所収の『竹山国字牘抄』、及び懐徳堂記念会が明治四十四年（一九一一）に出版した懐徳堂遺書の『竹山先生国字牘』には収録されていないが、懐徳堂文庫所蔵の『竹山先生国字牘　二』（中井積善等交筆）に収録されており、「先師五井蘭洲ハ井ノ卦ノ九五ノ井洌ヲ取テ別ニ洌菴ト号ス吾先子ハ六四ノ井甃ヲ取テ甃菴ト号ス両人トモ壮歳ヨリノ号ナリ余ハ老年ニ至リ九三ノ井渫而不食ヲ取テ号トス晩年ユヘ翁ノ字ヲツケテ称ス三十姓《（ママ）》（？）ヨリ命スルナリ但シ蘭洲ハ五井姓ユヘ九五井洌ハ甚的当ナリ」とある。天囚が何によって「答尾池加仲大書」を見たのかは不詳。

3…「水風井䷯」は、井卦䷯の構成が、上卦（上の三爻）は「水」を象徴する☵（坎の卦）、下卦（下の三爻）は「風」を象徴する☴（巽の卦）であることを示す。「九三」以下は、『周易』井卦の爻辞の引用。

四、三宅石庵

（前）三宅石庵入于持軒伝之後蘭洲伝之前［補1］

与持軒同時下帷授徒者。三宅石庵也。

三宅石庵［補2］。名正名。字実甫父［補3］。号石菴。又万年。祖道安［補4］。称甚左衛門。父道悦。称六兵衛。母田中氏。寛文五年正月十九日。生于平安三条坊［注一］。兄弟六人［注二］。而其最聞者。曰緝明。称九十郎。号観瀾。乃石菴弟也［補5］。石菴為人。沈静倹簡。【20裏】謙和容人。甫幼。英敏勇決。大異群童。稍長。家産敗亡。償宿債

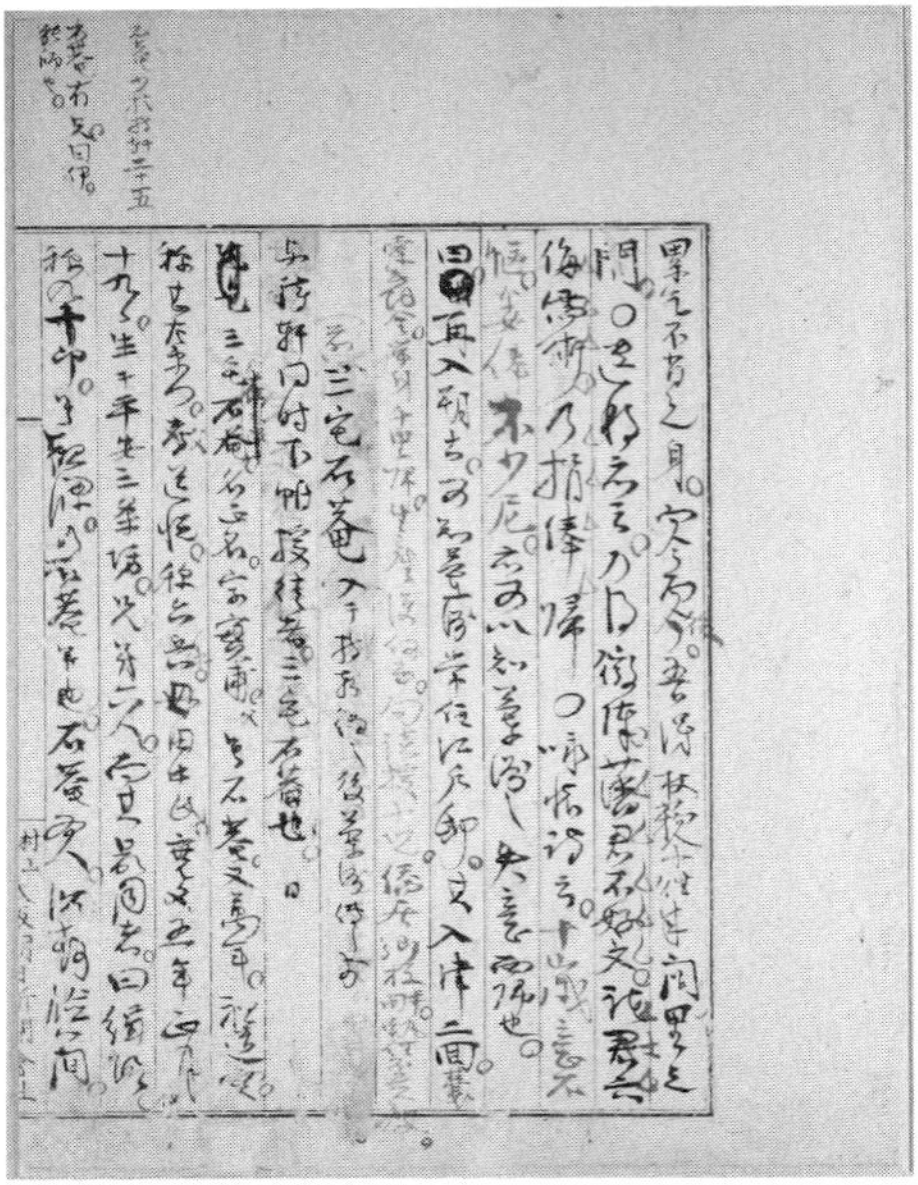

図 10　三宅石庵（第 20 葉表）

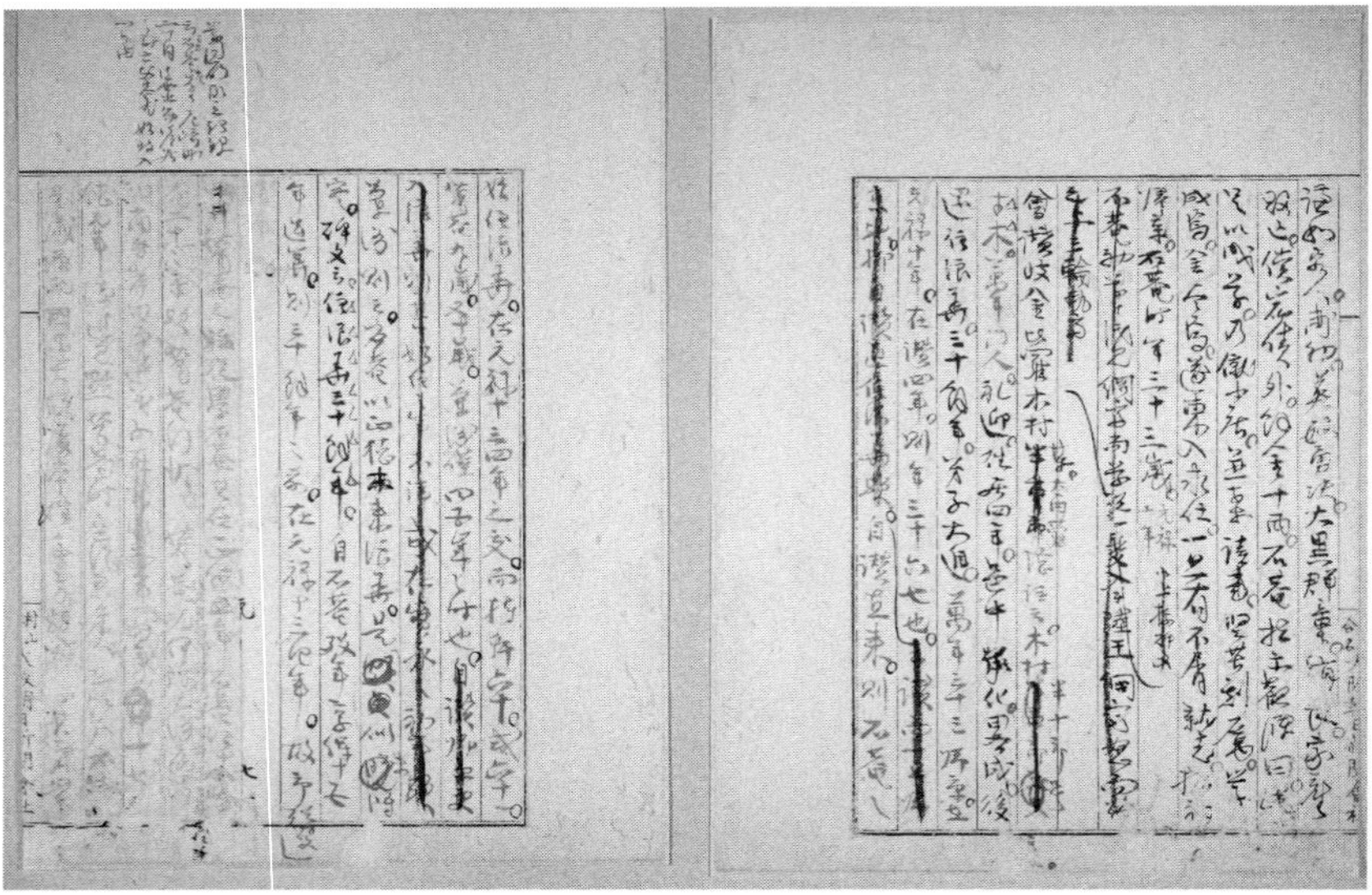

図 11　三宅石庵（第 20 葉裏・第 21 葉表）

外。餘金十両。石菴指示観瀾曰。此足以成学。乃僦小店。並案読書。堅苦刻厲。学成焉。金尽《ママ》（竭）焉。遂東入［関］求仕。一旦有不屑就志。振袖帰京。石菴時年三十三歳［補6］。元禄十年会讃岐金比羅木村某。太《ママ》（大）田□（蘆？）隠注云［補7］。木村半十郎号寸木。万年門人。礼迎。往居四年。邑中承化。略成淳風。後還住浪華。三十餘年。弟子大進。万年三十三帰京。在元禄十年。在讃四年。則年三十六七也。自讃直来。則石菴之【21表】始住浪華。在元禄十三四年之交。而持軒六十。或六十一甃菴九歳。又十歳。蘭洲僅四五年之時也。蘭洲則云。石菴以正徳末来浪華［補8］。是似未得実。碑文云［補9］。住浪華三十餘年。自石菴歿年享保十七年逆算。則三十餘年之前。在元禄十三四年。故予従碑文［補10］［注三］。

注

一…石菴少於持軒二十五

二…石菴有兄。曰伊。能師也。

三…学問所所《ママ》（建）立記録云三宅石庵老先生尼崎町二丁目御霊筋御住居之時亡父忠蔵始致入門候由［補11］

【書き下し文】

（前）三宅石庵持軒伝の後、蘭洲伝の前に入れん

持軒と時を同じくして帷を下して徒に授くる者は、三宅石庵なり。

三宅石庵、名は正名、字は実甫父、号は石菴、又た万年なり。祖は道安、甚左衛門と称す。父は道悦、六兵衛と称す。母は田中氏。寛文五年正月十九日、平安三条坊に生まる。兄弟六人ありて、其の最も聞ゆる者は、緝明と曰ひ、九十

郎と称す。号は観瀾、乃ち石菴の弟なり。石菴の「人と為り、沈静倹簡にして、謙和にして人を容る。幼より英敏にして勇決、大いに群童に異なる。稍長じて、家産敗亡し、宿債を償ふの外に、餘金十両あり。石菴　観瀾に指示して曰はく、『此れ是を以て学を成さん』と。乃ち小店を僦《か》りて、案を並べて書を読み、堅苦刻厲す。学成りて、金竭く。遂に東して関に入りて仕を求む。一旦有不屑就志。袖を振りて京に帰る。石菴時に年三十三歳」。元禄十年なり。讃岐金比羅木村某に会す。太田蘆隠注して云ふ、「木村半十郎、号は寸木、万年の門人なり。」と。「礼もて迎へ、往きて居すること四年なり。邑中　化を承けて略ぼ淳風を成す。後に還りて浪華に住むこと三十餘年なり。弟子大いに進む」と。万年三十三にして京に帰ること、元禄十年に在り。讃に在ること四年なれば、則ち年三十六・七なり。讃より直来すれば、則ち石菴の始めて浪華に住むは、元禄十三・四年の交に在りて、持軒六十、或いは六十一、甃菴九歳、又た十歳、蘭洲僅に四・五年の時なり。蘭洲則ち云ふ、「石菴　正徳の末を以て浪華に来る」と。是れ未だ実を得ざるに似る。碑文に云ふ、「浪華に住むこと三十餘年」と。石菴の歿年享保十七年より逆算すれば、則ち三十餘年の前は、元禄十三・四年に在り。故に予　碑文に従ふ。

注

一…石菴　持軒より少《わか》きこと二十五なり。

二…石菴に兄有り。伊と曰ふ。能師なり。

三…学問所建立記録に云ふ、「三宅石庵老先生、尼崎町二丁目御霊筋に御住居の時、亡父忠蔵始めて入門致し候ふ由」と。

補注

1…「入于持軒伝之後蘭洲伝之前」（持軒伝の後、蘭洲伝の前に入れん）は、節の排列を変更し、持軒に関する節の後に石菴に関する節が位置するようにとの指示で、朱筆にて加筆されている。大阪朝日新聞に連載された「懐徳堂研究其一」においては、明治四十三年二月九日の第三回が「持軒の学」「持軒の風貌性行」・「持軒臨終と妻子」の節、十日の第四回が「三宅石菴の来歴」・「石菴と持軒」の節、十二日の第五回（十一日は紀元節で休載）が「五井蘭洲の生立」・「中井甃菴の来阪」の節である。持軒についての記述と蘭洲についての記述との間に、石菴に関する記述が位置していることからすると、この指示に従う形で節が排列されたと見てよいと考えられる。

2…以下の石庵に関する記述について、天囚は出典を示していないが、概ね「万年三宅先生墓誌」（『浪華名家碑銘集』所収）に基づき、他の資料も利用したと考えられる。補注5・6参照。

3…石庵の字は「実甫」、或いは「実父」であるということ。「万年三宅先生墓誌」及び『懐徳堂考』上巻では「実父」とされている。

4…石庵の祖の名は、「万年三宅先生墓誌」では「道雲」、『懐徳堂考』上巻では「道安」とされている。

5…『懐徳堂考』上巻において天囚は、『耆旧得聞』に基づいて石庵の弟である観瀾（名は緝明、通称は九十郎）・佩韋（名は維祺、通称は総十郎）について、特に絅斎と石庵・観瀾との関係について詳しく述べているが、『懐徳堂考之一』においては、観瀾については「万年三宅先生墓誌」に述べられていること以外には情報がなく、佩韋の名も出てこない。また、石庵の名について、天囚は『懐徳堂考』上巻で「初め新次郎と云へり」と述べているが、これも『耆旧得聞』に「初名新次郎」とあるのに基づくと考えられるが、『懐徳堂考之一』においては「新次郎」に触れられていない。こうしたことから、『懐徳堂考之一』執筆の時点で天囚は、『耆旧得聞』に観瀾らに関する情報があることを知らなかったと考えられる。もっとも天囚は、『耆旧得聞』の記述をすべて信用した訳ではなく、『懐徳堂考』上巻において「耆旧得聞の著者は、石菴の事を聞違へて観瀾の事と為し、ならん、観瀾水戸を去て幕府に仕へしより、水戸人は悪ざまに言ふかとも思はる、により、此に記して後考を待つ」としている。

6…「為人沈静険簡～時三十三歳」は、基本的に「万年三宅先生墓誌」からの引用であり、天囚自身、『懐徳堂考之一』に一旦は

「以上拠碑文」と墨筆で注記している（後に天囚はこの注記を削除している）。もっとも、天囚は「墓誌」において「先生」とあるところを「石菴」に改めている。また「金竭焉」・「東入関」とあるところを「金尽焉」・「東関」としており、これらは天囚の誤字・脱字と考えられる。なお、『懐徳堂考』上巻において天囚は、「或は云く、石庵幼より学を好みて群童に異り、〜乃ち観瀾と相携へて江戸に来れりと（先哲叢語）」と述べているが、この部分の天囚の叙述はもとより「万年三宅先生墓誌」と重複するが、『先哲叢談』（著者は原念斎、文化十三年（一八一六年）刊）の「三宅石庵」の記述か、或いは『近世叢語』（著者は角田簡、文化十三年刊）巻三第六葉裏の「三宅石菴少年有大志〜」の本文と割り注の記述、もしくは両者に基づいていると見られる。少なくとも「先哲叢語」は誤りである。『懐徳堂考』上巻に「観瀾と相携へて江戸に来れりと」とある点について、『近世叢語』には「於是兄弟相携遊江都」とあり、『先哲叢談』には「兄弟相携へて江戸に来り」とあることからすると、『先哲叢談』に基づくと理解するのが妥当かと思われる。ちなみに、大正十四年（一九二五）に財団法人懐徳堂記念会が再刊した『懐徳堂考』においても、「先哲叢語」のままである。

7…天囚が『懐徳堂考』上巻を執筆する際、『蘭洲遺稿』を提供した人物の名は、『懐徳堂考』上巻の序説に太田源之助（号は蘆隠）とあり、ここにも「太田」と記されている。大阪人文会の会員名簿にも太田源之助とあるが、財団法人懐徳堂記念会の刊行した『碩園先生文集』（一九三六）巻二所収の、大正二年（一九一三）四月五日に亡くなった大田源之助の墓碣は「大田蘆隠墓碣」であり、また大正二年（一九一三）四月七日付の大阪朝日新聞第十面に掲載された訃報広告には、大田源之助とある。このため、正しい姓は「大田」であったと考えられる。なお、「木村半十郎号寸木。万年門人。」（木村半十郎、号は寸木、万年の門人なり）の部分が大田の注であると考えられる。但し、大田が天囚に提供し、天囚が懐徳堂研究に用いた『浪華名家碑文集』（大阪府立中之島図書館の朝日新聞文庫所蔵）所収の「万年三宅先生墓誌」においては、大田の注記は認められず、不明。続く「礼迎。往居四年。邑中承化。略成淳風。後還住浪華。三十餘年。弟子大進。」（礼もて迎へ、往きて居すること四年なり。邑中化を承けて略ぼ淳風を成す。後に還りて浪華に住むこと三十餘年なり。弟子大いに進む）の部分は、「万年三宅先生墓誌」の本文からの引用。

8…『蘭洲遺稿』巻乾の第七十八葉表に、「享保巷談宅万年京師人正徳末移居大阪唱陸王学」（享保の巷談に、宅万年、京師の人なり。正徳の末に居を大阪に移して陸王学を唱ふ。～）とあることを指す。

9…「碑文」は、前出「万年三宅先生墓誌」を指す。

10…以下六行の文字列（途中改行あり）は、紙片を貼付して抹消されている。

11…天囚がここに引用している「学問所建立記録」は、現在懐徳堂文庫碩園記念文庫小天地閣叢書の『懐徳堂記録』四冊中に収録されている。拙稿「西村天囚の五井蘭洲研究と『懐徳堂記録』」（『懐徳堂研究』第7号、二〇一六年）参照。なお、この頭注は、補注9に述べた抹消箇所の六行の上部にある。

第二章　『論語集釈』

湯浅邦弘

『論語集釈』は西村天囚の『論語』注釈書である。未完の『論語集釈』という注釈書があったことは、『懐徳』第二号の「碩園先生著述目録」によって知られていたが、その実在については不明であった。

「著述目録」によれば、「論語集釋　自學而至泰伯第八章　未刊」「首に集釋を擧げ、次に折中參看異説私案の四目を立て、其の足らざるところを補はる」とある。つまり、『論語』の泰伯篇までの注釈書であり、各章の注釈が「折中《せっちゅう》」「參看《さんかん》」「異説」「私案」などに類別されている点に特徴があるという。

平成二十九年（二〇一七）から進めている種子島での資料調査において、この草稿が、西村家からほど近い種子島開発総合センター（通称鉄砲館）に保管されていることが確認された。

題簽に「論語集釈」と記された草稿二冊であり、内容は『論語』泰伯篇までの注釈であった。これこそまさに、所在不明となっていた『論語集釈』草稿である。「著述目録」の記載通り、各章の注釈は、「折中」「參看」「異説」「私案」の朱印ごとに類別されている。この印章自体も、種子島の西村家から発見され、実はこれらが、「私案　異説」の両面印、「參看　折中」の両面印であったことも明らかになった。

はじめに、その書誌情報を掲げる。

・西村天囚自筆草稿全二冊。一冊目本文八十七丁、二冊目本文七十三丁。外形寸法は縦二十七・五cm×横十八・八cm。装丁は五針眼訂法。

・一冊目の表紙題簽に「論語集釋　巻一（「天囚居士」の丸印）」、二冊目の表紙題簽に「論語集釋　巻二」と記すが、実は、本文の巻数表記とは異なっている。第一冊本文には、巻一として「学而」「為政」、巻二として「八佾」「里仁」を収録し、第二冊本文には、巻三として「公冶長」「雍也」、巻四として「述而」「泰伯」を収録する。すなわち、『論語』全二十篇の内、泰伯篇までの八篇を収録した未完成の草稿である。しかも、泰伯篇は全二十一章中、二章のみで終わり、以下二十六丁分が空白となっている。

・一冊目の第四十三丁表（為政篇季康子問章）に、縦十八cm×横四・二cmの貼紙が付けられている。

・二冊目の第七十三丁（泰伯篇末尾）に、「景社文稿」と版心に印刷された原稿用紙が夾まれている。『論語集釈』の字間、行間が整っているのは、これを下敷きにして書いたからだと推測される。「景社」は天囚が大阪で結成した詩文サークル。

・本文各章に対する注釈を、「折中」「參看」「異説」「私案」などの朱印で類別して記す点に特色がある。これらの印章については、本書の次章参照。

次に、特徴的な部分の画像を掲げながら、解説してみよう。

（1）巻一冒頭（第一葉表）

内題として「論語私案」と一旦書いた右に、見せ消ちで「集釋」と訂正していることが分かる（図1）。一冊目の表紙題簽も、「論語」の次に紙を貼ってそこに「集釋」と記されている。その下には訂正前の「私案」の文字が透けて見える。つまり天囚は、はじめ「論語私案」と題して執筆を始めたが、後に、「論語集釋」に改めたのである。巻三冒頭八佾篇の内題には「論語集釋」と記されていて、訂正の跡はないので、「私案」から「集釋」への変更は、巻一または巻二の執筆中であったと推測される。

その原因については、序文や跋文がないので何とも言えないが、「私案」という題名では、自説だけを述べるような印象となることが懸念されたからではなかろうか。実際には、自説を含めて、多くの見解にも目を配るものとなっている。「集釋」こそ題名にふさわしいと考えたのであろう。

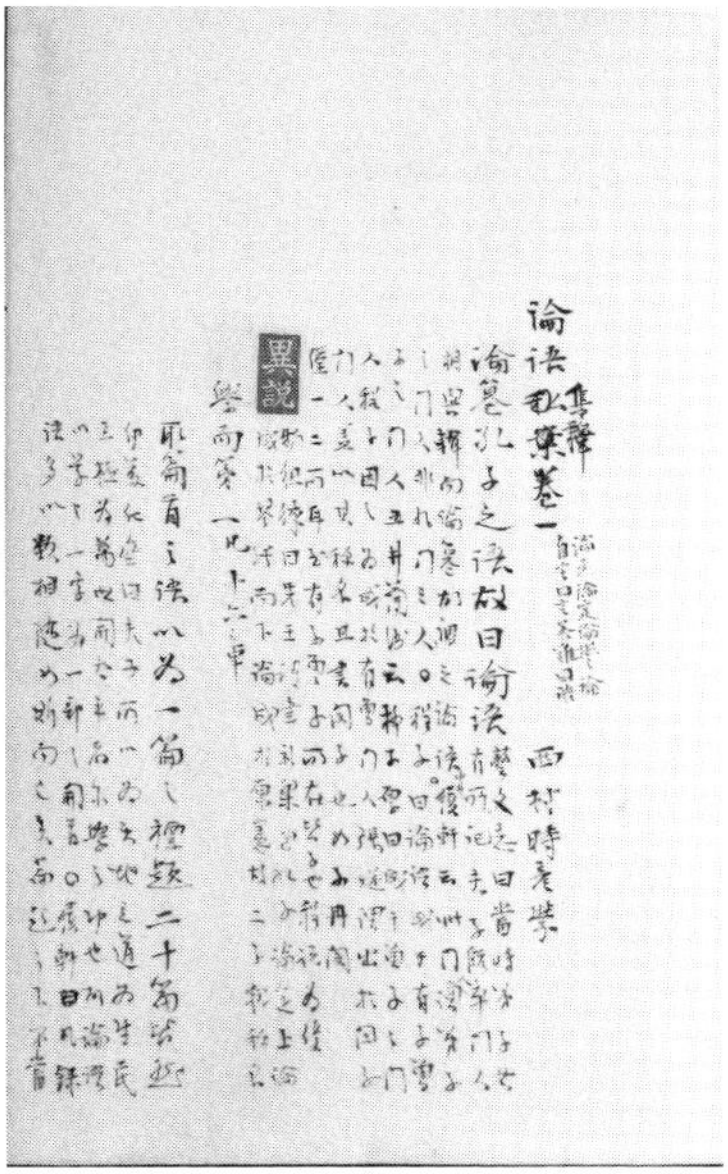

図１　巻一冒頭

「論語集釋」という内題の次に、「西村時彦學」と記されている。「學」とは、その文献をしっかり学び修めて注述するという意味。かつて懐徳堂の中井履軒《なかいりけん》（一七三二〜一八一七）は、自身の『論語』研究の最終形態である『論語逢原《ほうげん》』に「水哉館学《すいさいかんがく》」と記した。水哉館とは履軒が懐徳堂を離れて開いていた私塾の名であり、「水哉館学」とは、注述の完成を宣言するものである。天囚も同様に自負を込めて記したと想像され

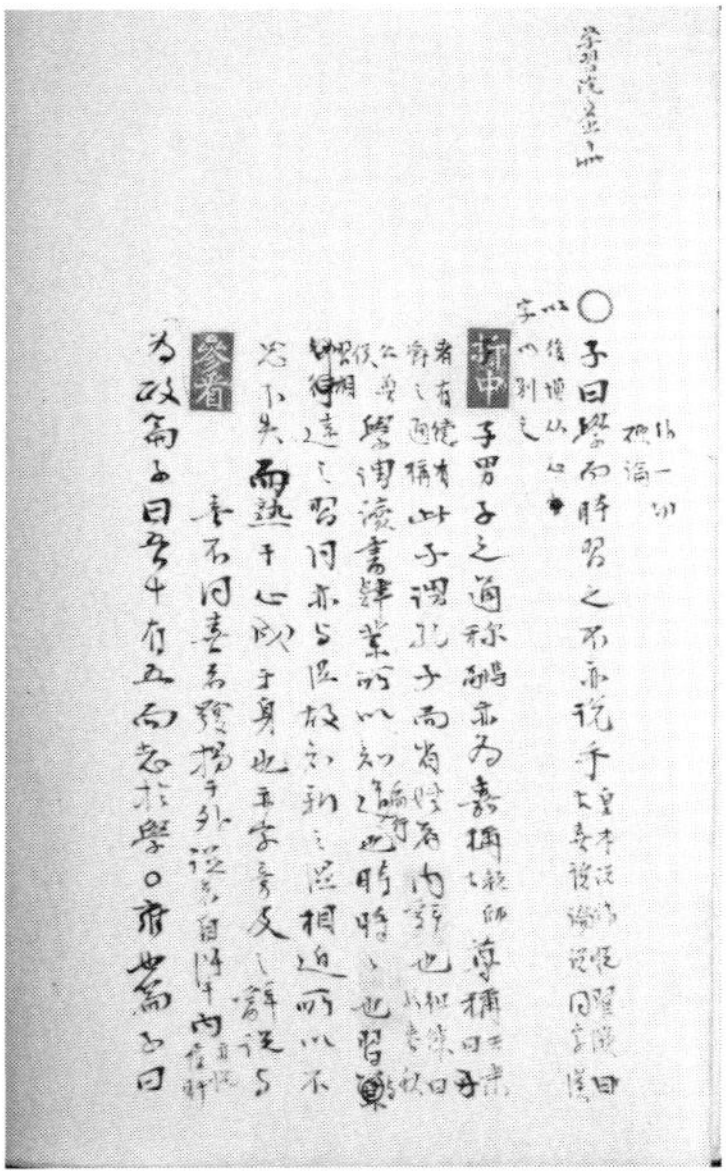

図２　「折中」「參看」印

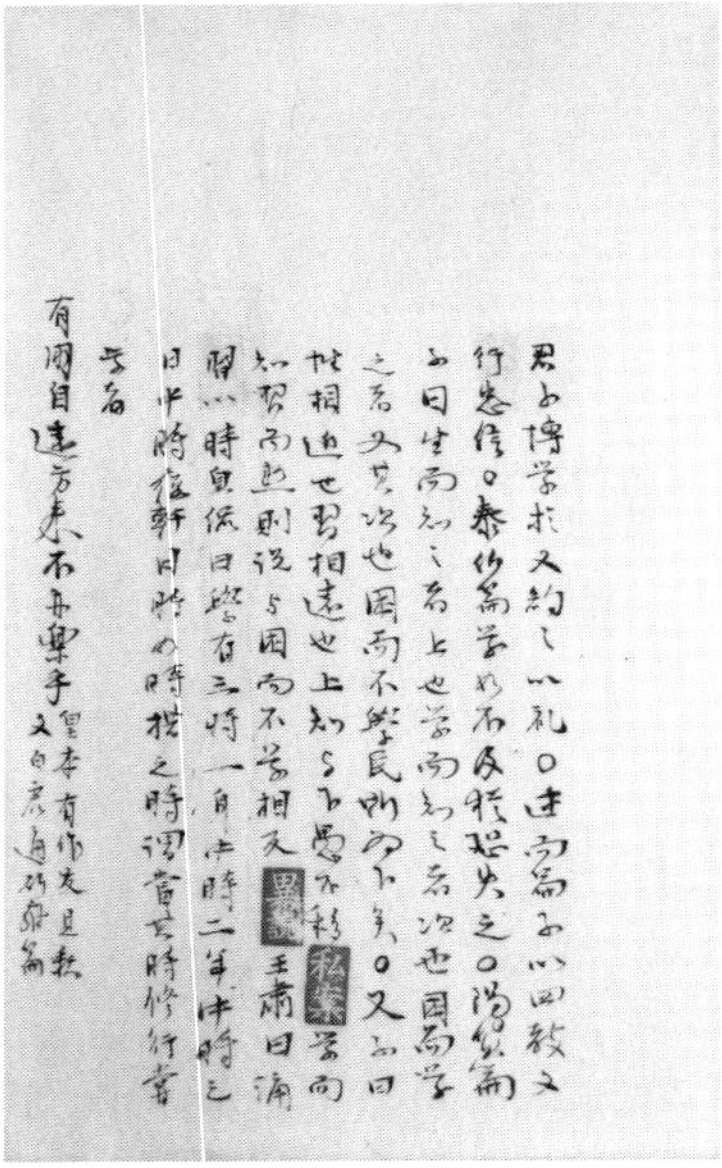

図３　「私案」「異説」印

る。

各章は、まず『論語』の本文を掲げ、その後、朱印で類別しながら注釈を記す、という構成である。この第一葉では篇名「学而第一」の直前に「異説」の朱印が見える。

（2）「折中」「參看」「私案」「異説」印
（第一葉裏、第二葉表）

学而篇冒頭の本文「子曰、學而時習之、不亦説乎」に対する注釈が列挙される。まず朱で○を付け、続いて『論語』の本文を記す。

それに続く注釈は、四つの朱印「折中」「參觀」（図2）「私案」「異説」（図3）によって区分されている。その類別の指標は以下のように考えられる。

①「折中」……「折衷」に同じく、軽重を加減して宜しきを得ているという意味。『論語集釈』の冒頭から為政篇の途中までの各章では、四つの朱印の内、おおむねこの「折中」がはじめに登場する。つまり、

「折中」とは、天囚が諸見解をアレンジしたという意味ではなく、その章の注釈として、まずは定番となるような妥当な見解をあげるというものであったと推測される。

②「叄観」……折中として掲げた定番的な解釈以外で特に参考にすべき見解。

③「私案」……西村天囚独自の見解。

④「異説」……定番の注釈書とは対立するような見解。

（3）為政篇「異端」章（第三十六葉裏）

古来、様々な説のある「攻乎異端、斯害也已」章の部分である（図4）。注釈の初めには「折中」の朱印が見える。これは、それ以前にも使われてきた印と同形の縦長の印である。ところが、次の「叄看」印は、やや扁平な小ぶりの朱印となっている。以下、『論語集釈』は末尾まで、この小型扁平印が使用される。スペースの節約を考慮して朱印を変更したものと推測される。

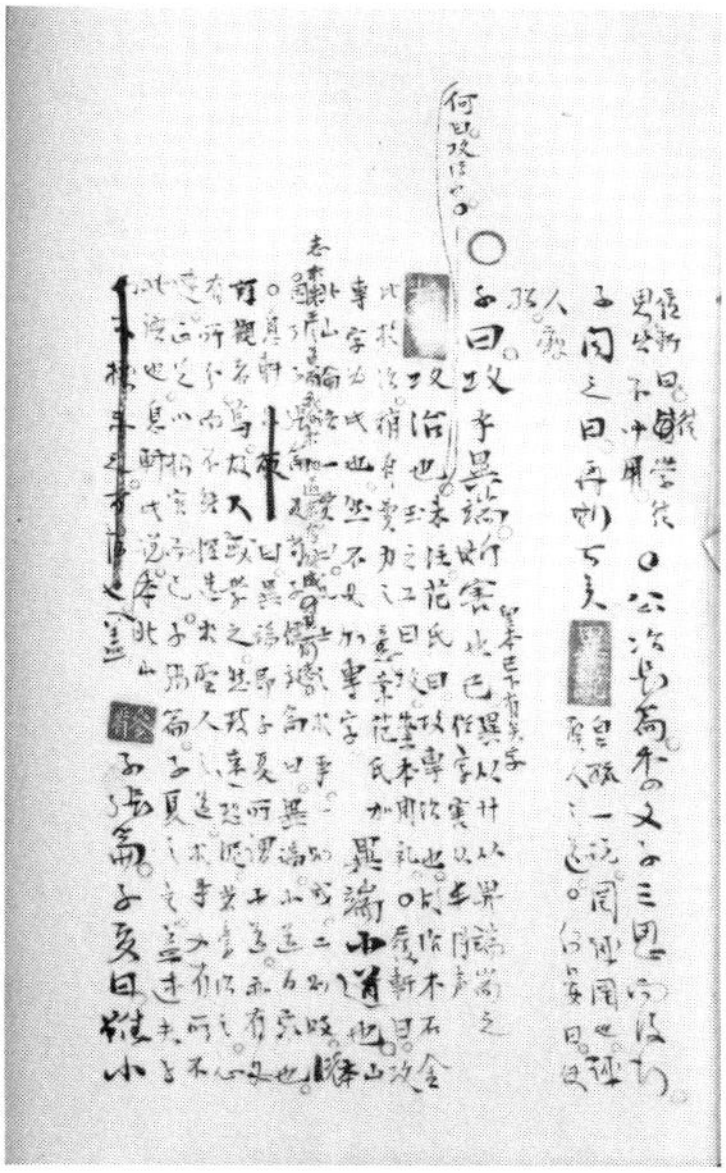

図４　為政篇「異端」章

（4）為政篇「由誨女知之乎」章（第三十九葉表）

注釈の冒頭に、これまでなかった「集釋」の朱印が押されている（図5）。以後、第二冊の終わりまで、「折中」印は見えず、この小型扁平の「集釋」「叄看」「異説」「私案」の四種類の朱印が確認される。

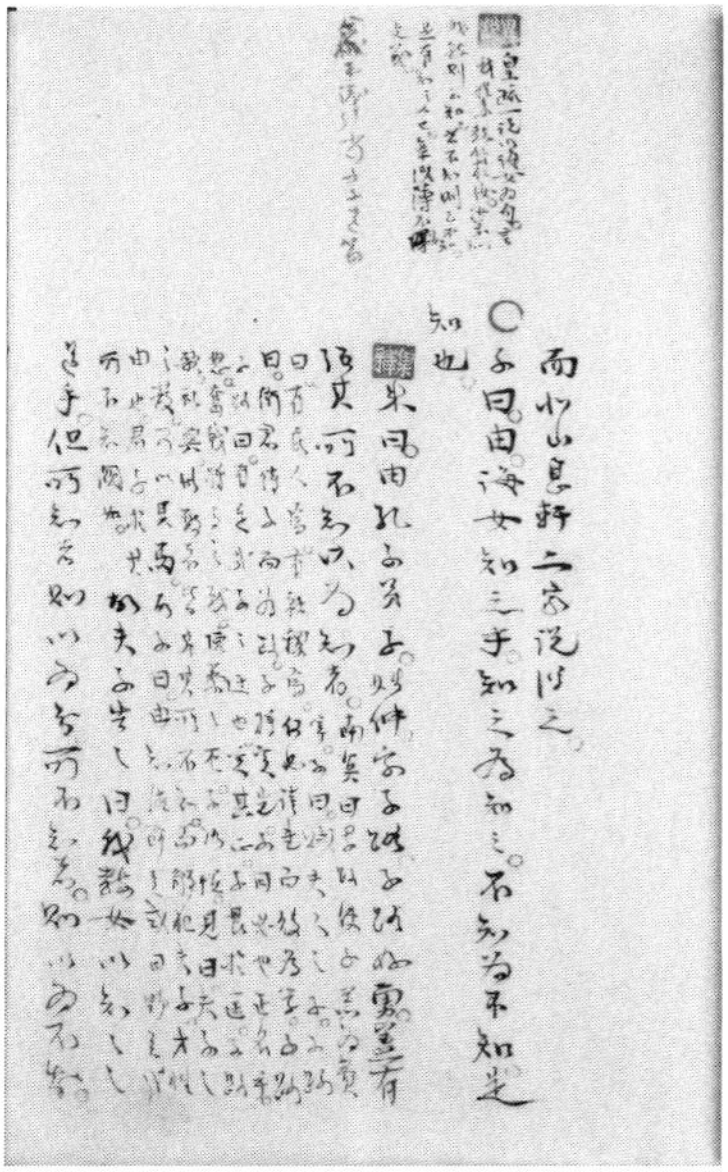

図５　為政篇「由誨女知之乎」章

天囚の『論語集釈』が未完に終わっているので謎というほかはないが、恐らく天囚は、はじめ全体を「集釋」と「折中」「參看」「私案」「異説」に分けて記す方針を立て、「集釋」については冒頭の地の文がそれに当たるとし、それに続く注釈については、その性格の違いによって「折中」「參看」「私案」「異説」の印を押しながら区別して書くこととした。しかし、後には、「集釋」そのものも印で明示することとし、それにあわせて、印を縦長ではなく、あまりスペースを取らない扁平の方形印にした。またその際、「折中」の役割は「集釋」印の後の解釈に包括されると判断し、扁平の「折中」印は作成しなかった。このように推測されるのではなかろうか。

なお、『論語集釈』については、種子島開発総合センターより一時拝借して影印本を作成し、湯浅邦弘『西村天囚『論語集釈』』（解説、全三三〇頁、二〇二一年）として公開した。これを受けて、矢羽野隆男「西村天囚『論語集釈』と『論語後案』書入れと」（『懐徳堂研究』第十四号、二〇二三年）が発表された。天囚の書入れのある黄三式『論語後案』と天囚自筆の『論語集釈』とを対照した上で、『集釈』の編纂過程を考察し、あわせて大量の書入れを行うテキストとして『論語後案』を選んだ天囚の学問的意図を探る論考である。

第三章　西村天囚旧蔵印

湯浅邦弘

種子島の西村家に残されていた天囚旧蔵印の全容を紹介する。すでに、湯浅邦弘編集・解説『西村天囚旧蔵印』（大阪大学人文学研究科、二〇二二年）として全点カラーで収録した小冊子を刊行したが、わずかな印刷部数であったため、ここでは改めて、次のような方針で掲載する。

・湯浅邦弘編集・解説『西村天囚旧蔵印』に収録した印章全点を掲載する。但し、ここではモノクロでの掲載とする。また、印紐の画像は割愛し、ここでは、印面のみを原寸で掲げる。

・『西村天囚旧蔵印』同様、1～63の印番号は西村家に残されていた印譜（巻紙）の番号による。現存が確認されていない四顆（通し番号11、30、31、39）については掲載していない。

・64番以降は、『西村天囚旧蔵印』編集の際の調査・整理により新たに附したものであるが、68番以降の通し番号に欠番があるのは以下のような理由による。西村家と種子島開発総合センター（鉄砲館）から拝借した印の合計は百顆だったので、当初、1～100までの仮番号を付けて一覧表を作成した。しかし、劣化・破損のため写真撮影に耐えないもの、天囚との関わりが分からないもの、別人の印などは撮影対象としなかった。そのため、いくつかの欠番が生じている。

・解説の後に「西村天囚旧蔵印一覧表」を掲載する。

西村天囚旧蔵印の概要および学術的価値、側款の詳細情報などについては、湯浅邦弘『近代人文学の形成——西村天囚の涯と業績——』（汲古書院「西村天囚研究」第一巻、二〇二四年）第二章を参照されたい。但し、特に重要であると思われる蔵書印については、重複を厭わず以下に若干の説明をしておきたい。

確認された約百顆の印章の中で最も重要だと思われるのは、多くの蔵書印である。48「小天地閣善本」、49「天囚鑑蔵《かんぞう》」、50「碩園珍蔵先賢《せんけん》未刻書《みこくしょ》」、51「小天地閣珍蔵」、52「碩園収蔵楚辞百種」、53「山房手鈔本記」、54「紫駿翰《ししゅんかん》墨《ぼく》」、55「碩園珍蔵」、56「碩園鈔蔵《しょうぞう》」、57「天囚書室《しょしつ》」は、巻紙（印譜）にも近い場所に連続して鈐印されており、一連の蔵書印であったことが知られる。

この内、「小天地閣」というのは、天囚の別号である。天囚は文献善本の写本叢書を編集し、「小天地閣叢書」としてまとめ、「小天地閣善本」や「小天地閣珍蔵」などの蔵書印を鈐印した。

また、「楚辞百種」とは、天囚が収集した『楚辞』の善本コレクションである。天囚は晩年、特に『楚辞』の研究と資料蒐集に努めた。大阪市松ヶ枝町の自宅の書斎は『楚辞』にちなんで「百騒《ひゃくそう》書屋《しょおく》」と名付けられ、清末の著名な考証学者兪樾《ゆえつ》の筆になる「讀騒廬《どくそうろ》」の扁額が掲げられた。『楚辞』への思い入れが分かる。

この『楚辞』コレクションは百種近くに及んだため、「楚辞百種」と総称され、「碩園収蔵楚辞百種」の蔵書印が鈐印された。これらは後に「碩園記念文庫」の一部として懐徳堂に入った。本コレクションは、大阪大学懐徳堂文庫に引き継がれ、現在に至っている。

一例として、懐徳堂文庫所蔵「楚辞百種」の内、天囚自身の編集による『楚辞纂説』を取り上げてみよう。本文冒頭の第一葉に計七つの印記が見える（図1）。

鈐印の先後関係に留意して説明すると、まず天囚が自身の蔵書であることを示す「天囚書室」「碩園珍蔵」と、自身の抄写本であることを表す「碩園鈔蔵」とを鈐印し、さらに『楚辞』の貴重コレクションであることを示す「碩園収蔵楚辞百種」印が押された。大正十三年（一九二四）に天囚が亡くなった後、これらの旧蔵書は懐徳堂記念会（重建懐徳堂の書庫）に収蔵されることとなり、「懐徳堂図書記」「碩園記念文庫」の印が懐徳堂記念会によって鈐印された。さらに昭和二十年（一九四五）の大阪大空襲で重建懐徳堂の講堂が焼失し、戦後、記念会の蔵書が一括して大阪大学に寄贈されるに至り、「大阪大学図書」の蔵書印が大阪大学によって鈐印された。こうした来歴をこれらの印記は示しているのである。

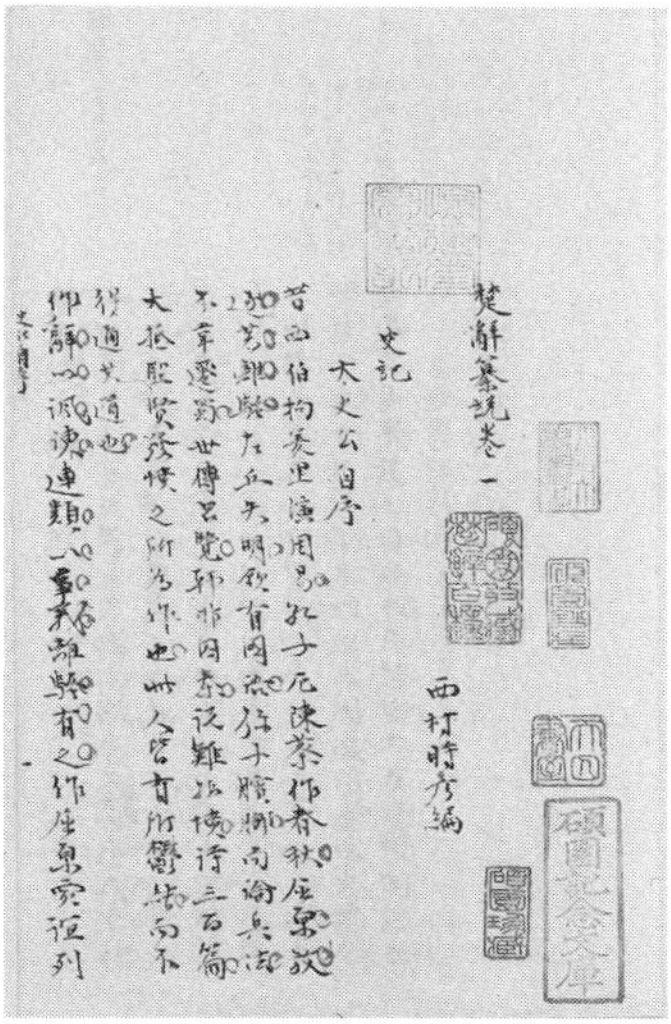

図1　『楚辞纂説』の印記

念のため、もう一例あげてみよう。これも懐徳堂文庫所蔵「楚辞百種」の内の『楚辞綺語』である（図2）。「叙」の冒頭葉に六つの印記が見え、来歴の順番に掲げると、「天囚書室」「小天地閣珍蔵」「碩園収蔵楚辞百種」の三つは天囚による鈐印で、「碩園記念文庫」と「財団法人懐徳堂記念会印」は懐徳堂記念会によるもの。さらに、「大阪大学図書」は戦後の大阪大学による印である。

また、右葉には天囚の識語が記されていて、そこには、陰

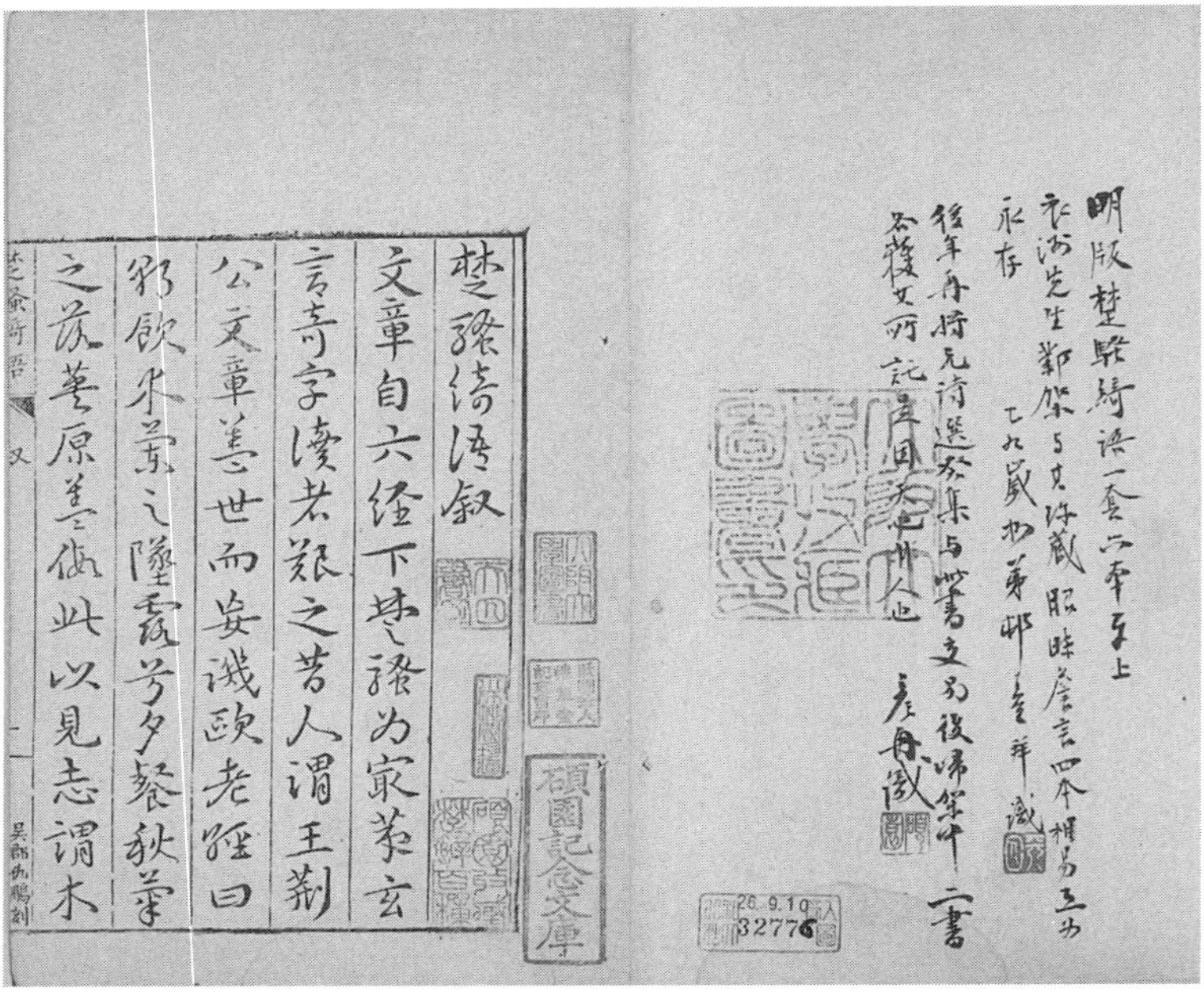

図２　『楚辞綺語』の印記

刻の「天囚」印と陽刻の「碩園」印が確認され、大きな「大阪大学収蔵図書印」と昭和二十六年（一九五一）九月十日付けの受入印も見られる。これは、昭和二十四年に大阪大学が懐徳堂記念会から懐徳堂文庫を一括して受贈した後、受入の手続きにかなりの時間を要したことを示している。昭和二十四年の段階で、大阪大学にはまだ図書館本館がなく、受け入れた懐徳堂文庫は、文学部の関係研究室や階段下の空間に分割して収蔵されていたという。図書館本館が竣工するのは、ようやく昭和三十五年（一九六〇）のことであった。そして、昭和五十一年（一九七六）刊行の『懐徳堂文庫図書目録』によって、その全容が知られることになったのではあるが、天囚の蔵書印については不明のままとなっていた。そして、このたびの調査により、その蔵書印の実物が約百年ぶりに発見されたわけである。

小野則秋『日本の蔵書印』（臨川書店、一九五四

年）は、多くの蔵書印を集めて考察した労作で、西村天囚の蔵書印としては「碩園」「碩園珍蔵」「天囚書室」「天囚図書」があったとする（ただし印影の掲載はなし）。渡辺守邦・島原泰雄『蔵書印提要』（青裳堂書店、一九八五年）は、「碩園珍蔵」「天囚書室」の原寸印影を掲げ、中野三敏『近代蔵書印譜三編』（青裳堂書店、一九八九年）は「天囚書室」を、渡辺守邦・後藤憲二『新編蔵書印譜』（青裳堂書店、二〇〇一年）も、「碩園珍蔵」「天囚書室」の二つを原寸影印で掲げる。

ただ、これらが天囚蔵書印のすべてではなかったのである。碩園記念文庫所蔵漢籍にはそれを遥かに上回る蔵書印が見られ、また種子島の西村家にはそれに該当する印が保管されていたのである。公的機関の蔵書印が保管されているのは当然としても、個人の膨大な漢籍蔵書と多くの蔵書印がほぼ完璧に残っているのは稀有な例であり、学術的価値は極めて高いと言えよう。

39	碩園	×	方形印		陽刻					
40	碩園居士	○	方形印		陰刻	無郭	1.2×1.0×4.0	○徐新周	石	
41	天囚	○	方形印		陰刻	無郭	1.1×1.1×5.7	○（四面）	石	
42	天囚居士	○	方形印	42と43で両面印	陽刻		1.2×1.2×5.9	○丸山大迂	石	
43	紫駿	○	方形印	42と43で両面印	陰刻	無郭	1.2×1.2×5.9	○	石	
44	清居邑人	○	長方形印		陰刻	無郭	1.1×0.9×3.7		石	
45	文章報国	鉄砲館	方形印		陰刻	無郭	2.7×2.7×4.9	○北側蝙亭	石	犬？
46	儒素傳家	○	方形印		陽刻		2.8×2.7×5.0	○北側蝙亭	陶器	犬？
47	文章載道	○	長方形印		陰刻		2.6×1.6×4.5		石	
48	小天地閣善本	○	長方形印		陽刻		2.6×2.1×5.6	○	石	
49	天囚鑑蔵	鉄砲館	方形印		陰刻	無郭	2.0×2.0×5.9		石	
50	碩園珍蔵先賢未刻書	○	長方形印		陽刻		4.4×1.6×8.8		石	
51	小天地閣珍蔵	○	長方形印		陽刻	太郭	2.8×0.9×7.7		石	獅子
52	碩園収蔵楚辞百種	○	長方形印		陽刻		3.7×2.0×3.5	○徐新周、福井端隠	石	
53	山房手鈔本記	○	長方形印		陽刻		2.2×1.5×5.7		石	魚２匹と波
54	紫駿翰墨	○	方形印		陽刻		1.7×1.7×5.7	○	石	犬？
55	碩園珍蔵	○	長方形印		陽刻		2.5×1.2×7.4	○徐新周	石	獅子
56	碩園鈔蔵	○	長方形印		陽刻		2.5×1.1×5.7		石	象の紋様
57	天囚書室	○	方形印		陽刻		2.0×2.0×1.7	○（四面）浜村蔵六	金属	鎖状
58	天囚居士	○	方形印		陰刻	無郭	2.4×2.4×5.4	○（上部）	石	
59	時彦	○	方形印	59と60で両面印	陰刻	無郭	1.0×1.0×4.6		石	
60	子俊	○	方形印	59と60で両面印	陽刻		1.0×1.0×4.6		石	
61	時彦私印	○	方形印		陰刻	無郭	1.0×1.0×3.0	○王希哲	石	
62	村彦子俊	○	方形印		陽刻		2.4×2.4×3.2	○	金属	三角形の紐穴
63	東京市外下大崎二三四西村時彦	鉄砲館	長方形印		陽刻		4.2×2.1×6.4		木	
64	天囚居士	鉄砲館	丸印		陽刻		1.5（直径）×5.8		木	
65	結翰墨縁	鉄砲館	方形印		陽刻		2.5×2.5×6.5	○中村眉山	石	
66	西村時彦	鉄砲館	方形印		陽刻		3.6×3.2×3.3		木	
67	平時彦印	鉄砲館	方形印		陽刻		3.2×3.2×3.8		石	
68	村彦子俊	鉄砲館	方形印		陰刻		2.5×2.5×6.4		石	
79	左馬頭行盛裔	西村家	方形印		陽刻		2.6×2.6×2.6	○	石	
81	字曰士俊	西村家	方形印		陽刻		3.3×3.3×3.8		石	
83	西村時彦	西村家	方形印		陰刻	無郭	2.2×2.2×7.3	○	石	
84	平時彦印	西村家	方形印		陰刻	無郭	4.3×4.3×3.7	○大野泉石	石	
85	寧誠士家	西村家	方形印		陰刻	無郭	4.5×4.7×12.5		石	
88	天囚居士	西村家	丸印		陽刻		1.5×1.5×6.1		木	
90	子俊氏	西村家	方形印		陽刻		2.2×2.1×7.0	○山田寒山	石	
93	左馬頭行盛之裔	西村家	方形印		陰刻	無郭	4.3×4.3×3.5	○	石	
97	私案　異説	西村家	長方形印	両面印	陰刻	無郭	1.9×0.9×5.9		木	
98	参看　折中	西村家	長方形印	両面印	陰刻		1.9×0.9×5.9		木	

西村天囚旧蔵印一覧表

通し番号	篆刻	現存確認	形状	特殊形状	陽刻・陰刻	匡郭	法量（cm）（縦×横×高）	側款・篆刻者	印材	鈕
01	天囚居士	○	方形印		陽刻		2.5×2.6×8.4		石	蓮
02	草不除軒	○	方形印		陽刻		2.6×2.6×8.5		石	蓮
03	西村時彦	○	方形印		陰刻		2.0×2.0×4.2	○	石	獅子
04	天　囚	○	方形印	連印	陽刻	無廓	2.2×1.0×5.9	○東宗平	石	獅子
05	天囚居士　紫駿	○	方形印	両面印	陰刻・陰刻	無廓	1.3×1.3×7.1	○	石	
06	村彦　子俊	○	方形印	連印	陰刻・陽刻	陰刻は無廓	2.1×1.2×4.1		石	猿
07	村彦子俊	○	方形印		陰刻		2.5×2.5×6.1	○	石	獅子
08	西村時彦	○	方形印		陰刻	無廓	2.2×2.2×6.0	○	石	
09	松町老隠	○	方形印		陽刻		2.2×2.2×6.6	○奥村竹亭	石	
10	村彦子俊	○	方形印		陰刻	無郭	1.4×1.4×3.9	○中村眉山	木	有、植物？
11	臣時彦印	×	方形印		陽刻					
12	碩園	○	方形印		陽刻		1.3×1.3×3.5	○	石	
13	天囚翰墨	○	方形印		陰刻	無廓	1.3×1.3×4.1	○奥村竹亭	石	
14	村彦子俊	○	方形印		陰刻	無廓	2.0×2.0×6.3	○徐新周	石	獅子
15	松町逸人	○	方形印		陽刻		2.1×2.0×6.2	○	石	獅子
16	天囚五十以遂文安	鉄砲館	方形印		陽刻		1.8×1.8×4.6	○中村眉山	石	
17	乾坤亦天獄	○	方形印		陽刻		2.5×2.5×5.5	○（上部）中村敬所	石	
18	懐古	○	長方形印		陰刻	無郭	2.6×1.9×3.9		石	雲・鳥？
19	載弾載詠	○	変形楕円印		陽刻		5.0×2.3×3.1	○（絵）	石	
20	於焉逍遙	鉄砲館	長方形印		陰刻	無郭	2.7×1.5×5.2	○	石	
21	平時彦印	○	方形印		陰刻	無郭	2.6×2.6×8.3	○	石	植物の絵
22	子俊氏	○	方形印		陽刻		2.6×2.5×8.7	○	石	植物の絵
23	時彦	○	方形印	23と24で連印	陰刻	無郭	2.7×1.2×6.1	○（横　・上）王希哲	石	
24	子俊	○	方形印	23と24で連印	陽刻			○王希哲	石	
25	松柏有本性	○	長方形印		陰刻	無郭	2.8×1.4×7.1		石	獅子
26	臣時彦印	○	方形印		陰刻	無郭	1.6×1.6×3.3	○	石	
27	子俊	○	方形印		陰刻	無郭	1.4×1.3×4.1	○	石	うさぎ
28	多情之罪	鉄砲館	長方形印		陽刻		2.5×1.5×5.9	○（上部）	石	
29	時彦　子俊	○	方形印	連印	陰刻・陽刻	陰刻は無郭	1.6×0.7×4.7	○	石	
30	村彦　天囚	×	扁平印	連印	陰刻・陽刻	陰刻は無郭				
31	非詩人	×	長方形印		陽刻					
32	臣時彦印	○	方形印		陰刻	無郭	2.7×2.7×5.9	○	石	上部にデザイン
33	南島世家	○	方形印		陽刻		2.8×2.7×5.8	○	石	上部にデザイン
34	且於此中息	○	長方形印		陰刻	無郭	3.7×1.8×5.5	○	石	
35	天囚	○	楕円形		陽刻		2.1×0.7×5.0	○	石	側面に桃のデザイン
36	碩園	○	方形印		陽刻		1.4×1.3×4.1	○	石	獅子
37	村彦	○	方形印		陰刻	無郭	1.1×1.1×5.8	○中村眉山	石	蛙（紐穴）
38	子俊	○	方形印		陽刻		1.2×1.1×7.1	○中村眉山	石	植物？の葉（紐穴）

西村天囚旧蔵印一覧

03 西村時彦

02 草不除軒

01 天囚居士

06 村彦子俊

05_02 紫駿

05_01 天囚居士

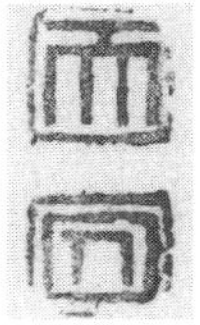
04 天囚

09 松町老隠

08 西村時彦

07 村彦子俊

14 村彦子俊

13 天囚翰墨

12 碩園

10 村彦子俊

18 懐古

17 乾坤亦天獄

16 天囚五十以
逡文安

15 松町逸人

21 平時彦印

20 於焉逍遙

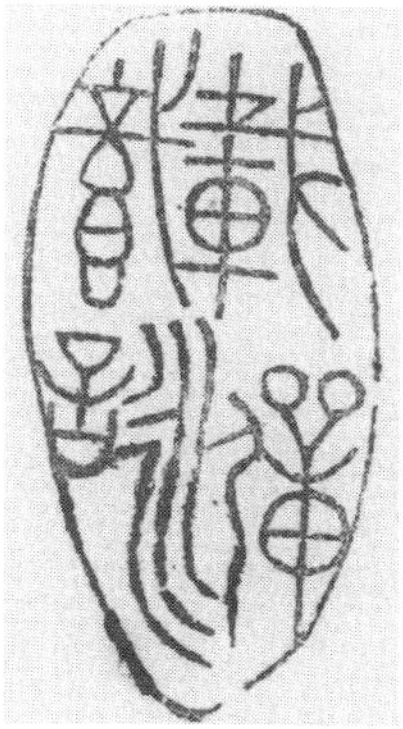

19 載弾載詠

25 松柏有本性

23 時彦
24 子俊

22 子俊氏

28 多情之罪

27 子俊

26 臣時彦印

34 且於此中息

33 南島世家

32 臣時彦印

29 時彦
子俊

35 天囚

36 碩園

37 村彦

38 子俊

40 碩園居士

41 天囚

42 天囚居士

43 紫駿

44 清
居邑人

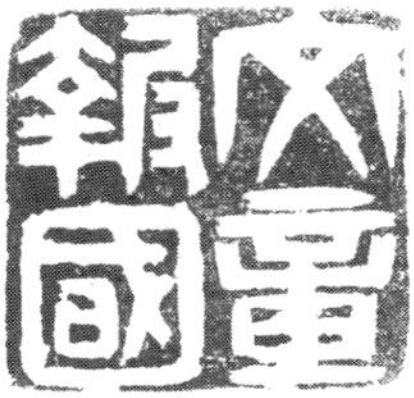
45 文章報国

46 儒素傳家

47 文章載道

48 小天地閣善本

49 天囚鑑蔵

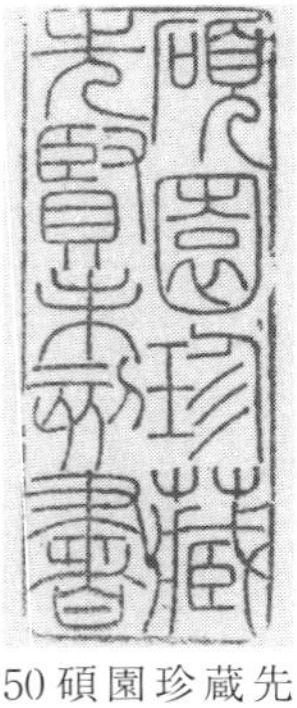
50 碩園珍蔵先
賢未刻書

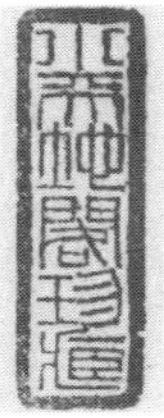
51 小天地
閣珍蔵

52 碩園収蔵楚辞百種

53 山房手鈔本記

54 紫駿翰墨

55 碩園珍蔵

58 天囚居士

57 天囚書室

56 碩園鈔蔵

63 東京市外下大崎
二三四西村時彦

62 村彦子俊

61 時彦私印

59 時彦

60 子俊

66 西村時彦

65 結翰墨縁

64 天囚居士

79 左馬頭行盛裔

68 村彦子俊

67 平時彦印

84 平時彦印

83 西村時彦

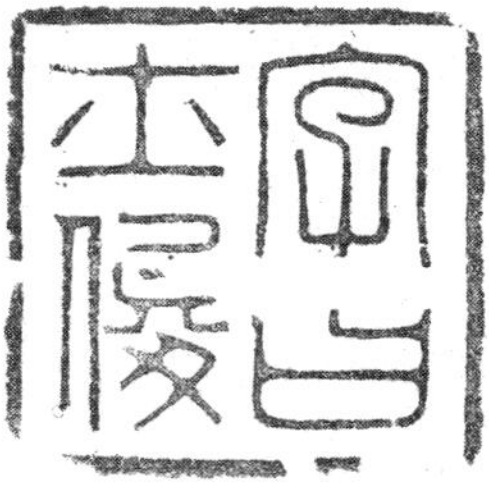

81 字曰士俊

90 子俊氏

88 天囚居士

85 寧誠士家

97_02 異説

97_01 私案

98_02 折中

98_01 参看

93 左馬頭行盛之裔

あとがき

平成二十九年（二〇一七）に始まった種子島の西村家所蔵西村天囚関係資料の調査は、予想を上回る大量の資料群を前にして、手探りの状態から始まった。先ずは目録を作らねばと作業を開始したが、その後新型コロナウィルス感染症が都市部を中心に流行したため、複数のメンバーが同時に集まって集中的に調査を行うことができなくなった。このため令和二年（二〇二〇）三月からの二年間は、感染が比較的少なかった島根県に住む竹田が一人で島に赴き、細々と調査を続けた次第である。ここに本書の刊行に至ったことは誠に喜びに堪えない。

困難な時期にあっても調査に全面的に御協力くださった西村貞則様と久美様、西之表市及び種子島開発総合センター鉄砲館の皆様、並びに鹿児島県歴史・美術センター黎明館の皆様に、改めて心より厚く御礼申し上げる。

本書は、日本学術振興会の令和六年度（二〇二四）科学研究費補助金研究成果公開促進費（学術図書）24HP5061Aに採択され刊行するものである。出版を引き受けてくださった汲古書院の三井久人社長、編集にあたってくださった編集部の柴田聡子さんに御礼申し上げる。

令和六年（二〇二四）八月

竹田健二

執筆者紹介（掲載順）

竹田　健二（たけだ　けんじ）
1962年生まれ。島根大学学術研究院教育学系教授。専門は中国古代思想史・日本漢学。『懐徳堂研究　第二集』（編著、汲古書院、2018年）、『市民大学の誕生――大坂学問所懐徳堂の再興――』（大阪大学出版会、2010年）、『懐徳堂アーカイブ　懐徳堂の歴史を読む』（共編著、大阪大学出版会、2005年）、『先進思想與出土文獻研究』（台湾・花木蘭文化出版社、2014年）ほか。

湯浅　邦弘（ゆあさ　くにひろ）
1957年生まれ。大阪大学名誉教授。中国哲学専攻。『世界は縮まれり――西村天囚『欧米遊覧記』を読む――』（KADOKAWA、2022年）、『懐徳堂の至宝――大阪の「美」と「学問」をたどる――』（大阪大学出版会、2016年）、『増補改訂版懐徳堂事典』（編著、大阪大学出版会、2016年）、『儒教の名句――「四書句辨」を読み解く――』（編著、汲古書院、上巻2020年、下巻2021年）、『竹簡学――中国古代思想の探究――』（大阪大学出版会、2014年）ほか。

佐伯　薫（さえき　かおる）
一般財団法人懐徳堂記念会事務職員。懐徳堂記念会を代表して、西村家所蔵西村天囚関係資料の第1回調査（2017年8月）と第3回調査（2019年9月）とに参加。

池田　光子（いけだ　みつこ）
1976年生まれ。松江工業高等専門学校准教授。専門は日本漢学（近世～近代初期）、中国哲学。共著に『中国思想基本用語集』（湯浅邦弘編著、ミネルヴァ書房、2020年）、『教養としての中国古典』（湯浅邦弘編著、ミネルヴァ書房、2018年）、主要論文に「第二次新田文庫について」（『懐徳堂研究』第12号、2021年）ほか。

索　　引

人名索引・事項索引は、「まえがき」と「第一部　論考・報告」についてのものである。原則として本文中の語を項目としたが、特に重要な語については注や引用文中の語も項目とした。別に「第三部　第三章」について天囚旧蔵印の索引を附した。

事項索引

人名索引

西村天囚旧蔵印索引

西村天囚研究　第三巻

西村天囚研究
――新資料の発見・整理と展望――

二〇二五年一月十七日　発行

編　者　竹田健二
発行者　三井久人
整　版　㈱理想社
印　刷

発行所　汲古書院
〒101-0065　東京都千代田区西神田二―四―三
電　話〇三（三二六五）九七六四
FAX〇三（三二二二）一八四五

ISBN978-4-7629-4273-0　C3321

西村天囚研究　Ａ５判上製・全六巻

1 近代人文学の形成——西村天囚の生涯と業績——　湯浅邦弘著
ISBN 978-4-7629-4271-6　６３６頁　本体１４０００円　24年9月刊

2 大阪の威厳——講演で読み解く近代日本——　湯浅邦弘著
ISBN 978-4-7629-4272-3

3 西村天囚研究——新資料の発見・整理と展望——　竹田健二編
（執筆者　竹田健二・湯浅邦弘・池田光子・佐伯薫）
ISBN 978-4-7629-4273-0　２９２頁　本体１００００円　25年1月刊

4 西村天囚と近代日中文化交渉　陶徳民著
ISBN 978-4-7629-4274-7

5 西村天囚の懐徳堂研究　竹田健二著
ISBN 978-4-7629-4275-4

6 西村天囚の日記と書簡　町泉寿郎著
ISBN 978-4-7629-4276-1

（表示価格は二〇二五年一月現在の本体価格）